한국사 속의 다문화

한국사 속의 다문화

초판 1쇄 발행 2016년 8월 20일
초판 3쇄 발행 2023년 5월 31일

기   획 | 중앙대학교 문화콘텐츠기술연구원·동국대학교 역사교과서연구소
발행인 | 윤관백
발행처 | 선인

영   업 | 김현주

등   록 | 제5-77호(1998.11.4)
주   소 | 서울시 양천구 남부순환로48길 1, 1층
전   화 | 02) 718-6252/6257
팩   스 | 02) 718-6253
E-mail | sunin72@chol.com

정가 18,000원
ISBN 978-89-5933-630-2 03900

·잘못된 책은 바꿔 드립니다.

이 저서는 2013년 정부(교육부)의 재원으로 한국연구재단의 지원을 받아
수행된 연구임(NRF-2013S1A5B8A01053851).

한국사 속의 다문화

중앙대학교 문화콘텐츠기술연구원
동국대학교 역사교과서연구소 기획

 선인

책을 내면서

오늘날 범지구적으로 전개되고 있는 자본과 노동의 이동은 외국인 이민자의 급격한 증가를 야기하고 있으며, 개별 국가들은 자국민과 이주민의 사회적 통합을 위한 새로운 국가적·사회적 정체성을 수립해야 할 상황에 직면해 있다. 한국사회 역시 지난 2007년 국내 거주 외국인의 숫자가 100만 명을 돌파하면서 본격적인 다문화사회로 이행하고 있다. 이주민의 유형은 외국인 근로자, 국제결혼 여성, 새터민, 외국인 유학생, 중도입국자녀 등 다양한 양상을 보이고 있다. 특히 다문화가정에서 출생하는 아이들이 증가하면서 이들에 대한 교육적 측면의 정책적 대안의 마련이 시급히 요구되는 상황이다.

다문화교육의 주요한 목표 중 하나는 인종·민족·종교·언어 등의 차이로 인하여 생겨날 수 있는 고정관념이나 편견을 없애는 것이라 할 수 있다. 현재 다문화 교과교육과 관련된 연구는 다문화 교과교육의 방향성 모색(목적, 필요성, 방법론), 다문화 교육과 교과교육과의 연계성 모색, 각급 교과서의 다문화 관련 단원 구성 및 내용구성, 다문화 대안학교 교육과정 개발 등 다양한 측면에서 이루어지고 있으며, 아직 초기 단계이기는 하지만 한국 교과교육학계는 학습자의 정체성 형성과 사회적 다양성에 대한 이해와 상호존중의 분위기를 조성하기 위해서 범교과 다문화 교수학습 프로그램을 개발하고 있다.

최근 한국의 역사교육학계에서도 다문화시대에 적합한 새로운 역사교육 교재를 개발하기 위한 노력을 경주하고 있다. 바로 이러한 시기에 중앙대학교 문화콘텐츠기술연구원과 동국대학교 역사교과서연구소가 학술교류협정을 맺고 추진한 청소년을 위한 다문화 대안 역사교과서 〈한국사 속의 다문화〉의 발간은 시사하는 바가 적지 않다. 학계의 다양한 연구 성과를 반영하여 제작된 다문화 대안 역사교과서는 현행 검정 역사교과서와는 별도로 중등학교에서 역사 부교재 및 역사학습 보조 자료로 활용될 수 있도록 기획

되었다.

　지난 2014년 10월 대안 역사교과서 발간을 위한 기획안이 마련되었으며, 2015년 한 해 동안 대학교수, 국책연구기관 연구원, 현직 중·고등학교 교사 등 총 18명이 집필에 참여하였다. 집필자들은 매월 1회 정기 모임을 통하여 집필내용에 대한 토론 및 수정·보완작업을 진행하였다. 다문화 대안 역사교과서는 한국사를 전근대와 근현대로 구분하고 보론(한국의 귀화성씨, 다문화 공간 이태원)을 추가하였으며, 사진·그림·지도·삽화·통계자료·다문화 돋보기 등 다양한 보조 자료를 통해 학습자가 본문의 내용을 쉽게 이해할 수 있도록 구성하였다. 다문화 대안 역사교과서는 한국이 오랜 옛날부터 다문화사회였다는 것이 아니라 한국사의 전개과정에서 각 시대별로 다양한 문화적 요소들이 유입되었으며, 그러한 요소들이 오늘날 한국문화를 형성하는 데 영향을 주었다는 점에 초점을 맞추고 있다.

　모쪼록 이 책이 한국의 다문화 역사교육에 조금이나마 기여할 수 있기를 진심으로 기대하며, 아울러 출판업계의 불황에도 불구하고 선뜻 출판에 응해주신 선인출판사의 윤관백 대표님과 정성을 다하여 편집해 주신 박애리 선생님께도 심심한 감사의 마음을 전한다.

2016년 7월 12일
저자 일동

차례

차례

3부   **보론**

1부

전근대

선사시대

1. 우리는 모두 단군 할아버지의 후손일까?

"아름다운 이 땅에 금수강산에 단군 할아버지가 터 잡으시고 홍익인간 뜻으로 나라 세우니 대대손손 홀륭한 인물도 많아."

누구나 한번 쯤 들어보았을 이 노래는 우리가 단군 할아버지로부터 시작된 하나의 핏줄로 연결되어 있음을 이야기하고 있다. 그런데 정말 우리는 단군으로부터 내려온 하나의 핏줄일까? 현재 한국인의 유전자를 분석해 보면 북방계와 남방계 유전자가 섞여 있다고 한다. 여기서 북방계란 시베리아나 몽골 등의 북방 지역 사람들을, 남방계는 동남아시아 지역의 남방 지역의 사람들을 의미한다. 이는 이미 오래 전부터 이 땅에 다양한 지역에서 사람들이 들어와 지속적으로 뒤섞여 온 것을 보여준다. 그렇다면 어떤 지역에서, 어떤 사람들이 왜 이 땅으로 오게 된 것일까?

■ 하나에서 여럿이 된 인류, 아프리카에서 한반도까지

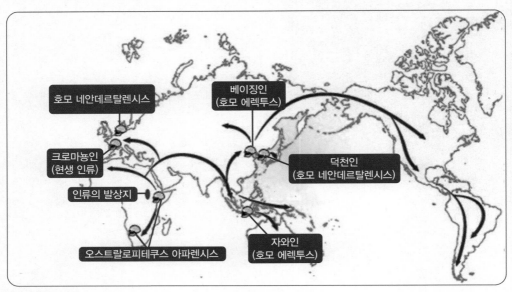

인류의 이동 과정

　남아프리카 지역에 처음 발을 딛게 된 인류는 도구를 사용하며 점차 두뇌의 크기가 커졌다. 오랫동안 진화를 거치던 중에 인류는 불을 사용할 수 있는 방법을 깨달았다. 이로 인해 따뜻한 적도 부근에서 멀리 떨어져서도 살아갈 수 있게 되었다. 이후 변화하는 기후와 환경 속에서 인류는 먹을 것과 자신이 살기 좋은 장소를 찾아 아프리카에서 다른 지역으로 이동을 시작한다. 이들 중 일부는 오랜 시간에 걸쳐 약 5만년 전, 대륙의 동쪽 끝에 위치한 지금의 한반도와 일본 지역에 자리 잡게 되었다.

　구석기 시대는 지금에 비해 기온이 많이 낮아서 바다의 상당 부분이 빙하로 덮여 있었으며, 해수면도 지금보다 낮았다. 따라서 지금은 바다이지만 당시에는 육지인 경우도 많았다. 특히 중국와 한반도, 그리고 일본은 하나의 육지로 서로 연결되어 있었다. 이러한 지형으로 인해 당시 사람들은 지금은 걸어서 갈 수 없는 지역도 육로로 이동할 수 있었다.

■ 다시 여럿에서 하나로

　아프리카에 출발했던 하나의 인류는 정착한 곳의 환경에 따라 그 생김새와 살아가는 방식도 달라졌다. 몽골이나 시베리아 등지의 한반도 북쪽에 위치한 지역은 춥고 건조한 기후로 인해 주로 가축을 기르거나 사냥을 통해 생계를 유지하게 되었다. 중원 대륙에서는 화북 지역의 기름진 땅을 이용한 농경이 일찍부터 시작되었다. 한반도 남쪽에 위치한 일본, 동남아시아 지역에서는 바다로 나아가 물고기를 잡는 어로와 같은 해양문화가 발달하게 되었다.

바닷길과 육지를 통해 한반도 주변 지역의 수많은 집단이 지속적으로 한반도로 이동해 왔다. 이들의 문화는 오랜 시간이 지나 서로 섞이며 점차 독특한 개성을 지닌 문화로 융합되어 갔다.

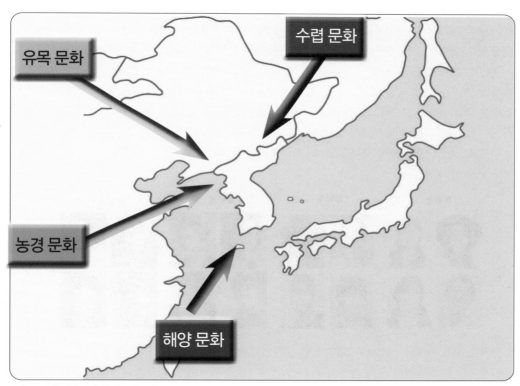

여러 문화의 접합지인 한반도의 모습

다문화 돋보기 　우리의 얼굴이 말해 주는 한국인의 기원

한국인 남방계형과 북방계형의 얼굴 특징

남방계형 　｜　 북방계형

　거울 속에 비친 자신의 모습을 한 번 바라보자. 또 주변 친구들의 얼굴을 살펴보자. 우리는 서로 닮은 듯 다르게 생겼다. 한국인의 얼굴은 크게 남방계형과 북방계형으로 나누어 볼 수 있다.

　남방계형은 얼굴형이 네모 또는 세모형인데 비해 북방계형의 경우 타원형 또는 고구마형이 주를 이룬다. 눈의 모습은 남방계형의 경우, 대개 쌍꺼풀이 있으며 속눈썹이 길고 큰 눈을 가졌다. 코는 길이가 짧고 너비가 넓으며 코끝이 둥글다. 반면, 춥고 건조한 지방에서 사는 북방계 사람들은 호흡을 할 때 공기를 따뜻하게 데우기 위해 보다 코길이가 길고 코너비가 좁으며 코끝은 뾰족하다. 또한 눈꺼풀에 지방이 많아 쌍꺼풀이 없고 눈이 작으며 속눈썹 역시 짧다. 이는 자신이 사는 기후와 환경에 적응한 결과이다.

북방계　　　남방계　　　　　북방계　　　　남방계

　현재는 오랜 세월을 거치며 이 둘이 섞인 중간형의 얼굴 생김새가 많다. TV에 자주 보이는 연예인들은 대부분 남방계의 큰 눈과 쌍꺼풀, 북방계의 타원형의 갸름한 얼굴과 뾰족한 코끝을 가지고 있다. 우리의 얼굴은 우리의 조상들이 다양한 집단에서부터 내려오고 있음을 말해준다.

2. 그들은 왜 여기 잠들어 있을까?

사람들은 자신이 살아온 흔적을 남기고, 기념하길 원한다. 타임캡슐은 그 방법 중 하나이다. 특수 금속으로 만든 통 안에 그 시대를 대표, 기념하는 물건을 넣어 땅 속에 보관했다가 뒷날 후손이 발굴할 수 있도록 한 것이다. 옛날 사람들은 자신들이 살던 삶이 죽은 뒤에도 똑같이 이어진다고 믿었다. 그래서 사람들은 죽은 사람이 살아있을 때 사용하던 물건들을 같이 묻곤 했다. 이 물건들과 묻혀 있던 사람들의 뼈를 통해 우리는 당시의 모습을 그려볼 수 있다. 옛 무덤은 당시 사람들이 남긴 타임캡슐인 셈이다. 무덤 밑에 잠들어 있는 선사시대의 사람들의 모습을 살펴보자.

■ 무덤 밑에 잠든 낯선 사람들

가덕도의 신석기 유적 발굴 현장(왼쪽)과 여기서 발견된 굴장 형태의 인골(가운데, 오른쪽).

매장은 죽은 사람을 위한 것이지만 살아있는 사람들이 동원되어 매장하는 것이므로 그 시대 사람들의 생활 습관과 의식이 반영될 수밖에 없다. 따라서 우리는 무덤에 사람을 어떤 방식으로 매장했는가를 분석하여 당시 사람들이 죽음에 대해 어떻게 생각하고 있었는지를 알 수 있다.

2010년 6월, 부산 앞바다에 위치한 가덕도에서는 약 7,000년 전의 것으로 추정되는 신석기 유적이 발굴되었다. 여기서 이 중 48기의 신석기 무덤에서 인골들이 잠들어 있었다. 가덕도의 인골들 중 한반도에서는 잘 발견되지 않는 매장 형태인 굴장[1]된 인골이 다수 발견 되었다. 이 인골들의 두개골을 복원하자 서양인과 가까운 긴 머리뼈 형태를 가지고 있음이 드러났고, DNA를 분석한 결과 일부 인골에서 유럽계 유전자가 확인되어 한국 고고학계를 놀라게 하였다.

연대도의 신석기 유적 발굴 현장(왼쪽)과 발견된 인골(오른쪽)

경상남도 통영에 위치한 연대도라는 섬에는 신석기인들의 생활 쓰레기장이었던 패총이 남아있다. 신석기인들이 먹고 버린 조개 껍데기들이 무덤처럼 쌓여있는 것이다. 그런데 이 패총에서 신석기 시대 사람으로 추정되는, 인골이 발견되었다. 이 인골을 복원한 결과, 남방계 사람으로 추정되는 지금의 동남아시아 사람들과 비슷한 얼굴을 한 사람의 모습이 나타났다.

충청북도 제천시 청풍면의 황석리에서는 물길을 따라 수십 기의 고인돌이 남아 있다. 1965년 이 고인돌 중 1기의 고인돌에서 청동기 시대의 남자로 보이는 인골이 출토되었다. 그런데 이 남자의 외모는 현재 우리 한국인의 모습과는 전혀 달랐다. 이 남자의 두개골을 복원한 결과, 얼굴이 길고 코가 상당히 높아 마치 지금의 유럽 사람들의 모습과 비슷했다. 비교적 최근인 2005년 강원도 정선 아우라지의 고인돌에서 발견된 인골 역시 DNA 분석 결과 지금의 영국인에 가까운 백인의 유전자와 비슷하다는 놀라운 결과가 나왔다. 고인돌이 청동기 시대의 족장과 같은 높은 계급이 묻혀 있던 무덤이라고 한다면 이 밑에 잠들어 있던 이방인들의 존재는 우리의 궁금증을 더욱 증폭시킨다.

이는 부산 앞바다에 위치한 가덕도에서 발견된 유럽계 유전자가 있는 인골, 신석기 시

---

1) 굴장(屈葬)이란, 죽은 사람의 몸을 구부린 상태로 시신을 땅에 묻는 매장 방법이다. 몸을 구부린 것은 땅을 어머니로 보아 뱃 속의 태아의 모습을 표현한 것이라고 하며, 편히 잠든 모습을 표현한 것이라고도 한다. 굴장된 시신들 중에서 일부는 팔과 다리를 줄과 같은 것으로 묶어 놓은 것도 있다. 이는 죽은 사람들이 다시 깨어나 산 사람들에게 피해를 끼칠 것을 염려했던 것 같다. 굴장은 중국이나 한반도에서도 나타나지만 일부 지역에 불과하며 아프리카 지역, 오세아니아 지역, 독일 등 서유럽 지역이나 일본 지역에서 많이 발견되고 있다.

대 패총에서 발견된 경상남도 통영 연대도의 인골과 함께 신석기 시대 뿐 아니라 청동기 시대에도 다른 지역에서 한반도 지역으로의 이동이 활발했음을 보여준다. 또한 이들이 당시 사회의 당당한 일원으로서 자리 잡았다는 사실을 보여준다.

■ 패총이 말해주는 선사시대 교류 이야기

일본 쓰시마에서는 신석기 시대의 것으로 추정되는 고라니의 송곳니가 발견되었다. 그런데 고라니는 한반도에만 서식하는 동물이다. 이와 함께 쓰시마에서는 투박조개로 만든 신석기 시대의 팔찌들도 상당수 발견되는데 이 역시 한반도 남해안에 서식하는 패류이다. 동일한 형태의 투박조개 팔찌가 부산 동삼동 패총에서도 발견되는 것으로 보아 고라니와 팔찌는 한반도에서 일본 지역으로 건너간 것임을 추정해 볼 수 있다.

 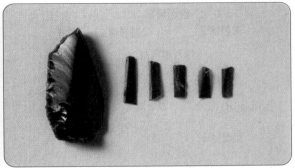

투박조개 팔찌(왼쪽)와 흑요석으로 만든 도구(오른쪽)

일본 지역에서 한반도로 건너오기도 했다. 부산 동삼동에서는 흑요석으로 만든 신석기 시대 유물이 발굴된다. 흑요석은 유리처럼 날카롭게 깨지는 돌로 수렵과 어로 도구를 만드는 데에 사용되었다. 그러나 부산을 비롯한 한반도 남부 지역에서는 흑요석이 생산되지 않는다. 이 흑요석의 성분 분석 결과 일본 규슈 지역의 것과 일치하는 것으로 밝혀졌다. 두 지역의 신석기인들은 서로에게 필요했던 물건들을 교역했던 것이다.

경남 사천시 앞바다에는 지도에도 잘 표시되지 않을 정도로 아주 작은 섬, 늑도가 있다. 이 늑도에서는 기원전 1세기 경의 유적과 인골들이 대거 발굴되었다. 여기서는 온돌이 설치되어 있는 북방식 가옥과 주로 더운 남쪽 지방에서 바닥의 열을 피하기 위해 짓는 고상가옥이 동시에 발견된다.

또한 한반도 서북부에서 발견되는 낙랑계 토기, 일본에서 주로 발견되는 야요이 토기,

중국의 동전인 반량전 등 다양한 지역의 유물이 출토된다. 인골의 매장 형태 또한 신전장[2], 굴장, 복장[3] 등으로 매우 다양하다.

또한 고대 일본에서 성인식의 의례로 일부러 치아를 뽑던 발치의 흔적이 이 늑도의 인골에서도 발견되고 있다. 유물과 유적들로 미루어 보았을 때, 늑도는 중국에서 한반도 북부, 그리고 일본 지역에 이르는 선사시대의 항해 루트에서 기착지 역할을 맡고 있었던 것으로 미루어 볼 수 있다.

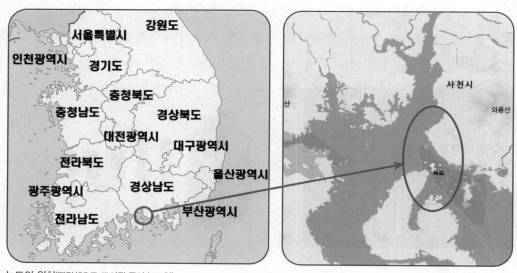

늑도의 위치(빨간색으로 표시된 곳이 늑도임)

2) 신전장 : 지금과 비슷하게 시신을 곧게 눕힌 형태로 매장하는 것. 한반도 전역에서 가장 보편적으로 나타나는 매장 형태이다.
3) 복장 : 시신을 엎드린 모습으로 묻는 매장 형태. 한반도에서는 거의 나타나지 않는 특이한 매장 형태이다.

다문화 돋보기 **선사시대에는 배를 타고 어디까지 갈 수 있었을까?**

　창녕 비봉리 갯벌 속에서는 약 8,000년 전에 사용되던 신석기 시대의 통나무 배가 발견되었다. 농경만으로는 식량이 부족했던 당시 사람들이 어로 활동을 할 때 주로 사용했던 것 같다. 옛 사람들이 배를 타고 어로 활동을 하던 모습들은 울주 반구대 암각화 등의 유적에서도 확인해 볼 수가 있다. 배는 우리가 생각하는 것보다 훨씬 더 이전부터 우리의 삶과 함께한 존재라는 것이다.

　그런데 과연 선사시대의 배나 뗏목이 어로 활동에서 그치지 않고, 보다 먼 지역으로 이동할 수 있는 수단이 될 수 있었을까? 그 가능성을 보여주는 이야기가 있다.

　노르웨이의 탐험가인 디오 헤이어달(Thor Heyerdhal)은 남태평양에 위치한 섬들에 살고 있는 폴리네시아 사람들이 어디서 왔는지에 대해 연구했다. 그는 남아메리카 페루 지역의 잉카제국이 16세기 스페인에 의해 멸망했을 때 잉카인들이 탈출하여 적도 해류를 타고 폴리네시아 지역으로 이동해 왔다는 생각을 하게 되었다.

　그러나 그 먼 거리를 별다른 항해 기술이 없던 잉카인들이 어떻게 건널 수 있었는가에 의문을 품은 많은 사람들이 그의 생각을 비웃었다. 이에 그는 자신의 주장을 증명하기 위해 1947년 페루에서 자라는 발사 나무로 뗏목을 만들고 뗏목에 '콘티키'라는 이름을 붙였다. 그리고 자신을 포함한 6명의 선원과 이 뗏목에 몸을 싣고 함께 페루에서 폴리네시아 지역의 섬으로 8,000km에 달하는 항해를 떠났다. 그들은 온갖 역경을 뚫고 97일 만에 폴리네시아 지역의 한 섬에 도착할 수 있었다. 그의 항해는 성공한 것이었다. 이 항해가 잉카인들이 폴리네시아 지역으로 이동했다는 것을 증명할 수는 없다. 그러나 장비가 제대로 구비되지 않은 뗏목으로도 해류를 잘 이용한다면 아주 먼 거리라도 이동을 할 수 있다는 가능성은 보여주었다.

창녕 비봉리에서 발견된 배의 모습

선사시대 고래 사냥을 하는 모습이 그려진 울주 반구대 암각화

3. 철의 길을 따라서

우리가 사용하는 많은 물건에는 철이 포함되어 있다. 철은 인간에게 있어서 꼭 필요한 자원인 것이다. 철과의 만남은 고대 사회에서부터 시작되었다. 농경이 경제 활동의 대부분을 차지하고 있던 고대 사회에서 철로 된 농기구를 사용한다는 것은 상당한 생산력의 증대를 의미했다. 또한 날카롭고 묵직한 철로 된 무기는 다른 국가와의 전쟁에서 승리를 보장해 주었을 것이다. 즉, 고대 사회에서는 철을 얼마나 보유하고 잘 다룰 수 있는가의 문제가 국가의 발전과 밀접한 관련이 있었던 것이다. 때문에 고대의 국가들은 서로 앞다투어 철을 다루는 기술을 받아들이려 하였다. 그렇다면 한반도에서 철을 본격적으로 사용하게 된 것은 언제쯤이었으며, 철을 다루는 방법은 어디서부터 오게 된 것일까?

■ 전쟁을 통해 철기가 오고 가다

고조선은 청동기 문화를 바탕으로 중국의 전국 7웅 중 하나인 연나라와 맞설 정도로 성장하였다. 두 국가는 국경을 맞대고 서로 힘을 겨루던 중 기원전 4세기경 결국 전쟁을 하게 된다.

고조선은 연과의 싸움에서 패배하여 서쪽 땅 상당 부분을 잃고 그 영토가 줄어들었다. 그들이 패배한 이유는 무기에 있었다. 청동제 무기를 주로 사용하고 있던 고조선의 군대와는 달리 연나라의 군대는 더욱 단단하고 날카로운 철제 무기를 주로 사용하고 있었던 것이다. 이 전쟁을 계기로 고조선은 점차 연나라의 철기 문화를 수용하게 된다. 고조선의 후기 중심지로 추정되는 평양 지역에서는 세형 동검과 같은 청동기들과 함께 다양한 철기들도 출토된다. 이는 고조선 후기 문화가 청동기 중심에서 철기 중심으로 변화하고 있음을 보여준다.

■ 위만, 철기를 퍼뜨리다

중국 지역의 전국 시대 이후 진·한 교체기[4]에 이르기까지 혼란을 피해 고조선으로 넘어오는 사람들이 늘어났다. 기원전 2세기경 옛 연나라 지역에서 무리 1,000여 명을 이끌고 고조선으로 망명한 위만이 대표적인 인물이다.

당시의 고조선의 준왕은 연에게 빼앗긴 서쪽 영토를 회복하기 위해 적극적으로 유이민들을 수용했다. 준왕은 보다 발달된 철기 문화에 익숙했던 위만에게 서쪽 변경 지역의 이주민들을 통솔하도록 명령하였다. 그러나 이주민 세력을 통솔하면서 힘을 기른 위만은 수도인 왕검성을 공격하여 준왕을 몰아내고 스스로 왕이 되었다. 위만은 우수한 철기 문화를 바탕으로 왕이 될 수 있었던 것이다.

위만은 조선이라는 국호를 계속해서 사용했다. 그래서 이전의 고조선과 구분하기 위해 위만의 즉위 후를 '위만 조선'이라고 부르기도 한다. 이후 위만 조선은 발달한 철기 문화를 바탕으로 한나라와 한반도 남부 지역 사이에서 중계무역을 하며 강력한 국가로 성장해 나간다. 한편, 왕위에서 쫓겨난 준왕은 자신을 따르는 무리와 함께 남쪽으로 도망을 하였다. 이는 철기 문화가 점차 한반도 남부에도 보급되는 계기가 된다.

이후 점차 성장하던 위만 조선은 한나라와 중계무역의 이익을 놓고 대립을 하게 되었다. 결국 기원전 109년부터 기원전 108년까지 1년 동안 두 국가는 전쟁을 치르게 된다. 이 전쟁에서 위만의 후손이었던 우거왕이 죽고 고조선이 멸망하였다. 고조선의 영역에는 한의 군현이 설치되었다. 이 군현으로 고조선의 유민들과 한나라의 사람들이 대거 이주하면서 한반도 지역으로 철기 보급이 더욱 가속화되었다. 이러한 철기 문화의 전파는 만주와 한반도 일대의 부여, 고구려, 삼한 등 여러 나라들의 등장을 자극하였다.

---

4) 중국을 최초로 통일한 진나라가 멸망하고 그 다음 통일 왕조인 한나라가 세워지는 사이의 혼란기를 의미한다.

■ 철의 길은 어디까지?

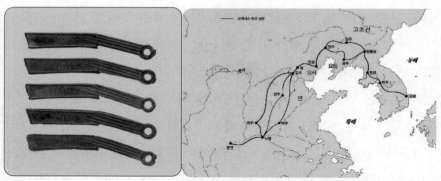

연나라의 화폐로 알려진 명도전의 모습(왼쪽)과 명도전 출토 지역을 연결한 지도(오른쪽).

한반도 지역에서는 철기 외에도 다양한 유물들이 출토된다. 대표적인 것들이 바로 중국 지역의 화폐였던 명도전, 반량전, 오수전이다. 이를 통해 중국 지역과 한반도 지역의 교역이 활발했음을 알 수 있다. 출토되는 화폐의 분포 지대를 연결해 보면 중국 내륙에서 평양 지역으로 이어지는 고대 교역로가 그려진다.

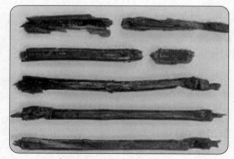

경남 창원시 다호리에서 발견된 붓. 당시 중국 지역의 한자를 이용한 문자 생활이 이루어지고 있었음을 추측해볼 수 있다.

이 교역로는 한반도 남부까지 연결된다. 경남 창원시 다호리에서 발견되는 기원전 1세기~기원후 2세기 경의 무덤에서는 부장품으로 철제 농기구와 철제 무기 등 상당히 많은 철기들이 발굴되었다. 이 무덤에 묻혀 있던 시신의 허리 부분에서 발견된 유물 바구니에서는 붓과 함께 중원 지역에서 수입된 허리띠쇠나 조그만 방울들이 출토되었다. 이는 이 지역에서 철기를 통한 중국 지역과의 교류가 활발히 이루어졌다는 것을 의미한다.

교역로는 다시 한반도의 남해 지역으로 연결된다. 이 지역에까지 변한이라고 하는 연맹체가 성장을 하고 있었다. 이 연맹체의 성장은 풍부한 철 생산과 철 제련 기술을 바탕으로 하였다. 이들은 철을 생산하여 이를 화폐처럼 사용했다. 이들이 생산한 철은 한의 군현이었던 낙랑과 대방 지역 뿐 아니라 일본 지역까지 수출되었다. 이렇게 고대 '철의 길'은 중원 지역에서 한반도를 거쳐 일본까지 연결된 것이다.

다문화 돋보기　덩이쇠가 말해 주는 한반도와 일본 지역 간의 교류

기원전 3세기경의 삼한의 위치 지도

변한 지역에서는 철을 다루는 기술이 상당히 발달해 있었다. 변한 지역의 사람들은 다양한 형태로 철을 쉽게 가공하기 위해 처음에는 도끼 등의 무기나 농기구로 만들어 사용하기 쉬운 판상철부를 제작하였다.

이후 판상철부가 발전하여 덩이쇠가 만들어졌다. 덩이쇠는 다양한 형태로 변형이 가능한 반 쯤 가공된 철이다. 반으로 나누면 도끼로 사용이 가능하며, 이를 꺾어 받침대로 사용할 수도 있다. 또한 여러 개로 자른 뒤에 끝 부분을 두드리면 화살촉 등이 되기도 한다. 이러한 덩이쇠의 장점으로 덩이쇠는 당시 교역에서 돈처럼 사용되었다고 한다. 일본 등지에서도 가야 지역에서 출토되는 덩이쇠와 유사한 모습의 덩이쇠가 발견되고 있는 것은 이것이 국제 무역의 화폐 역할을 했다는 것을 추측케 하며, 당시 해상 무역이 활발했다는 것을 보여준다.

김해 대성동 지역에서 발견된 가야의 덩이쇠

25

4. 신화가 말해주는 공존의 세계

초기 국가들의 지배층은 그들의 권위를 높이기 위해 건국신화를 만들었다. 그들은 스스로가 출생부터 남달리 뛰어난 존재였다는 것을 백성들에게 인식시키고자 했다. 때문에 우리는 이 건국신화를 통해 당시 지배층들이 자신들의 기원을 어떻게 인식하고 있었는지를 알 수 있다. 그리고 그 인식을 넘어 그 국가의 건국 과정에 관한 역사적 사실들까지 추측해 볼 수 있다. 즉, 우리에게 전해지고 있는 건국신화는 단순히 허무맹랑한 이야기가 아니라 우리들에게 옛 사람들의 삶을 보여주는 역사의 창구인 것이다.

■ 단군 신화가 말해주는 것은?

우리 역사 속 건국신화 중 우리에게 가장 잘 알려진 것은 바로 단군신화일 것이다. 어렸을 적 보던 동화책에서부터 초·중학교의 국어, 역사 교과서까지 우리는 단군신화와 꽤 자주 만나왔다. 특히, 다른 건국신화들보다 이 단군신화가 우리에게 조금 더 특별한 의미로 다가오는 이유는 '최초'라는 타이틀 때문일 것이다. 우리 역사의 뿌리가 된다는 고조선의 건국신화가 바로 단군신화인 것이다.

단군신화에 따르면 하늘을 주관하는 신인 환인의 명령으로 그의 아들 환웅이 태백산 밑에 내려와 인간 세상을 다스리기 시작했다고 한다. 그러던 어느 날 곰과 호랑이가 인간이 되길 빌기 위해 환웅을 찾아왔다. 환웅은 동굴 속에서 빛을 보지 않고 100일 간 쑥과 마늘만을 먹는다면 인간이 될 수 있을 것이라고 하였다. 이에 곰과 호랑이는 동굴에서 인간이 되기 위해 노력하였으나 호랑이는 중간에 포기를 해버리고, 곰은 여인이 되어 '웅녀(熊女)'라 하였다. 웅녀는 환웅과 혼인하였고 둘 사이에 태어난 단군왕검은 훗날 고조선을 세웠다.

우리는 이 단군신화를 통해 항상 '우리는 단군으로부터 내려온 하나의 혈통'이라는 사실을 배우곤 했다. 이 단군신화는 현재까지도 우리를 하나로 묶어주는 역할을 하고 있는 것이다. 그러나 이 단군신화의 내용을 한 발만 더 나아가 살펴본다면, 우리의 역사가 단일한 집단이 아닌 서로 다른 여러 집단이 뒤섞이며 이어져 왔다는 사실을 알 수 있다.

환웅이 오기 전 이미 태백산 밑에서는 사람들이 살고 있었다. 따라서 환웅은 다른 곳에서 온 외부인이었고, 원래 살고 있던 토착민이 있었다는 것을 의미한다. 하늘에서 내려왔다는 것은 북쪽에서 내려왔다는 방향성을 뜻한다. 즉, 환웅은 북쪽에서 보다 선진적인 문물을 가지고 온 집단이었다.

환웅을 찾아왔던 곰과 호랑이는 아마 토템 신앙에 의해 곰과 호랑이를 섬기던 부족이었을 것이다. 선진 문물을 가지고 있던 환웅 집단과 결합하기 위해 이 둘 간에는 전쟁이 있었고, 곰 부족이 승리하였다. 환웅 집단은 곰 부족과 결합하였고, 이 두 부족의 결합이 고조선의 기반이 되었던 것이다. 이 이야기는 이주민 집단과 토착민 집단 간의 혈연적인 결합이 있었음을 말해주는 것이다.

고조선이 우리 역사의 시작이자 최초의 국가라고 한다면, 우리는 우리의 역사 시작점에서부터 외부와의 만남을 통해 그들과 결합하고 다양한 집단 간의 화합을 이루어냈다고 할 수 있다.

■ 신화, 어울림의 이야기

신화의 주인공	탄생	특징
단군왕검	웅녀와 하늘신의 아들인 환웅 사이에서 태어남.	천손신화
주몽	해모수(하늘신의 아들)와 유화(물의 신 하백의 딸)의 아들로 알에서 태어남.	천손신화+난생신화
박혁거세	흰 말이 놓고 간 자줏빛 알에서 태어남.	천손신화+난생신화
김수로	하늘에서 내려온 황금알 6개에서 가장 먼저 태어남.	천손신화+난생신화
석탈해	배에 있던 궤짝에서 나와 자신이 알에서 태어나 버림받았고 소개함.	난생신화
김알지	닭이 울고 있는 나뭇가지에 걸려있던 황금 궤짝에 누워 있었음.	난생신화

고조선 이후에도 수많은 국가들이 만주와 한반도 지역에서 탄생하였다. 그리고 이 국가의 지배층들 역시 건국신화를 남겼으며 상당수가 기록의 형태로 남아있다. 이 신화들은 대부분 건국 시조인 인물에 초점이 맞춰져 있다. 건국신화는 대개 건국 시조들의 기이한 탄생을 하여 그들의 뛰어난 능력을 보여주고 나라를 건국하거나 왕이 되는 줄거리이다.

한반도 지역에서 나타나는 여러 신화들의 주인공들은 대부분 하늘에서 직접 내려오거나 하늘의 후손으로 그려지며, 알에서 태어나고 있다. 하늘에서 주인공이 내려오거나 주인공이 하늘의 후손으로 표현되는 신화를 천손신화라고 한다. 이에 비해 주인공이 알에서 태어나는 신화를 난생신화라고 한다. 전자는 한반도보다 북부에 위치한 몽골과 만주 등의 지역에서 주로 나타나며, 후자는 남쪽에 위치한 남방계 국가들에서 나타난다. 한반도에서 이 두 가지 형태가 혼합된 신화가 존재한다는 것은 한반도에서 서로 다른 문화가 서로 만나 융합되었다는 것을 보여준다.

또한 대부분 신화의 주인공은 이주민 집단을 이끌고 있던 인물이다. 그리고 이 인물들은 결혼을 통해 다른 집단과의 결속력을 끈끈히 하려 한다. 환웅이 웅녀와 결혼했듯이, 주몽은 소서노와 결혼을 하였다. 또한 김수로는 먼 아유타국의 공주인 허황옥과 결혼하였으며, 박혁거세는 용의 옆구리에서 태어난 알영과 혼인하였다. 이들은 결혼을 통해 낯선 땅의 사람들과 결합함으로써 자신들이 세운 국가를 안정시켰다. 즉, 단군신화와 마찬가지로 한반도의 건국신화들은 이주민 집단과 토착민 집단 간의 결합을 통해 국가가 탄생하였고, 이주민 집단이 건국에 있어 큰 역할을 했다는 것을 알려준다.

천손신화와 난생신화의 분포 지역. 한반도 지역에서는 이 둘이 모두 나타난다.

신화는 집단 구성원 간의 결속력을 강하게 하려는 목적을 가진 만큼 '어울림'의 중요성에 대해서 이야기하고 있는 것이다.

다문화 돋보기   다른 지역의 건국신화는?

한반도의 북부 지역에 위치한 알타이, 티베트, 몽골, 만주 등의 지역에서는 게세르 신화가 전해져 온다. 이 지역의 건국신화들은 대부분 이 게세르 신화를 바탕으로 하고 있다. 게세르는 하늘신의 아들로 착한 신들과의 싸움에서 진 악한 신들이 지상에서 홍수와 가뭄, 질병 등을 일으키자 지상에 내려와 이들을 물리친다. 게세르는 단군과 같이 하늘에서 내려온 하늘의 후손이라는 점에서 천손 강림 신화로 볼 수 있다.

한반도보다 남쪽에 위치한 베트남의 건국신화를 살펴보면, 강한 힘을 가진 바다신 락롱꾸언과 아름다운 산신 어우 꺼의 결혼으로 알에서 100명의 아들이 탄생하였다. 이들의 반은 아버지를 따라 바다로 나머지 반은 어머니를 따라 산으로 갔는데, 산으로 간 아들 중 흥 가문이 베트남 최초의 나라인 반랑국을 세웠다는 내용으로 구성되었다. 이를 통해 베트남의 건국신화는 난생설화에 가깝다는 것을 알 수 있다.

일본 신화에서는 아마테라스라고 하는 태양의 여신이 일본 천황의 조상으로 등장한다. 아마테라스는 천상의 신인 이자나기의 왼쪽 눈에서 태어났다. 이자나기의 코에서 태어난 그녀의 동생인 폭풍의 신 스사노오가 말썽을 일으키자 그녀는 동굴에 몸을 숨겼고, 이때부터 세상은 어두워지게 된다. 빛을 찾기 위해 다른 여러 신들이 그녀를 찾아 태양의 여신으로 모시게 되었고 이후 아마테라스가 손자를 지상으로 내려 보내어 세상을 다스리게 했다. 그의 자손이 초대 일본 천황이 되었다고 한다. 천손신화에 가까운 일본의 건국신화에서 여러 수많은 신들이 등장하는 이유는 일본이 그만큼 다양한 집단들의 결합으로 일본이 건국되었기 때문이다.

다른 지역의 신화들도 역시 천손신화와 난생신화의 특징을 보이며, 그 내용은 여러 집단 간의 결합으로 각 국가가 건국되었음을 말해주고 있다.

5. 세계를 품은 고인돌

세계에 존재하는 고인돌의 70% 이상이 위치하고 있는 한반도, 한국은 '고인돌 왕국'이다. 고인돌은 땅 위나 땅속에 무덤방을 만들고 그 위에 거대한 덮개돌을 덮어 만든 무덤이다. 겉으로 보기에는 단순히 아주 크고 무거운 돌처럼 보이는 한반도의 수많은 고인돌은 현재 유네스코 세계 문화유산으로 등재되어 있다. 고인돌이 유네스코 세계 문화유산으로 등재되어 있는 이유는 무엇일까?

■ 고인돌, 세계와 소통하다

우리 나라에서 발견되는 대표적인 고인돌의 유형. 크게 탁자식(왼쪽), 바둑판식(오른쪽)으로 나눌 수 있다.

'고인돌'이라는 이름은 커다란 바윗돌 밑을 판돌이나 자연석이 고이고 있기 때문에 붙여진 것이다. 그 모양과 짜임새에 따라 크게 탁자식, 바둑판식 등으로 구분한다.

고인돌의 덮개돌은 100톤에 이르는 것도 있다. 때문에 고인돌을 제작할 때는 많은 사람들이 참여할 수밖에 없었다. 고인돌이 무덤이라면 이 밑에 잠들어 있는 사람은 높은 계급의 사람이었을 것이다. 그렇다면, 왜 하필 돌로 무덤을 만들었을까? 인간보다 거대하고 오래 살아있는 돌에 대한 신앙 때문이었을 것이다.

어떤 고인돌의 덮개돌에는 별자리를 따라 구멍을 뚫어놓은 것들도 존재한다. 우리가 하늘에 우리의 소원을 빌 듯 청동기 시대 사람들도 하늘에 소원을 빌며 고인돌에 별자리를 그린 것이다. 이렇듯 선사시대 사람들이 어떤 목적의식을 가지고 큰 돌로 이루어진

구조물을 만들고 이를 숭배하거나 무덤으로 이용하는 풍습을 거석문화라고 한다. 고인 돌도 이러한 거석 문화의 한 사례인 것이다.

대전 가오동의 고인돌에 있는 성혈(性穴)

고인돌을 비롯한 거석문화는 유럽 지역과 인도, 동남아시아, 동북아시아 지역을 거쳐 남태평양의 이스터 섬에 이르기까지 주로 큰 바다나 강에 가까운 곳에 밀접해 있다. 우리나라에는 4만여 기 이상의 고인돌이 주로 서해안 지역을 따라 집중적으로 분포하고 있는데 이는 세계 거석문화 관련 유적의 40% 정도에 해당하는 숫자이다.

고인돌은 유럽 지역, 인도와 인도네시아 지역, 중국과 일본의 일부 지역에서도 나타난다. 다른 지역에서 보이는 고인돌의 형태들이 대부분 한반도에서 나타나고 있으며, 다른 지역에서 보이지 않는 고인돌이 한반도에서만 보이는 경우도 있다. 이는 아마도 바다를 따라 해안을 거슬러 전파된 거석문화가 한반도에서 꽃피우게 된 것이 아닐까 한다. 세계의 거석문화를 대표하는 한반도의 고인돌은 현재 그 가치를 인정받아 유네스코가 지정한 세계 문화유산으로 등록된 것이다.

세계에 분포된 거석 문화의 사례들. 네덜란드 드렌터 주의 고인돌(왼쪽 위), 영국 스톤헨지(오른쪽 위), 이스터 섬 모아이 석상 (왼쪽 아래), 프랑스 카르나크 열석(오른쪽 아래)

타밀어와 한국어의 유사성

　2012년에 라이프 오브 파이라는 영화가 상영되었다. 이 영화의 주인공인 인도인 '파이'가 큰 소리로 '엄마! 아빠!'를 외치는 장면은 영화를 보던 한국 사람들을 깜짝 놀라게 했다.

　인도 남부의 드라비다족과 인도네시아 등지에서 많은 사람들이 사용하는 타밀어와 한국어는 굉장히 비슷한 점이 많다. 농경 언어 뿐 아니라 일상적인 언어에서도 비슷한 단어들이 발견되는데, 대표적으로 부모님을 지칭하는 말이 '엄마(amma), 아빠(appa)'로 아주 비슷하다. 손윗 자매를 부르는 말인 '언니'도 타밀어에서 '안니(anni)'도 거의 같은 발음이며 신체의 일부분인 '엉덩이'를 지칭하는 말은 '궁디'로 엉덩이를 부르는 경상도 사투리인 '궁디'와 흡사하다. 비슷한 단어들은 1,300여 개로 주로 가족 관계나 농경 언어와 관련되어 있다.

　이는 농사를 짓는데 필요했던 노동력이 가족에 바탕을 두고 있던 사실과 연관이 있을 것이다. 타밀어와 한국어의 유사성은 오래 전부터 인도 남부 지역과 한반도 지역 간의 농경을 중심으로 한 교류가 있었음을 알려주는 중요한 증거가 아닐까? 두 지역에서는 모두 고인돌이 많이 발견되고 있는데, 이는 과연 우연일까?

인도네시아	한국
비야(biya)	벼
사알(Sal)	쌀
가라이(kalai)	가래
메티(Metti)	메뚜기
바압(bab)	밥
풀(pul)	풀
삐씨(pci)	씨(씨앗)
사라이(salai)	사래(밭고랑)
몰(mol)	모
아리(ari)	알
베이(vei)	비

인도네시아와 한국의 농경언어

[표 출처: 김병모, 『김병모의 고고학 여행 1』, 고래실, 2006.]

삼국시대

1. 삼국과 가야에 들어온 낯선 사람들

1965년 우즈베키스탄의 사마르칸트에서 1300년 전 활동한 고구려인의 모습이 발견되었다. 사마르칸트는 비단길에서 번영을 누렸던 소그디아나 왕국의 수도이다. 여기에서 발굴된 아프라시아브 궁전 벽화는 7세기 무렵 그려진 것이다. 벽화 속 여러 사신 중에는 새의 깃털을 꽂은 조우관을 쓰고 고리자루 칼을 찬 고구려 사신들도 있다. 이들은 평양에서 수천 킬로미터 떨어진 이곳을 어떻게 알고 온 것일까?

한편 고구려 고분 벽화에도 눈이 부리부리하고 코가 큰 이방인들이 여기저기 등장한다. 삼국 시대에 대체 어떤 사람들이 무슨 사연으로 오고 갔는지 알아보자.

아프라시아브 궁전 벽화 속 고구려 사신
(우즈베키스탄 사마르칸트)

고구려 각저총 씨름도의 서역인(중국 지린 성)

■ 낯선 곳에 시집 온 신부들

펄펄 나는 꾀꼬리는 / 암수 서로 정다운데
외로운 이 내 몸은 / 뉘와 함께 돌아갈꼬

- '황조가' -

쓸쓸함이 짙게 배어 있는 이 노래는 고구려의 유리왕이 부인 '치희'와 헤어지고 지은 것이다. 치희는 중국 한족(漢族)이었는데 유리왕의 다른 부인인 '화희'와 매우 사이가 나빴다. 하루는 유리왕이 사냥 나간 사이에 두 여인이 크게 다투었다. 이 때 화희가 치희에게 '천한 한인 주제에'라고 욕을 하자, 크게 마음 상한 치희는 그만 궁을 떠나버렸다. 이 소식을 듣고 유리왕이 급히 쫓아가 붙잡아봤지만 치희의 마음을 돌릴 수 없었다. 당시 고구려는 한 세력과 경쟁하면서 성장했으므로, 한족에 대한 감정이 그리 좋지 않았다. '황조가'에는 끝내 고구려에 섞이지 못한 이방인의 사연과 이를 아쉬워하는 유리왕의 심정이 담겨 있다.

이와 달리 잘 정착하여 후손을 남긴 경우도 있다. 바로 가야의 김수로왕에게 시집온 아유타국의 공주 허황옥이다. "삼국유사"에 따르면 아유타국은 서역에 있던 나라이다. 서역은 중국의 서쪽을 가리키는 말인데 좁게는 파미르 고원 동쪽, 넓게는 중앙아시아, 인도, 서아시아까지 포함한다. 아유타국이 서역의 어느 나라인지 정확하지 않지만 인도의 아요디아 지방에 있었다는 의견이 있다. 실제로 수로왕릉 정문의 쌍어문은 아요디아에서도 볼 수 있다.

수로왕비릉과 함께 있는 파사석탑은 아유타국과 가야의 인연을 보여준다. 탑의 재질은 한반도에서 볼 수 없는 돌인데, 닭 벼슬의 피를 묻혀도 마르지 않고 흘러내린다고 한다. 이는 공주가 시집올 때 무사히 항해하길 기원하며 가져온 것이다. 공주는 열여섯 살 어린 나이에 바다 건너 낯선 나라로 시집오면서 이 탑에 의지하여 두려움을 이겨냈을 것이다. 가야에 도착한 후에는 탑을 보며 고향에 대한 그리움을 달랬을 지도 모른다. 지금은 탑 모양이 원래 모습보다 많이 훼손되었는데, 신령스럽다고 소문나면서 아들을 낳고 싶어 하는 사람들이 돌을 조금씩 떼어갔기 때문이라고 한다.

수로왕릉의 쌍어문 물고기 두 마리가 마주보고 있다 / **수로왕비릉의 파사석탑**(경남 김해)

공주와 김수로왕은 아들 10명을 낳아 큰 아들은 김씨 성을 주어 왕위를 잇게 하고, 두 아들에게는 허씨 성을 물려주었다. 김수로왕이 공주의 허씨 성이 끊기지 않도록 배려한 것이다. 이들의 자손이 바로 김해 김씨와 김해 허씨다. 여기에서 다시 양천 허씨 등 여러 본관이 나뉘어 현재까지 전하고 있다.

■ 기회를 찾아 망명해 온 사람들

이방인인 허황옥을 왕비로 맞이한 김수로왕도 사실은 이주민이다. "삼국유사"에는 하늘에서 내려온 상자에 담겨 있던 황금알 여섯 개가 모두 사내아이로 변해 각각 가야의 임금이 되었다고 적혀 있다. 그 중에는 금관가야 왕 김수로도 있었다. 하늘과 연관된 탄생 이야기로 보아 김수로왕이 이주민 출신이라는 사실을 짐작할 수 있다.

한편 고구려, 백제, 신라 모두 이주민과 토착민이 힘을 모아 세운 나라이다. 고구려 시조 주몽은 부여에서 왔고, 백제의 온조왕은 고구려 출신이다. 신라의 왕이 된 박혁거세, 석탈해는 어디서 왔는지 알 수 없지만 역시 이주민이다. 이들은 모두 기회를 찾아 떠나왔다는 공통점이 있다. 특히 석탈해의 이야기는 그 사실을 극적으로 보여준다.

석탈해는 왜의 동북쪽 1천 리(약 40km) 떨어진 곳에 있다는 다파나국("삼국유사"에는 용성국)의 왕자라고 한다. 본국에서 버려져 바다를 따라 표류하다가 겨우 금관국(가야) 해변에 닿았다. 그러나 그 곳 사람들이 괴이하게 여겨 받아주지 않아서 신라까지 왔다. "삼국유사"에는 석탈해가 김수로왕과 왕위를 두고 겨루다가 졌다는 내용이 실려 있다.

패배한 석탈해는 김수로왕의 추격을 피해 신라로 왔다. 이번에는 꾀를 써서 호공의 집을 빼앗는다. 석탈해는 호공의 집 부근에 숯과 숫돌을 몰래 묻어놓고 여기가 원래 대장장이였던 자기 조상의 집이라고 우겼다. 말도 안 되지만 호공은 석탈해의 두둑한 배짱을 높이 평가하며 집을 내어주었다. 그리고 이 일로 왕의 눈에 든 석탈해는 첫째 공주와 혼인하여 훗날 신라의 4대 왕이 되었다. 본국은 물론 가야에서도 쫓겨난 사람이 신라에 와서는 제대로 출세한 셈이다. 자기 조상이 대장장이라고 주장한 것을 보면 석탈해는 우수한 철제 기술을 지녔을 수도 있다. 당시 철제 기술은 국력을 좌우할 만큼 중요하였다. 그렇다면 석탈해는 선진 기술을 발휘하여 성공한 이주민인지도 모른다.

■ 장삿길을 따라 들어온 사람들

필요한 물건을 구하러 먼 곳까지 다니는 것은 예나 지금이나 마찬가지이다. 전라북도 부안군에 있는 죽막동 제사 유적은 이 사실을 잘 보여준다. 이곳은 중국과 왜를 오가며 장사할 때 반드시 거치게 되는 국제무역항이었다. 여러 나라에서 온 뱃사람들은 무사히 바다를 건너길 기원하며 제사를 지냈다. 죽막동 제사 유적에는 백제, 가야, 왜, 중국 남조, 통일 신라의 유물이 켜켜이 쌓여 있다. 그 중 대다수는 4~7세기 전반의 백제 토기이다. 죽막동이 백제 영역이기도 했을 뿐더러 백제가 해상 교역을 활발히 펼쳤기 때문이다.

한편 백제 못지않게 바다를 누볐던 나라가 가야이다. 가야는 여러 나라로 이루어진 연맹왕국이었는데, 그 중심은 김해의 금관가야였다. 가야는 철기와 해상 교역으로 성장한 나라이다. 주요 수출품은 덩이쇠, 즉 쇳덩어리였다. 이것은 철을 가공하여 일정한 모양으로 만들어 둔 것인데, 녹이면 농기구나 무기를 손쉽게 만들 수 있었다. 덩이쇠 자체가 화폐처럼 사용되기도 하였다. 따라서 가야는 철을 구하러 온 이웃 나라 사람들로 북적거렸다. 그 중에는 가야에 머물며 철 생산에 힘을 보탠 사람들도 있었다.

덩이쇠(경남 김해 출토)

가야의 판갑옷(경북 고령 출토)

가야의 유적에서 가끔 색다른 유물이 발견되는데, 그 중 '하지키'라는 토기가 있다. 이것은 왜인들이 일상생활에서 흔하게 사용하는 것으로 귀한 상품은 아니었다. 학자들은 가야에 들어와 살던 왜인들이 쓰던 것으로 보기도 한다. 철을 생산하는 일은 매우 고되고 어려웠으며 일손도 많이 필요하였다. 따라서 철기 문화가 늦게 발달한 왜가 가야의 철을 수입하면서 대신 노동력을 제공했다는 것이다. 그렇다면 당시 가야와 왜의 관계는 기술과 노동력을 서로 주고받던 사이라고 할 수 있다.

■ 전쟁에 휩쓸려 들어온 사람들

삼국 시대에 각 나라는 영토를 넓히고 사람을 많이 차지하기 위해 종종 전쟁을 벌였다. 고구려는 요동 지역을 두고 중국 세력이나 북방 민족과 경쟁하였다. 그 과정에서 뼈아픈 패배를 당하기도 하였다. 4세기 고국원왕 때 전연[1]의 기습으로 왕의 어머니는 물론 왕비와 남녀 백성 5만여 명이 포로가 되었다. 수년 후 왕의 어머니와 왕비는 귀국했으나 끌려간 백성들은 어떻게 되었는지 알 수 없다.

반대로 광개토대왕의 정복 활동으로 다양한 민족이 고구려 백성이 되기도 하였다. 당시 중국은 남북조로 나뉘어 대립하고 있었다. 이에 전란을 피해 고구려로 들어온 사람들이 많았다. 장수왕 때에는 멸망한 북연의 임금과 백성이 고구려로 망명해 왔다. 그 망명 행렬

---

1) 4세기에 북방민족 중 하나인 선비족이 중국 대륙에 세운 나라이다. 원래 이름은 '연'이지만 같은 이름을 가진 나라들이 있어서 '전연'으로 구분한다.

이 무려 80 리(약 32km)였다고 한다. 이렇게 고구려로 흘러들어 온 사람들 중에는 한족, 선비족, 거란족, 갈족, 말갈족은 물론 서역인도 있었다. 훗날 고구려 유민과 함께 발해를 세운 말갈계 주민이나 통일 신라의 중앙군인 9서당에 편입된 말갈계 주민도 원래는 고구려 영토에 들어와 살던 백성으로 짐작된다. 이처럼 삼국 시대에도 다양한 사람들이 들어와 정착하였다. 역사에 미처 기록되지 못한 이주와 교류의 사례는 더 많을 것이다.

고구려의 발전(5세기)

2. 놀이와 흥 속에 담긴 여러 갈래 문화

475년 가을 백제는 건국 이래 최악의 위기를 맞이하였다. 고구려 장수왕의 공격으로 수도 한성은 함락되고 개로왕은 아차성 아래에서 고구려 병사 손에 참수 당한 것이다. 결국 백제는 오랜 세월 터 잡고 살던 한강 유역을 잃고 웅진[2]으로 쫓기다시피 천도하였다. 백제가 이렇게 된 데에는 여러 가지 이유가 있지만, 그 중 바둑도 영향을 주었다고 한다. 대체 무슨 일이 있었던 걸까?

■ 중국에서 들어온 바둑 열풍

백제 개로왕은 바둑을 몹시 좋아했는데 어느 날 도림이라는 승려가 나타났다. 그는 고구려에서 죄를 짓고 백제로 도망쳐 온 바둑의 고수였다. 개로왕은 도림을 매우 아끼며 자주 바둑을 두었다. 그리고 도림의 건의를 받아들여 성곽과 왕릉을 보수하는 등 대규모 공

2) 오늘날 충청남도 공주시이다.

사를 벌였다. 그 결과 나라의 창고는 텅 비고 백성은 지쳤다. 이 무렵 도림은 슬그머니 사라졌고 때마침 고구려 군이 들이닥쳤다. 사실 도림은 바둑을 핑계로 개로왕에게 접근한 고구려 첩자였다. 뒤늦게 이 사실을 알아차린 개로왕이 한탄했지만 돌이킬 수 없었다.

바둑은 중국에서 발생하여 주변국에 전파된 것으로 알려져 있다. 언제 들어왔는지 확실하지는 않지만 삼국 시대에는 이미 널리 사랑받는 놀이였다. 삼국의 바둑 사랑과 수준 높은 실력은 중국에도 소문이 자자하였다. 이에 통일 신라 때 당 황제가 바둑 고수를 사신 일행에 딸려 보내 실력을 겨루게 한 적도 있었다. 비록 신라가 졌지만 당시 바둑의 인기가 국경을 초월했다는 사실을 알 수 있다.

백제 의자왕이 일본에 보냈다는 바둑판과 바둑돌

■ 다양한 놀거리, 볼거리, 즐길거리

바둑 외에 삼국 시대 사람들이 즐긴 놀이로 투호, 축국, 농주 등이 있었다. 투호는 열 걸음 남짓 떨어져 빈 병에 화살을 던져 많이 넣는 편이 이기는 놀이이다. 진편은 벌주를 마시거나 노래를 부르며 한바탕 흥을 돋우었다. 축국은 정확한 규칙에 대한 기록은 없으나 가죽으로 만든 공을 발로 차는 놀이라고 한다. "구당서"에 따르면 고구려 사람들이 축국을 잘했다고 한다. 신라에도 축국이 유행했던 것으로 보이는데, "삼국사기"에 김유신과 축국에 대한 일화가 실려 있다.

어느 날 김유신이 축국을 하다가 그만 김춘추의 옷고름을 밟아 떨어지게 하였다. 김춘추를 김유신의 집에 데리고 가서 여동생 문희를 불러 그 옷을 꿰매게 하였다. 이를 계기로 사랑에 빠진 김춘추와 문희는 혼인을 했고, 훗날 삼국 통일을 이루는 문무왕을 낳았다. 축국으로 싹튼 인연이 역사의 방향을 바꾼 셈이다.

농주는 두 손으로 여러 개의 공을 공중에 던졌다가 받는 것으로 농환이라고도 한다. 공에 금칠을 해서 빠르게 던졌다 받으면 마치 금빛 원이 돌아가는 것처럼 보였다. 이는 놀이라기보다는 정교한 곡예에 가까웠다. 고구려의 고분 벽화에는 아슬아슬한 묘기 장면이 종종 등장한다. 수산리 고분 벽화에는 긴 나무막대기에 두 발을 지탱하거나 여러 개의 공을 공중에 던져 받는 재주꾼들이 있다.

그런데 여러 도구를 위로 번갈아 던져 받는 묘기는 원래 서역에서 유행하다가 비단길을 따라 전해진 것이다. 그 뿐 아니라 서역인들이 고구려 땅에 들어오기도 하였다. 고구려 고분 벽화에는 눈이 움푹하고 코가 높은 서역인들이 자연스럽게 어울려 노는 모습이 여기저기 그려져 있다. 넓은 영토만큼 다양한 사람들이 어울려 살던 고구려에서 서역인이나 그들의 놀이가 어색한 광경은 아니었을 것이다.

고구려 수산리 고분 벽화 속 재주꾼과 구경하는 귀족 부부(남포 강서)

■ 신명나는 춤과 음악, 국경을 넘나들다

놀이와 곡예 뿐 아니라 다른 지역의 춤과 음악도 물밀 듯이 들어왔다. 중국 측 기록에 따르면 고구려 사람들은 춤과 노래를 좋아하여 마을마다 밤이면 남녀가 모여 즐겼다고 한다.[3] 이처럼 흥이 많았던 고구려 사람들은 어떤 춤을 즐겼을까?

고구려의 고분 벽화에는 탈춤 추는 사람[4], 긴 소매 옷을 입고 군무를 추는 사람[5], 다리를 꼰 채 막 춤을 추려는 사람[6] 등 다양한 모습이 등장한다. 그 중 다리를 꼰 자세를 하

3) "삼국지" 위서 동이전
4) 안악 3호분
5) 무용총
6) 안악3호분

고 있는 무용수는 생김새도 서역인 같고 분위기도 독특하다. 실제로 고구려에는 서역의 춤이 유행하였다. "신당서"에는 고구려 사람들이 제자리에서 바람처럼 빠르게 도는 춤을 추었다는 기록이 있는데, 이는 서역의 호선무와 비슷하였다. 당시 서역의 춤은 비단길을 타고 전해져 선풍적인 인기를 끌었다.

한편 무용총에는 거문고를 타는 여인이 그려져 있다. 거문고는 중국의 칠현금을 왕산 악이 개량하여 만든 고구려의 대표 악기이다. 독주와 반주 모두 가능한 거문고가 등장하 면서 고구려 음악은 표현 수준이 더 높아졌다. 거문고는 백제와 신라는 물론 일본에도 전해졌다.

고구려 무용총 벽화 속 무용수들과 거문고 타는 여인(중국 지린 성)

고구려에는 거문고 외에도 비파, 필률, 요 고 등 다양한 악기가 있었다. 비파는 줄을 튕 겨 연주하는 현악기이고 필률은 피리이다. 요고는 허리가 잘록하고 양쪽에 두드리는 부 분이 있는 타악기로 오늘날 장구와 비슷하게

고구려 삼실총 벽화의 완함(비파)을 연주자(중국 지린 성)

돈황 막고굴 제237호 벽화에 그려진 합주 모습 피리, 비파 등 다양한 악기가 보인다. 그 중 가운데 인물이 비파를 머리 뒤로 넘겨 연주하고 있다.

고구려 무용총 벽화의 뿔나팔 부는 천인(중국 지린 성)

생겼다. 이는 모두 서량(양저우), 구자(쿠처) 등 서역에서 전해진 것이다. 수천 킬로미터 떨어진 고구려 고분 벽화와 비단길 석굴 사원의 벽화에는 놀랍게도 같은 악기가 그려져 있다.

요고를 연주하는 모습 경주 감은사터 서탑 사리갖춤에 조각되어 있다 (국립중앙박물관).

백제와 신라의 악기도 고구려와 크게 다르지 않았다. "삼국사기"에 따르면 신라는 거문고와 가야금을 주된 악기로 하여 악곡을 만든 것으로 보인다. 가야금은 가야의 가실왕이 중국의 악기를 참고하여 만든 것이다. 훗날 우륵이 악기를 들고 신라에 망명해오면서 전래되었다. 우륵이 만든 악곡 중에는 '사자기'가 있는데 이는 서역의 사자놀이와 관련 있는 것으로 짐작된다.

원래 사자는 만주나 한반도에 살지 않는 동물이다. 하지만 신라 지증왕 시절 이사부가 동해의 우산국을 정벌할 때 나무사자 형상을 만들어 주민들을 협박한 적이 있다. 또한 불교가 전래되면서 만들어진 탑에는 돌사자가 조각되기도 하였다. 이로 미루어 볼 때 신라에 사자탈이나 사자놀이가 전해졌다고 짐작된다. 삼국 시대 사람들이 신명나게 즐겼던 놀이와 춤, 음악에는 중국과 서역 문화의 흔적이 있다. 이를 받아들이고 발전시킨 당시 사람들의 넉넉한 역량 덕분에 삼국의 문화는 더욱 풍성해질 수 있었다.

분황사 모전석탑의 사자 (경북 경주)

다문화 돋보기 백제 금동대향로에 코끼리가

　1993년 12월 12일, 부여 능산리에서 차가운 겨울 날씨를 잊게 할 만큼 뛰어난 예술 작품이 발굴되었다. 백제 금동대향로가 1300여 년의 긴 잠에서 깨어나 모습을 드러낸 것이다. 발견 장소는 능산리 절터 부근으로 곧 주차장이 들어설 예정이었다.

　백제 금동대향로는 발견 당시 뚜껑과 몸통은 분리된 채 진흙에 범벅이 되어 있었다. 하지만 깨끗이 닦아내고 보니 백제인의 기술과 예술혼이 발휘된 걸작이었다. 향로 맨 위에는 봉황이 사뿐히 내려앉았고 받침대에는 용이 날아오르려는 듯 고개를 들고 있다. 그 사이로 산봉우리가 굽이치며 솟아 있고 다양한 인물과 동물이 조각되어 있다.

　봉황 바로 아래에는 다섯 악사가 흥겹게 연주 중이다. 그런데 이들이 연주하는 북, 완함(비파), 거문고, 피리, 배소는 모두 외래 악기이다. 완함(비파)과 피리, 배소는 서역에서, 거문고는 고구려에서, 무릎에 올려두고 치는 북은 동남아시아에서 들어온 것으로 여겨진다. 더구나 향로에는 코끼리, 원숭이, 악어 등 이 땅에 살지 않는 동물들까지 세심하게 조각되어 있다. 직접 보지 않고서는 이렇게 생생히 표현하기 어려울 것이다. 백제 금동대향로는 백제인의 활발한 교류를 보여주는 동시에 다양한 문화가 조화를 이룬 예술작품이다.

북　완함(비파)　거문고　피리　배소

코끼리　원숭이　악어

백제 금동대향로(국립 부여박물관)

3. 일상에 스며든 다양한 종교와 사상

'절들은 하늘의 별처럼 펼쳐져 있고 탑들은 기러기 떼처럼 줄지었다.'

─일연, "삼국유사" ─

신라 진흥왕 시기의 풍경을 묘사한 구절이다. 절은 불교 사원이며 탑은 원래 부처의 시신을 화장하고 남은 사리를 모시기 위해 만든 건축물이다. 이는 인도의 스투파(stupa)에서 비롯되었는데, 점차 부처의 사리 대신 불경이나 불상을 탑에 넣기도 하였다.

부처는 '깨달은 자'라는 뜻으로 불교를 창시한 석가모니를 가리킨다. 불교는 자비와 평등을 강조하는 종교로서 약 2,500년 전 인도에서 발생하였다. 이렇게 먼 곳에서 오래 전 발생한 불교가 어떻게 신라까지 닿게 되었을까?

인도 산치 대탑(왼쪽) 당 대안탑(가운데) 백제 정림사지 5층 석탑(오른쪽): 인도에서 만들어진 탑이 불교와 함께 동아시아로 전파되면서 지역에 맞게 모양이 변하였다.

■ 이방인이 전해준 불교, 저승에 대한 생각을 바꾸다

불교는 비단길을 따라 동아시아 각지로 전파되었다. 4세기 무렵 중국을 거쳐 고구려와 백제에도 들어왔고, 순조롭게 공인되었다. 신라는 전통 신앙을 따르던 귀족 세력이 워낙 강하게 반발한 탓에 6세기 법흥왕 때 비로소 불교가 공인되었다. 그런데 그 전에 신라에도 이미 불교가 들어왔던 것으로 보인다.

신라에 불교가 아직 공인되기 전, 5세기 눌지왕 때 묵호자(墨胡子)라는 승려가 고구려에서 신라로 왔다. 일선군 사람 모례는 자기 집에 굴을 파서 묵호자를 머물게 하고 정성껏 모셨다. 묵호자는 얼굴이 먹처럼 검다는 뜻으로 이름보다는 별명으로 보인다. 어쩌면 서역인일 가능성도 있다. 굴방에 머물렀던 이유도 자유롭게 돌아다니기 어려웠기 때문일 수도 있다. 검은 얼굴, 삭발한 머리, 독특한 옷차림, 신라인의 눈에는 이상하게 비쳤을 것이다.

한편 신라 뿐 아니라 고구려와 백제에서도 아도[7]나 마라난타[8] 등 외국 승려들이 활동하였다. 이렇게 멀리서 온 이방인들은 불교가 삼국에 뿌리내리는 데 기여하였다.

삶과 죽음의 길은 / 여기 있으니 두려워지고
나는 간다는 말도 / 못 다 이르고 가느냐.
어느 가을 이른 바람에 / 여기저기 떨어진 나뭇잎처럼
한 가지에 나고 / 가는 곳 모르는구나.
아아! 미타찰에서 만날 나는 / 도 닦으며 기다리겠노라.

-월명사, '제망매가' -

월명사는 8세기 통일 신라 경덕왕 때 활동한 승려이다. 죽은 여동생을 위해 제사를 지내며 이 향가를 지었다. 그는 혈육을 잃은 슬픔, 죽음에 대한 두려움을 말하며 훗날 '미타찰'에서 만날 것을 기원하고 있다. 미타찰이란 불교에서 말하는 괴로움 없는 극락세계이다. 불교에 따르면 현세에 쌓은 공덕이 다음 생애에 영향을 준다고 한다. 즉 현세에 지은 행위에 따라 극락에 가거나 인간 세계에 다시 태어나거나 지옥에 갈 수도 있다는 것이다.

불교가 들어오기 전에 사람들은 현세의 신분이나 지위가 죽은 다음에도 똑같이 이어진다고 믿었다. 이에 죽은 사람을 위해 거대한 무덤을 만들고 저승에서 사용할 물건들을 넣어주었다. 왕이나 귀족이 죽은 경우 사람을 함께 묻어주기도 하였다. 저승에서도 시중을 들라는 의미였다. 이러한 장례 풍속을 순장이라고 한다. 이는 세월이 지나면서 점차 사라졌다.

---

7) 전진의 왕 부견이 고구려에 보낸 승려이다.
8) 동진을 통해 백제로 들어 온 호승(胡僧)이다. 호승이 어느 지역의 승려인지 정확하지 않으나 인도 승려로 추정된다.

순장이 사라지게 된 이유는 우선 노동력이 귀했기 때문이다. 그리고 불교의 영향으로 내세관이 달라진 점도 큰 영향을 주었다. 현세의 삶이 저승까지 이어지는 것이 아니라면, 화려한 무덤이나 순장은 아무 의미가 없었다. 이에 무덤은 점점 작아졌고, 화장하는 경우도 더러 있었다. 신라 문무왕은 삼국 통일의 대업을 이루었지만, 거창한 왕릉을 만드는 대신 화장할 것을 유언하였다. 신하들은 왕의 뜻에 따라 화장한 유골을 동해의 큰 바위에 장사지냈다. 이후 통일 신라의 효성왕과 선덕왕도 불교식 화장을 택하였다.

고구려 장군총(중국 지린 성)

신라 고분(경북 경주)

문무왕 해중릉(경북 경주)

■ 신선을 꿈꾸는 도교, 삼국에 뿌리내리다

도교는 중국에서 다양한 신앙이 결합되어 생긴 종교이다. 불로장생[9]과 신선[10]이 되기를 추구하며 현실의 복을 기원하는 것이 특징이다. 도교는 귀족들 사이에서 유행하며 문

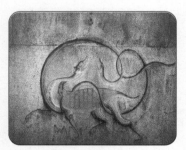
고구려 강서대묘 현무도(남포 강서)

화와 예술에 영향을 주었다. 고구려 고분 벽화에 그려진 청룡·백호·주작·현무는 각각 동·서·남·북을 지키는 도교의 수호신이다. 죽은 사람을 지켜주길 바라는 마음에서 그린 것이겠지만 그 자체로도 훌륭한 예술 작품이다.

백제 무령왕릉에도 도교 문화가 반영되었다. 무령왕릉은 1971년 여름에 공사하던 인부의 삽에 걸려 우연히 발견되었다. 일제강점기에도 용케 도굴당하지 않고 1400년을 견뎌오다가 드디어 모습을 드러낸 것이다. 두근거리는 마음으로 왕릉 입구를 살피던 학자는 깜짝 놀랐다. 기묘하게 생긴 돌짐승이 입구에 턱하니 서 있었기 때문이다. 멧돼지

9) 늙지 않고 오래 사는 것을 뜻한다.
10) 도교에서 이상적으로 여기는 존재이다.

같기도 한 이 통통한 짐승은 사악한 기운으로부터 무덤을 지키는 상상의 동물이다. 이는 중국의 무덤에서도 발견되는데 도교 문화와 관련이 있다.

백제 무령왕릉의 석수와 지석(국립공주박물관)

무령왕릉 발굴 당시 입구에는 지석 두 개가 있었다. 여기에 무덤 주인이 누구인지 분명히 새겨져 있어서 무령왕릉임을 알 수 있었다. 지석에는 토지신에게 무덤 터를 구입하고 돈을 치른다는 계약서(매지권)가 새겨져 있다. 토지신은 도교에서 중요하게 받드는 여러 신 중 하나이다. 실제로 지석 위에는 중국 양나라의 화폐인 오수전 꾸러미가 올려져 있었다. 이 돈은 양나라에서 만든 그 해에 곧바로 백제에 보낸 것으로 당시 두 나라의 친밀한 사이를 보여준다. 무령왕릉은 벽돌무덤인데 이 또한 중국 남조의 고분 양식이다. 이러한 벽돌무덤 양식은 백제에서 잠깐 나타났다가 사라졌지만, 도교는 다른 신앙과 결합하며 퍼져 나갔다.

■ 유교, 충과 효를 가르치다

불교나 도교 못지않게 유교도 삼국 시대 사람들의 일상에 깊은 영향을 주었다. 유교는 중국의 공자가 집대성한 정치사상이며 학문이다. 인과 예를 중심으로 한 도덕 정치를 강조하는 것이 특징이다. 삼국은 왕권을 강화하고 충성스러운 인재를 기르기 위해 유교 교육을 장려하였다. 고구려에는 수도에 태학이, 지방에 경당이 있었는데 중국의 기록에 따르면 고구려인들의 교육열은 매우 높았던 듯하다.

'습속은 서적을 매우 좋아하여 (미천한) 문지기, 말먹이 집에 이르기까지 각 거리마다 큰 집을 지어 경당이라고 부른다. 자제들이 결혼하기 전까지 밤낮으로 이곳에서 독서와 활쏘기를 익히게 한다.'
— "구당서" —

고구려의 청소년들이 밤낮으로 읽었던 책은 유교의 5경과 중국의 역사서 등이었다. 한편 백제는 5경에 능통한 박사를 두어 유교를 가르쳤고 일본에도 파견하였다. 신라의 청소년들도 유교 공부에 몰두했는데 임신서기석에 그 사실이 나타나 있다.

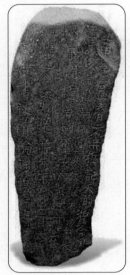

임신서기석은 1400년 전, 신라의 두 젊은이가 유교 경전을 열심히 공부하고 나라에 충성할 것을 다짐하며 그 내용을 돌에 새긴 것이다. 얼마나 굳게 맹세를 했는지 만약 약속을 어기면 하늘로부터 큰 벌을 받을 것이라고 새겨져 있을 정도이다. 이렇듯 삼국시대에는 충, 효, 신 등 도덕 규범이 일상생활에서 강조되었다. 또한 유교 경전을 읽고 해석하는 능력은 한문 실력과 함께 관리의 필수 교양이었다. 이처럼 불교, 도교, 유교는 삼국 시대에 밖에서 전해졌으나 전통 문화로 자리를 잡아갔다.

임신서기석
(국립경주박물관)

4. 옷과 멋으로 보는 문화

7세기 초 당에서 그려진 '왕회도'는 마치 국제 패션쇼 장면 같다. 2미터가 넘는 두루마리에는 24개국 사신들이 각자 고유한 옷맵시를 뽐내며 서 있다. 서역이나 동남아시아에서 온 사신들 사이로 고구려·백제·신라 사신도 보인다. 신라 사신은 훤칠한 키에 긴 머리를 늘어뜨린 젊은이인 반면 고구려와 백제 사신은 좀 더 나이가 들어 보인다. 그런데 외모에 상관없이 삼국 사신 모두 소매 좁은 긴 저고리에 헐렁한 바지 차림이다. 저고리와 바지 끝에 천을 덧대어 장식한 것도 똑같다. 삼국 사신들이 비슷한 옷을 입게 된 배경은 무엇일까?

낭아국(말레이시아) 신라   구자국(쿠차)   고구려   파사국(이란)   말국(위구르)   백제
왕회도(타이완 국립고궁박물원)

■ 다른 듯 닮은 듯 삼국의 옷

"(신라와 중국의) 언어는 백제인의 통역을 거친 뒤에야 통하였다.……백제의 언어와 복장은 대략 고구려와 같았다."   - "양서" -

"(신라의) 풍속, 형법, 의복은 고(구)려·백제와 대략 같다."   - "구당서" -

중국 역사서에 따르면 삼국은 의복 뿐 아니라 언어, 풍속, 법도 비슷하였다. 삼국 시대에는 전쟁으로 국경이 수시로 바뀌었고, 흉년 때문에 주민들이 국경을 넘어 이주하는 일이 자주 있었다. 이렇게 섞여 살다보니 옷차림도 서로 비슷했던 것이다. 왕회도에 나타난 것처럼 삼국 사람들은 저고리와 바지가 기본 옷차림이었고, 여성은 치마도 입었다.

한편 삼국의 옷은 중국, 일본 등 주변국과 구분되는 고유의 멋이 있었다. 당의 장회태자 이현 묘에 그려진 예빈도는 당 관리 세 명이 외국 사신을 맞이하는 모습이다. 당 관리는 투명한 관모에 폭넓은 소매, 발끝까지 닿는 긴 치마 차림이다. 그림 속 여러 인물 중 조우관을 쓰고 저고리와 바지를 입은 사신이 낯익다. 조우관은 새의 깃털을 꽂은 모자로서 고구려·백제·신라인들 모두 쓰던 것이다.

그림 속 조우관을 쓴 인물은 국적 논란이 있지만 신라 사신으로 추정된다. 이현이 당의 황태자였던 시절, 백제와 고구려는 이미 멸망한 상태였고, 신라에서 사신을 보낸 적이 있기 때문이다. 이러한 사실과 상관없이 왕회도와 예빈도는 고구려·백제·신라의 옷은 기본 모양이 같았고 주변국과 다른 특색이 있었다는 점을 보여준다.

그런데 개성 있는 삼국의 옷에도 다양한 문화가 숨어 있다.

장회태자 이현 묘의 예빈도(중국 시안)

■ 멀리서 들어온 멋, 변화하는 옷차림

왕회도를 보면 각 나라 사신들이 꽤 옷차림에 신경을 쓴 듯하다. 백제와 고구려 사신은 고운 바탕에 세련된 무늬를 넣은 옷차림을 하고 있다. 그 뿐 아니라 고구려 무용총에 그려진 무용수는 화려하게 물방울무늬가 염색된 옷을 입고 있다. 이렇게 옷감의 일부만 염색하는 기술은 일찍이 인도에서 기원하여 주변에 전파된 것인데, 그 덕분에 삼국의 옷도 더욱 화려해졌다.

옷차림 뿐 아니라 장신구도 훨씬 다채로워졌다. 경주에서 발견된 신라 계림로 보검은 칼과 칼집 표면이 온통 금 알갱이로 장식된 데다가 홍마노라는 붉은 보석이 박혀있어 매우 화려하다. 이 보검은 무기라기보다는 장식용이었을 가능성이 크다. 이는 동아시아에서는 거의 볼 수 없는 것이다. 오히려 멀고 먼 중앙아시아의 카자흐스탄, 쿠차의 키질 석굴 벽화 등에서 비슷한 형태가 발견되었다. 이러한 장식용 보검을 차는 것이 중앙아시아에서 유행했던 듯하다.

경주 계림로 보검(국립 경주 박물관)

한편 계림로 보검에 나타난 금 알갱이를 이어 붙여 섬세하게 무늬를 꾸미는 기술을 누금세공이라고 한다. 이 기술은 원래 이집트, 메소포타미아 등에서 나타나 주변에 전파되었다. 신라의 장신구 중에는 누금세공 기법을 응용해서 만든 반지, 팔찌, 귀걸이가 많다. 장신구를 만드는데 사용된 보석이나 색을 입히는 안료 중에는 서역에서 생산된 것도 많았다. 이처럼 삼국 시대 사람들은 바깥의 기술과 재료를 잘 이용하여 새로운 멋을 만들어냈다.

통일신라

1. 신라를 넘어 더 넓은 세계로

오늘날 한국인 유학생 수가 20만 명이 넘는다는 사실은 더 이상 놀라운 일이 아니다. 미국, 중국, 영국, 필리핀 등 진출 지역도 매우 다양하다. 거꾸로, 한국을 찾는 외국인 유학생들도 8만 명이 넘는다. 교통수단의 발달로 인해 한 국가에서 다른 국가로의 이동은 매우 편리해 졌고, 각 국가의 다양한 문화를 접하면서 자신의 경험과 지식을 넓히려는 사람들이 많아진 것이다. 이러한 인적 교류는 오늘날의 현상만은 아니다. 다양한 이유로 바다를 건너 활발히 움직였던 신라인들의 모습을 들여다보자.

■ 신라 왕자가 당으로 건너간 까닭

대체로 유학생이라고 하면, 자신의 학문적 욕구를 채우기 위해 공부를 하러 가는 모습을 떠올릴 것이다. 하지만 7세기 중반 신라 왕실 귀족 중에는 또 다른 목적을 가지고 유학길에 오르는 사람이 있었다. 때는 신라가 삼국 통일에 열을 올리고 있을 무렵. 문무왕의 친동생인 김인문은 당나라의 최고 교육 기관인 국자감에서 공부하고 있었다. 하지만 김인문의 어깨는 무거웠다. 문무왕이 그에게 기대하는 것은 외교적 역할을 잘 해서 당나라로부터 군사적 지원을 이끌어내는 것이기 때문이었다. 반면 당나라 황제인 고종은 김인문을 인질로 생각하고 있었다. 신라가 당나라의 비위를 건드리거나, 약속을 어기면 바로 이 인질을 이용해 협박할 생각이었다. 즉 김인문은 단순한 유학생 신분이 아니라 정치적, 외교적인 목적으로 오게 된 외교관이면서 동시에 인질이었던 것이다. 나당전쟁이 일어나기 직전까지 김인문과 같은 왕실 귀족 유학생들은 복합적인 역할을 수행하고 있었다.

■ 지금, 내 뜻을 펼치러 갑니다

나당전쟁이 끝나고 얼마 지나지 않아 당나라와 신라와의 관계가 개선되었고 교류가 활발해지기 시작했다. 이에 따라 당나라로 건너가는 유학생도 급격하게 늘어났다. 신라는 유학생단을 꾸려 10년을 기한으로 당나라에서 공부할 수 있도록 지원하였다. 이 시기 유학생은 대체로 6두품 출신이 많았는데, 더 이상 정치적 인질로 진골 귀족들이 유학을 갈 필요가 줄어들었기 때문이었다. 반면에 6두품 출신 유학자들은 뛰어난 유교적인 소양을 갖춘 인재라 하더라도 신라에서는 골품제라는 신분적 한계 때문에 승진에 제한이 있었다. 즉, 자신의 정치적 뜻을 마음껏 펼칠 수 있는 기회가 신라에서는 거의 없었던 것이다. 그래서 그들은 적극적으로 당나라 유학길에 올랐다.

그렇다면 당나라에서 그들은 어떤 길을 걸었던 것일까? 그들은 일단 국자감에서 공부를 마치고 난 뒤, 외국인을 대상으로 치르는 시험인 빈공과에 응시하였다. 예를 들어, 김운경은 이 빈공과에 합격한 최초의 신라인이었으며, 그 이후 수석합격이 신라인에게서 많이 나왔다고 하니 신라인들의 실력이 대단했음을 알 수 있다. 최치원은 18살 때 빈공과에 합격하고 당나라의 관리로 있으면서 뛰어난 문장을 잘 지었다. 그의 능력을 알아본 당나라 황제는 황소의 난이라는 농민 봉기가 일어났을 때 이를 잠재우기 위해 최치원에게 〈토황소격문〉이라는 문장을 짓도록 명하였다. 이밖에 최승우, 김가기 등도 최치원과 같이 당나라 관리로서 자신의 능력을 펼칠 수 있었다.

최치원 대표적인 유학생으로 당나라에서 활약하였다.

유학을 마치고 신라로 돌아온 6두품 유학자들은 중국의 발달된 학문과 문화를 들여오는 다리 역할도 수행하였다. 또한 당나라와 신라의 사회를 비교하면서 바람직한 사회의 모습을 그려보기도 하였다. 이들의 당나라 유학 경험은 신라 이후 고려라는 새로운 시대로 나아가는데 적지 않은 영향을 미쳤다.

■ 깨달음을 위해 중국 땅을 밟은 사람들

당나라로 간 유학생 중에는 유교를 공부하기 위해 간 사람들만 있었던 것이 아니다. 통일 신라 시대로 들어오면서 불교에 대한 이해가 더욱 깊어졌는데, 많은 승려들이 더 높은 차원의 불교를 배우기 위해 당나라로 유학을 떠났다. 당나라 무종이 불교를 탄압하면서 수도 시안에 있는 외국 승려들을 본국으로 돌려보냈는데, 기록에 따르면 21명의 승려 중 10명이 신라 출신이었다니, 그 열기를 짐작할 수 있다. 이들은 당대의 유명한 승려들을 찾아가 가르침을 받고, 신라로 다시 돌아와 새로운 종파를 발전시키기도 하였다.

의상 부석사를 창건하고 화엄종을 일으켰다.

또는 당에 머물면서 깨달음을 실천하고 제자를 기른 승려들도 있었다.

신라 화엄종을 일으킨 의상 역시 당나라 유학승이었다. 원효와 함께 두 차례에 걸쳐 당 유학을 시도했는데, 첫 번째 시도는 가는 길에 고구려 군사에게 잡혀 수십 일을 갇혀 있다가 풀려나는 바람에 좌절되었다. 10년 후 다시 유학길에 오른 그는 바닷길을 통해 당으로 가는데 성공하였다. 그 후 10년 간의 공부 끝에 깨달음을 얻고 신라로 돌아온 의상은 화엄종이라는 새로운 종파를 열었다. '하나가 곧 전체요, 전체가 곧 하나다.'라는 그의 화엄사상은 모든 존재의 조화를 강조하여 왕실의 후원을 받으면서 신라 불교의 주류로 자리 잡아 나갔다.

불교 유학승 중에는 당나라 유학에 만족하지 않고 더 서쪽으로 발걸음을 옮겨 간 사람도 있었다. 최치원은 이러한 당시의 추세를 다음과 같이 묘사하였다.

'무릇 길이란 멀다고 해서 사람이 못가는 법이 없고, 사람에게는 다른 국가란 따로 없다. 그렇기 때문에 동쪽 나라(신라) 사람들은 승려이건 유학자이건 간에 반드시 서쪽으로 대양을 건너서 몇 겹의 통역을 거쳐 말을 통하면서 공부하러 간다.'

- 해동금석원 권1 -

당나라 서쪽 끝에는 무엇이 있었을까? 바로 불교의 고향 천축국(현재의 인도에 해당)이 있었다. 16세에 불법을 공부하기 위해 험난한 여정이 될 것을 뻔히 알면서도 주저하지 않고 남쪽 바닷길을 따라 천축국으로 갔던 인물이 바로 혜초였다. 오늘날, 인도 여행을 간다고 한다면 여행사나 인터넷 서핑을 통해 인도로 가는 다양한 정보를 손쉽게 얻을 수 있다. 하지만 신라시대에는 오늘날처럼 준비과정이 쉽지 않았기 때문에 혜초의 여정은 성공여부가 불확실하였다. 그는 갈 때에는 바닷길을 택하였는데, 당나라 광저우(광주(廣州))에서 배를 타고 남중국해를 돌아 동천축국에 도착하였다. 그 후 4년 동안 여러 지역을 돌면서 불교 유행 정도, 유적지, 경제활동, 특산물, 식생활, 주거 공간, 정치형태, 각 지역으로 이동하는데 걸리는 시간, 심지어 코끼리가 몇 마리 있는지 등등 그가 본 것들을 모두 기록으로 남겼다. 그 결과물인『왕오천축국전(往五天竺國傳)』은 당시 인도와 중앙아시아에 대한 정보를 매우 자세하게 기록한 세계 유일의 기록물이다. 불교의 고향을 돌고 비단길을 따라 당으로 돌아온 혜초는 이 때의 경험을 바탕으로 새로운 종파를 발전시키며 중국 불교에 크게 이바지 하였다. 한 신라 승려의 인도 탐방은 단순한 여행이 아니라, 동아시아의 문화를 한층 더 풍부하게 해 준 역사적 사건이었던 것이다.

교류: 『왕오천축국전』 들여다보기

해초의 서역 기행
→ 예상 노정(해로) → 예상 노정(육로)
→ 실제 노정 ○ 당시 주요 도시

    1908년 프랑스의 동양학자 펠리오(P.Pelliot)가 중국 돈황 석굴에서 발견한 이 기록물은 세로 한 줄에 30자 정도 쓰여 진, 총 227행의 기행문이었다. 처음엔 누가, 언제 썼는지도 알 수 없었고 앞 뒤 내용도 잘려나가 있어 궁금증은 커져갔다. 계속된 연구 끝에 신라의 승려였던 혜초가 썼다는 사실이 밝혀졌고, 남아 있는 부분에는 지금의 인도와 아프가니스탄 지역을 다녀온 여정이 매우 사실적으로 담겨 있었다. 혜초는 자신이 직접 다녀온 지역은 '어디에서부터 어느 방향으로 얼마동안 가서 어디에 이르렀다' 는 형식으로 문장을 적었고, 가지 않고 전해들은 지역의 이야기는 '어디의 어느 방향에 어떤 곳이 있다.' 정도로 간결하고 객관적으로 적었다.

    혜초는 기행문의 제목처럼 천축국만 다녀온 것이 아니었다. 천축국을 넘어 지금의 아랍지역인 대식국까지 발길이 닿았던 것이다. 혜초는 대식국에 대해 '하나님을 믿고 부처를 모르며, 왕부터 백성에 이르기까지 의복이 한 가지 종류다. 음식을 먹을 때 귀천을 따지지 않고 공동으로 한 그릇에서 먹는다. 그들의 예법에 무릎 꿇고 절하는 법이 없다.'며 구체적이고 사실적으로 묘사하였다.

    왕오천축국전(필사본) 의 내용으로 미루어 본다면 그 때 당시 막 성장하고 있었던 이슬람 문화권과 중국 중심으로 발전하고 있었던 동아시아 문화권의 교집합 지점에 바로 혜초가 있었음을 알 수 있다. 혜초는 당시 신라인으로는 최초로 아랍지역을 직접 다녀왔으며, 동서 문화 교류의 한 가운데에서 다양함을 경험한 증인이 되었던 것이다. 그리하여 그의 경험은 우리의 역사를 한 층 더 풍부하게 만들어 주었다.

왕오천축국전(필사본)

2. 신라 안의 해상왕국

왼쪽의 사진은 현재 중국 산둥반도 지역에 있는 법화원이라는 사원이고, 오른쪽의 사진은 일본에 있는 적산선원이라는 사원이다. 이 두 유적지는 신라의 한 인물과 관련이 있다. 그 인물은 과연 누구이며 어떤 업적을 남겼기에 먼 이국땅에서 기억되는 것일까?

혜성처럼 신라에 등장하여 바다처럼 넓고 푸른 꿈을 안고 자신만의 해상왕국을 거느린 인물. '해상왕'이라는 별명을 가진 그의 이름은 바로 장보고이다.

■ 동쪽 나라에서 가장 성공한 사람

장보고

장보고와 같은 시대를 살았던 당나라 시인 두목은 자신의 문집에서 장보고를 '동쪽 나라에서 가장 성공한 사람'이라고 평가하였다. 어려서부터 무예실력이 뛰어났던 장보고는 자신의 능력을 펼치기 위해 당나라로 건너가 장교로 출세했다. 하지만 그는 여기에 만족하지 않고 당나라에 살고 있는 백제, 고구려의 유민들과 신라 사람들을 모아 무역을 시작하였고, 그들을 위한 생활 안식처를 제공하였다. 그러던 중 그는 당시 황·남해지역의 해적들에 의해 신라인들이 붙잡혀와 노비로 팔리는 모습을 보고, 신라로 돌아와 흥덕왕에게 다음과 같이 말했다.

> "중국을 널리 돌아다녀 보니, 우리나라 사람들이 노비 노릇을 하고 있습니다. 원하건대 저에게 청해(완도)를 지키는 일을 맡기시면 적으로 하여금 사람을 약탈하여 서쪽으로 끌고 가지 못하게 하겠습니다." - 『삼국사기』 -

흥덕왕은 장보고의 청을 받아들이고 그를 '청해진 대사'에 임명하였다. 장보고는 곧 병사 1만여 명을 받아 완도에 청해진을 설치하여 해적을 물리쳤고, 그 일대를 장악하여 당시 일본 - 신라 - 당나라 삼국을 연결하는 무역 네트워크를 만들어 나갔다. 이후 청해진은 인적, 물적 자원이 활발하게 오가는 무역의 중심지가 되었다.

■ 오고 간 것은 단순히 물건만이 아니었다

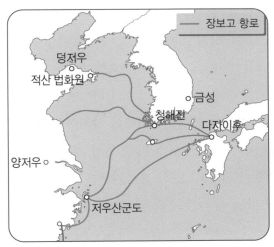

9세기 경 장보고 선단의 무역 항로

장보고 선단 복원 모형

장보고는 당나라와 교역할 때 그곳에 거주하고 있는 신라인들을 적극 활용하였다. 당나라로 건너간 신라인들이 많아지면서 자연스럽게 신라인 거주지가 형성되었는데 이를 신라방이라 한다. 이 곳 사람들은 같은 신라인으로서 믿음이 가는 사람들이었고, 현지의 사정도 잘 알고 있었다. 장보고는 산둥반도에 법화원이라는 사원을 짓고 신라인들의 정신적 중심지가 되도록 하였으며, 네트워크를 형성하여 정보를 교환할 수 있게 하였다.

이러한 바탕 위에서 장보고는 '매물사'라 불린 무역 상인들을 보내 무역활동을 하였다. 매물사는 신라의 배를 타고 갔는데, 그 배의 규모는 한 척당 140명 정도의 사람과 250톤 가량의 물건을 실을 수 있을 정도였다고 한다. 이 우수한 신라 배를 단순히 신라인들만 타고 다닌 것은 아니었다. 당시 일본 대마도의 관리가 "신라 배는 능히 파도를 헤치고 갈 수 있다고 하니, 바라건대 신라 배 6척 중 1척을 나누어 주십시오."라고 요구했었고, 일본의 견당사(당나라로 파견되는 사신)와 승려들이 신라 배를 타고 이동하였다. 이 배를 이용하였던 일본의 승려 엔닌은 장보고에게

> "평소 받들어 모시지 못했으나, 오랫동안 고결한 풍모를 들었습니다. 엎드려 우러러 흠모함이 더해갑니다."
>
> – 엔닌, 『입당구법순례행기』 –

라는 내용의 편지를 보냈다. 장보고의 도움 덕분에 엔닌은 적산 법화원에서 편히 머물면서 불교를 공부할 수 있었고, 안전하게 일본으로 돌아갈 수 있었다. 그리고 그 감사함을 편지에 담았다. 이 뿐만 아니라 엔닌은 일본에서 제자들로 하여금 불교를 지키는 신으로 '신라명신'을 받들어 모시도록 하였다. 장보고의 은혜를 생각하면서 법화원에서 받들여졌던 신을 똑같이 모셨던 것이다. 엔닌이 죽고 나서는 적산선원이라는 사원이 조성되었고 신라명신도 여기에 모셔졌다. 당시 상인들이 많이 찾아와 참배를 올렸는데, 이 신은 후에 교토의 수호신으로 발전하여 오늘날까지 전해지고 있다. 신라의 뛰어난 항해술과 조선술이 일본인들의 종교에까지 영향을 미쳤다는 게 놀라울 따름이다.

■ 문화의 교차로에서

장보고의 무역선은 보물창고였다. 그의 배에는 페르시아산 담요, 수마트라산 향료, 당나라의 비단·청자·서적, 신라의 금·은·세공품 등이 실렸다. 말만 들어도 비싸 보이는 이 물건들은 신라의 귀족들이 주로 구매하였다. 특히나 동남아시아와 아라비아 반도에서 오는 물건은 거의 장보고 선단이 독점하고 있어서 많은 이익을 남길 수 있었다. 신라 진골 귀족들의 생활모습은 점점 이국적이면서 화려하게 변해갔다. 이뿐만이 아니다. 장보

고가 일본에 파견한 상인인 '회역사'를 통해 일본 규슈지역까지 이 물건들이 전해졌는데, 진귀한 물건들을 보고 반한 사람들이 자기 재산을 탈탈 털어가면서 살 정도로 구매 열기가 높았다. 신라와 일본의 풍속이 점차 변하고 있었던 것이다.

장보고는 단순히 중간에서 물건을 중계하는 것에 그치지 않았다. 청해진 근처 해남지역에서 발견된 우리나라 초기의 청자 생산 단지는 중국의 청자 기술을 배워서 독자적으로 만들려고 했던 장보고의 노력을 엿볼 수 있는 대목이다. 당나라에서 기술자들을 데려와서 제작기법을 배우고, 토양이 좋은 곳을 조사하여 가마터를 열고 청자를 열심히 구웠던 것이다. 이러한 시도가 이후 고려시대에 '고려청자'라는 브랜드를 만드는 기반이 되지 않았을까.

원래 장보고의 이름은 활을 잘 쏜다하여 궁복(弓福)이었고, 당나라에 다녀온 뒤에 비로소 장보고(張保皐)라 불리기 시작하였다. 그런데 당시 일본에서는 장보고의 이름을 보배 보(寶)에 높을 고(高)자로 표현하기도 하였다. 그가 이끌었던 무역의 규모와 물건들을 봤을 때 일리가 있는 표현이다. 하지만 그는 단순히 부자 상인이 아니었다. 당시 동아시아인들의 생활과 문화를 변화시키고 유행을 이끌었으며, 다양한 문화가 어우러질 수 있도록 해 준 9세기의 보물과 같은 존재였다.

3. 신라가 만난 이슬람

"서울 밝은 달밤에 밤늦도록 노닐다가
들어와 잠자리를 보니 다리가 넷이로다.
둘은 내 것인데 둘은 누구의 것인가
본래 내 것이지마는 빼앗겼으니 어찌하리오. "

위 노래는 『삼국유사』에 나오는 향가 「처용가」이다. 처용설화에 의하면 주인공 처용은 아름다운 아내와 역신[1]이 같이 누워 있는 것을 보고 이 노래를 부르면서 쓸쓸히 물러갔다. 처용의 관대한 모습을 본 역신은 뛰쳐나와 처용에게 용서를 구했다. 역신이 앞으로 처용의 모습을 그린 것만 봐도 그 주변에 얼씬도 않겠다고 약속하고 물러갔는데, 이 소문을 들은 마을 사람들은 처용의 얼굴을 그려 대문 앞에 붙여 놓았다. 그랬더니 그 뒤로 그 마을에 전염병이 돌지 않았다고 한다. 도대체 처용은 누구일까?

■ 신라에 터를 잡은 서역사람들

처용무 여기에 쓰인 처용탈은 처용의 모습을 짐작케 한다.

처용은 『삼국유사』에 따르면 헌강왕 5년, 현재의 울산인 개운포에서 출현한 용의 아들 중 한 명이라고 나와 있는데, 얼굴이 괴상하고 의복도 이상하여 신라 사람들과 달랐다고 한다. 역신이 무서워 도망갈 정도면 도대체 어떤 모습일까 궁금해지는데, 그 모습을 바로 조선시대의 음악서인 『악학궤범』에서 알 수 있다. 이 책에는 묘사된 '눈썹이 무성하고 귀가 우그려졌으며 얼굴이 붉고 코가 우뚝 솟았다. 턱은 밀려나왔고 어깨는 굽었다고 처용을 묘사하고 있다.

괘릉 무인석상

처용이 어떤 사람인지 감이 오는가? 적어도 생김새를 보아서는 신라인과는 다른 존재임을 알 수 있다. 개운포는 통일신라의 대표적인 국제 무역항이었다. 처용은 바로 동해를 거쳐 이 국제 무역항에 발을 디딘 외국인이었던 것이다. 당시 처용과 비슷한 모습을 한 사람들의 흔적은 경주 곳곳에 남아있다.

신라 제38대 원성왕의 무덤인

1) 전염병을 옮기는 귀신

괘릉 앞에는 이곳을 지키고 있는 무인 석상들이 서있다. 그런데 왕릉으로부터 맨 끝에 자리 잡은 무인 1쌍의 모습이 심상치 않다. 나머지 석상들과는 전혀 다른 생김새를 가졌는데, 쌍꺼풀이 진 부리부리한 눈과 매부리코, 앞으로 튀어나온 턱과 곱슬곱슬한 턱수염을 기른 단호한 표정으로 우리를 가장 먼저 맞이한다. 그 석상을 보는 순간 비장함에 눌려 괜스레 몸을 움츠리게 된다. 처용이 역신을 내쫓았듯이, 이 석상들도 나쁜 귀신을 내쫓기 위해 가장 선두에 서 있는 것은 아닐까? 제42대 흥덕왕의 능 앞에도 이와 흡사한 무인 석상을 볼 수 있다.

드물지 않게 볼 수 있지만 왠지 낯선 모습의 이들은 바로 당나라 서쪽의 여러 지역, 즉 서역에서 온 아랍인들이다. 당시 이슬람 상인들은 발달된 지리학적 지식과 항해술을 바탕으로 세계의 여러 나라와 교역하며 활동 범위를 넓혔다. 그들의 무역에 대한 열망은, 그들을 '황금의 나라 신라'로 이끌었다.

■ 파란 눈에 비친 신라

신라에 도착한 이슬람 상인들에게 신라는 어떤 모습으로 비춰졌을까?

> "중국 해안의 맞은편은 신라와 그 부속 도서들을 제외하곤 잘 알려져 있지 않다. 이라크 인과 기타 외국인들이 정착하여 그곳을 조국으로 삼았다. 그들은 신선한 공기, 깨끗한 물, 비옥한 토지, 이익과 수입의 증대, 광물질과 보석류의 풍부함 때문에 그곳을 떠나려 하지 않는다. 그곳을 떠난 자는 극소수다."
>
> ― 알 마수디, 『황금초원과 보석광산』 ―

경주 용강동 출토 흙인형
관리들이 왕을 만날 때 손에 쥐는 홀(笏)을 들고 있다

이슬람 상인들에게 신라는 부를 키울 수 있는 기회의 땅이요, 꿈의 나라였을 것이다. 그들은 처음에 물건을 팔기 위해 남쪽의 바닷길을 따라 울산항에 도착했지만, 일부는 신라의 풍부한 물산과 아름다움에 이끌려 급기야 신라에 정착하게 되었다. 신라 왕실에서는 이들이 정착해 생활 할 수 있도록 배려해 주고, 대우도 해 준 것으로 보인다. 처용설화에서 헌강왕이 처음 처용이 왔을 때 정치 일을 돕자 미모의 아내를 맞이하게 해주고, 급간이라는 벼슬을 내렸다는 대목을 보면

이를 짐작할 수 있다.

왕릉의 무인 석상들이나 용강동 돌방무덤에서 나온 서역인의 모습을 한 흙인형도 이를 뒷받침 해준다. 우리가 현재 만나는 '그들'은 입을 굳게 다물고 있지만, 단순히 상인으로서 물품 교역만 한 것이 아니라, 신라에 머물러 살면서 신라 사회의 구성원으로서 융화되어 살아가고 있었다는 것을 보여주고 있다. 더 이상 '그들'이 아닌, '신라인'으로서 존재감을 나타내고 있는 것이다.

■ 신라, 서역의 향기로 물들다

834년 어느 날, 흥덕왕은 다음과 같은 칙령을 발표하였다.

> "사람은 상하가 있고, (그에 따라) 호칭이 같지 않고 의복도 다르다. 그런데 풍속이 점점 경박해지고 백성이 사치와 호화를 다투게 되어 오직 외래 물건의 진기함을 숭상하고 도리어 토산품의 비루함을 혐오하니, 예절이 거의 무시되는 지경에 빠지고 풍속이 쇠퇴하여 없어지는 데까지 이르렀다. 이에 감히 옛 법에 따라 밝은 명령을 펴는 바이니, 혹시 고의로 범하는 자가 있으면 진실로 일정한 형벌이 있을 것이다."

– 『삼국사기』 권 제33 잡지 –

신라 말기 이슬람을 비롯한 외국과의 교류가 활발해지고, 주로 사치품들이 많이 들어오면서 신라의 귀족들은 명품으로 한껏 치장하였다. 점차 무분별한 사치풍조가 짙어지자, 더 이상 두고 볼 수 없었던 흥덕왕은 사치를 금지하는 명령을 내렸다. 금지품목에는 '정말 그런 것들이 그 당시에 있었어?'라며 놀랄 만한 물건들이 많이 나온다.

그 중 하나는 장식용 빗인데 흥덕왕의 명령에 따르면 6두품 이하의 신분층은 쓸 수 없었다. 일단 이 빗은 동남아시아에 살았던 대모(바다거북이)의 등껍질로 만들어졌다. 또한 장식은 금을 바탕으로 하여 우즈베키스탄 지방에서 나오는 에메랄드빛의 슬슬이란 보석으로 꾸몄다. 보기 드물고 귀한 재료로 만들어졌으니, 그 가치는 아마 상상을 초월할 것이다. 이 밖에 페르시아 산 고급 모직물, 인도 및 서남아시아에서 나는 공작새 꼬리, 그리고 아프리카 등지에서 나는 향 등도 금지 대상이었다. 이렇게나 많은 외래 물품들은 어떻게 들어왔을까? 9세기 전반에는 장보고 선단이 중국에서 아라비아·페르시아·동남아시아 지역의 물건을 독점적으로 수입하였다. 장보고가 몰락한 이후에는 신라 상인들이 울산항에서 서역인들과 직접 교역을 하였다. 점차 이 진귀한 수입품들은 그 수가 매우 많아졌고 상인들은 일본에 향료, 비단, 양탄자, 염료 등을 재수출하여 이익을 많이 남겼다.

진골 귀족들은 이런 진귀한 물건을 앞 다투어 갖고자 했다. 일반 평민들까지도 이를 쫓아 서역 물품을 구매하였다. 심지어 페르시아 산 양탄자는 인기가 많아 신라인들이 그 제조기술을 배워 양탄자를 만드는 공방이 생겨났을 정도였다. 골품제의 질서를 무너뜨릴 정도의 사치현상이 나타나니, 흥덕왕은 이러한 현상을 제지하지 않을 수 없었다.

통일 신라 시대의 서구 문물의 유입은 신라인들의 생활과 문화에 큰 영향을 주었다. 신라인들은 외래 문물을 열린 자세로 받아들여 그들의 생활 속에 녹여내었다. 이는 문화의 다양성이라는 긍정적인 면도 있지만, 국산품을 경시하고 무분별한 소비를 하는 부정적인 면을 나타내기도 했다. 오늘날에도 외래문화가 끊임없이 흘러 들어오고 있는데, 우리는 과연 어떠한 자세를 취해야 할까?

다문화 돋보기 　기록 ; 신라의 흔한 풍경

> 엉킨 머리 남(藍)빛 얼굴, 사람과는 다른데
> 떼지어 뜰앞에 와서 난(鸞)새 춤을 배우네
> 북치는 소리 둥둥 울리고 겨울바람 쓸쓸히
> 부는데 남쪽 북쪽으로 달리고 뛰어 한정이
> 없구나
> 　　　－「향악잡영오수」 중 '속독'

> 일만리 머나먼 길 사방 사막 지나오느라
> 털옷은 다 해지고 티끌만 뒤집어썼네
> 머리와 꼬리를 흔드는 모습, 인덕이 배어
> 있도다
> 영특한 그 기개 온갖 짐승 재주에 비할소냐
> 　　　－「향악잡영오수」 중 '산예'

　현대의 우리는 뮤지컬, 연극, 영화, 게임, 스포츠 등 다양한 종류의 문화를 즐기면서 여가를 보낸다. 놀이 문화는 일상을 살아가는 우리들의 모습을 있는 그대로 보여주는 측면이 있는데, 통일 신라 시대도 마찬가지이다. 특히 이 시대에 사람들의 생활 깊숙이 파고 든 서역의 바람은 놀이 문화에서 잘 나타난다. 당시 유학자였던 최치원이 남긴 「향악잡영오수」라는 글에는 당시에 유행했던 다섯 가지 놀이에 대한 묘사가 나타나있는데, 이 중 주목할 만한 두 가지의 놀이가 있다.

　속독이라는 놀이는 일종의 가면놀이다. 헝클어진 머리에 남색으로 색칠된 가면을 쓰고 이리저리 뛰어다니며 춤추는 모습을 상상하면 정말 역동적인 놀이라는 것을 알 수 있다. 그런데 '속독'이라는 말은 중앙아시아 사마르칸트 지역에 있었던 소그디아나를 한자로 적어 놓은 것이다. 즉, 이 놀이가 서역에서 기원하여 신라로 전래된 것이란 것을 알 수 있다.

　한편 '산예'는 어떤 동물의 탈을 쓰고 추는 춤이다. 위의 시를 보면 '사막', '털옷'이라는 단어로 추측을 해볼 수 있는데, 바로 사자를 표현한 것이다. 이 사자춤은 속독과 마찬가지로 서역에서 중국을 거쳐 신라로 들어와 유행하였고, 오늘날까지도 '북청사자놀음'으로 그 명맥이 유지되고 있다.

　외부로부터 전래된 가면놀이와 춤의 유행은 당시 신라가 다른 문화를 받아들이고 즐겼다는 것을 보여준다. 나라와 지역에 관계없이 사람들이 웃고 즐길 수 있는 놀이들이 있었다는 것, 어쩐지 낯설게 느껴지지 않는다.

북청사자놀음 신라시대의 산예가 전해져 내려와 오늘날에 이르고 있다.

4. 섞임의 흔적, 풍부한 문화

　우리는 '옛날'이라고 하면 대체로 다른 세계에 대해 닫혀 있고 우리의 고유한 문화만을 발전시켜 왔다고 생각한다. 하지만 통일 신라 시대의 유학생의 왕래나 바다를 무대로 한 활발한 상업 활동을 보면 결코 우물 안 개구리가 아니었음을 알 수 있다. 동아시아 지역뿐만 아니라 이슬람 세계와의 인적, 물적 교류를 통해 통일 신라의 사회와 문화는 한층 더 다양하고 풍부해졌다. 통일 신라 사람들은 외부 문화가 들어오는 것에 대해 거부감이 없었고, 고유의 문화와 결합시켜 찬란한 문화유산을 남겼다. 즉, 그들의 모습은 현재 우리의 모습과 크게 다르지 않다. 아마 이러한 모습은, 삼국을 통일하면서 융합의 중요성을 실감했던 통일 신라의 사회 분위기가 고스란히 묻어난 것이 아니었을까.

■ 세련미 넘치는 수호신

감은사 출토 금동사리함

　이 조각상은 통일 신라 시대에 지어진 감은사 절터에서 발견된 금동사리함의 사천왕상 중 하나다. 사리함은 평생 참된 수행을 하여 깨달음을 얻은 사람의 몸에서 나온다는 구슬모양의 결정체인 사리를 보관한 상자를 말한다. 사천왕은 본래 불교를 지키는 사방의 수호신인데, 우리가 절을 방문할 때 가장 먼저 보게 되는 4명의 신이다. 우락부락한 용모에 갑옷을 갖춰 입고 한손에는 무기를 들고 있으니, 그 옆을 지나가자면 괜스레 몸이 움츠러들기 마련이다. 그런데 일반적인 사천왕상과 달리, 왼쪽의 사천왕은 좀 더 세련된 모습이다. 머리를 올려서 2단으로 묶었고, 매부리코에 부리부리한 눈을 가지고 있으며 신발은 얇고 당초문(덩굴무늬)으로 장식되어 있다. 당초문은 이슬람세계에서 흔히 보이는 무늬인데 이를 종합해보면 어쩐지 서역의 향기가 사천왕에게서 뿜어져 나오는 것 같다. 게다가 아래 악귀를 밟고 있는 모습을 보니, 그리스 신화에 나오는 헤라클레스가 괴물사자를 제압하는 모습이 겹쳐 보이는 듯하다. 이렇게 외국 문화가 뒤섞인 흔적은 통일 신라 유물 곳곳에 숨어있다.

■ 부처님이 깨달은 순간 문명교류의 꽃이 피다

지긋이 감은 눈, 오똑한 코, 미소를 띠는 듯한 입모양, 균형 잡힌 신체비율.

석굴암 본존불상(경북 경주)

부처님이 깨달은 순간의 모습을 나타냈다고 하는 석굴암의 본존불상(중심이 되는 부처님)에 대한 묘사이다. 천년이 넘도록 근엄하게 앉아 있는 부처님은 우리에게 무엇을 말해 주고 있을까?

원래 불교가 생겨났던 인도에서는 불상을 조각하지 않았다. 탑이나 발자국, 빈 좌석으로 부처님을 간접적으로 표현했었는데, 그리스 인들이 신을 인간의 모습으로 표현하는 것을 보고 인도 북쪽의 '간다라 지방'사람들이 부처님을 조각하기 시작하였다. 그리스의 영향 때문인지 부처는 인도사람이었음에도 불구하고 머리가 물결처럼 곱슬곱슬하고 눈 밑 언저리는 깊이 파였고 코가 높으며 그리스·로마의 신들처럼 주름 잡힌 옷을 입고 있다. 이러한 모습의 부처님은 동아시아 불교가 퍼져 나간 길을 따라 곳곳에 나타나게 되었다. 석굴암 본존불상은 이러한 동서양의 만남이 신라에서도 꽃피고 있었음을 나타내주는 문화재이다.

석굴암의 가치는 그 뿐만이 아니다. 석굴암은 당시 실크로드를 따라 있었던 아프가니스탄의 바미안 석굴, 우즈베키스탄의 테르메스 석굴, 중국 신장의 키질석굴, 둔황석굴 등과 어깨를 나란히 하는 불교 석굴이었다. 하지만 이 석굴들과는 명확한 차이점이 있다. 자연석굴이 아니라 단단한 화강암을 나름대로 짜 맞춘 인공석굴이라는 점이다. 둥근 지붕은 로마의 돔을 연상시키게 되는데, 긴 돌(비녀돌이라고 한다) 30개를 사이사이에 박아 지붕의 무게를 분산시켰다. 그리하여 한 치의 오차도 없이 신라만의 독특한 양식으로 재구성 하였다.

또한 본존불 주위를 둘러싼 사천왕상과 보살상, 제자상 등의 불상은 일정한 간격을 두고 균형 있게 배치되어 있다. 이는 수학적 지식이 없으면 만들기 어려운 구조였다. 석굴암은 당시 다양한 문화와 과학기술이 한곳에 어우러진 문화유산이라 할 수 있다.

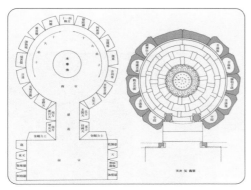

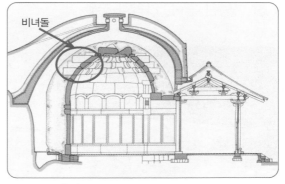

비녀돌

석굴암 구조도 천장에서 본 구조로, 둥근 돔의 모양을 하고 있다.　석굴암 동쪽 측면도 지붕부분에 긴 돌이 꽂혀있는 것을 확인할 수 있다.

■ 귀한 것을 담은 유리그릇

칠곡 송림사 오층전탑 사리장엄구
높이 7cm정도 되는 유리잔 안에 작은 유리병
이 있는데, 정교한 유리세공기술을 보여준다.

　9세기 통일 신라 때 만들어진 송림사 5층 전탑에서 유물이 하나 발견되었다. 바로 사리 장엄구라는 것인데, 부처님의 몸에서 나왔다고 하는 사리를 모신 장치라는 뜻이다. 집 모양 같기도 하고 가마 모양 같기도 한데, 이것은 인도나 중국에서 귀한 사람들이 타는 가마의 햇빛 가리개와 비슷한 모습을 하고 있다. 그리고 그 안에는 투명하고 맑은 녹색 유리병이 보이는데, 유리잔 표면에는 사산조 페르시아에서 유행했던 고리무늬가 장식되어 있다. 게다가 유리잔 안에 작은 유리병이 있고 그 안에 부처의 사리를 모셨다. 불교 의례에서 가장 소중히 여기는 부처님의 사리를 모시는 함을 유리로 만들고 금동으로 장식했다는 사실은 그때 당시 서역과의 교류가 활발했으며, 유리의 가치나 선호도가 금과 맞먹을 정도였다는 것을 알 수 있다.

　인도, 중국, 페르시아, 신라의 문화가 융합되어 세계에서 하나뿐인 사리함이 나오게 된 것은 신라의 개방적인 모습 덕분이었다.

---

2) 226년부터 651년까지 존재했으며 오늘날의 이란 지역에 있었던 왕조이다.

■ 다양한 무늬, 다양한 문화

동그랗게 표시한 부분을 자세히 보자. 무슨 무늬처럼 보이는가? 뭔가 대칭을 이루고 있는 것 같은데, 원형 한 가운데에 나무가 서 있고, 그 양쪽으로 새 두 마리가 얼굴을 마주하고 있는 모습이다. 황룡사에서 발견된 은그릇도 나무 한 그루를 사이에 두고 날짐승 두 마리가 서로 마주보고 있는 모습이 새겨져 있다. 일본에서도 발견되는 이 패턴은 사산조 페르시아에서 유행했던 대칭무늬이다. 실로 신라가 서역의 문화에 흠뻑 빠졌음을 보여주는 것 같다. 새롭게 받아들인 문화를 여기저기에 적용해 보는 신라인의 모습, 상상이 되지 않는가?

통일 신라 시대를 포함해서 우리나라 문화재에 심심치 않게 등장하는 무늬가 있다. 기와나 불교 유물에서 자주 볼 수 있는 연꽃무늬인데 한국에서만 보이는 무늬는 아니다. 고대 이집트에서는 행운의 꽃으로 간주되어 국가의 꽃으로 정할 정도였는데, 이집트와 인도 사이에 교역이 활발히 이루어지면서 인도사람들이 불교의 상징으로 여기게 된 것이다. 그 뒤로 인도, 중국, 한국, 일본 등 불교 국가에서는 연꽃무늬가 많이 등장하게 되었는데, 통일 신라 시대에도 예외가 아니다. 이렇게 아프리카와 아시아의 만남의 흔적을 멀지 않은 곳에서 확인할 수 있다.

이집트 펠레 신전의 연꽃 모양 기둥

성덕대왕 신종의 연꽃무늬(위)와 신라의 연꽃무늬
수막새(아래)

발해

1. 문화 융합으로 태어난 발해

고구려가 무너지고 30년이 지난 뒤, 당나라가 차지하고 있던 옛 고구려 땅에 이들을 내쫓고 고구려를 잇는 새로운 나라를 세운 사람이 있었다. 그의 이름은 대조영. '고구려의 별종'이었던 그가 당나라의 지배에서 벗어나 고구려 유민, 말갈인들과 힘을 합쳐 세운 나라는 어떤 모습이었을까? 당시 당나라가 이 나라를 '바다 동쪽의 융성한 나라'라는 뜻의 '해동성국'이라 부른 것을 보면 그 위력을 짐작해볼 수 있다. 무엇이 그들을 해동성국으로 이끌었을까?

■ 발해의 건국 들여다보기

고구려가 멸망한 뒤, 당나라는 고구려 유민들을 요서 지방(랴오허 강 서쪽지역)으로 강제 이주시켜 살도록 하였다. 이곳에는 거란인, 말갈인 등 다양한 민족들이 살고 있었는데 모두들 당나라의 혹독한 지배에 시달렸다. 때마침 거란인들이 당나라를 상대로 반란을 일으키자 당나라가 혼란해 진 틈을 타 고구려의 후예인 대조영은 아버지 걸걸중상, 말갈인 걸사비우와 함께 유민들을 이끌고 요서지방을 탈출하였다. 당나라 군대는 이들을 바짝 추격하였고 싸움 끝에 걸사비우는 죽음을 맞이했지만, 걸사비우 세력의 대열을 정비하여 고구려 유민과 말갈인들을 이끌고 신라와 당의 영향력이 적은 동모산 기슭으로 이동해 698년 나라를 세웠으니, 이 나라가 곧 200여년 동안 만주지역의 주인이 된 발해이다.

위에서 알 수 있다시피, 발해의 건국은 고구려 계통과 말갈계통의 다양한 집단이 옛 고구려 지역이었던 곳에서 고구려 멸망 이후 30년 뒤에 이루어졌다. 발해를 세운 지배층들은 고구려를 계승하고 부여의 전통을 이어받았음을 대외적으로 드러내고 있었지만 순수하게 고구려인만으로 구성된 나라가 아니라, 적은 수의 고구려인 지배층과 많은 수의 말갈인들이 함께 건설하고 이끌어간 나라였다.

발해의 최대영토

다문화 둘러보기 기록 : 대조영을 둘러싼 논쟁

> 발해말갈 대조영은 본래 고려(고구려)별종
> 이다.
>
> — 『구당서』 권199下, 발해말갈전 —

> 발해는 본래 속말말갈이 고려(고구려)에
> 붙은 자로서 성이 대씨이다.
>
> — 『신당서』 권219, 발해전 —

발해 대조영에 대한 기록을 담은 두 개의 중국 측 역사서가 있다. 『구당서』와 『신당서』가 바로 그
것인데, 이 두 역사서는 대조영의 출신에 대해 서로 다르게 기술하고 있어 후대의 역사학자들로 하
여금 큰 혼란에 빠지게 했다.

『구당서』에서는 대조영이 '고려별종'으로 기술되어있는데, 이를 통해 우리는 그가 고구려 계통임
을 추론할 수 있다. 발해의 왕들이 외교문서에 자신들을 지칭하여 '고려왕'이라 표현하고, 발해는 고
구려를 계승했음을 직접적으로 적은 것을 보아도 이러한 추측은 전혀 근거 없는 것이 아니다. 현재
남한과 북한의 역사학자들은 이러한 해석을 지지하고 있다.

반면 『신당서』의 기록인 "속말말갈이 고려에 붙은 자"로서 대조영을 해석하는 입장에서는 발해의
건국자인 대조영을 말갈인 가운데서도 속말말갈 출신으로 해석한다. 현재 대부분의 중국 측 학자들
이 이러한 견해를 취하면서 발해는 중국사의 일부라고 주장하고 있다.

이런 논쟁이 일어나는 이유는, 현재 영토와 민족문제와 깊은 관련이 있다. 중국의 입장에서 드넓
은 만주벌판을 차지한 발해를 한국의 역사로 인정하면, 현재 그 지역에 살고 있는 사람들이 중국으
로부터 벗어나려는 움직임을 보일 수 있다고 판단하는 것이다. 하지만 중요한 건 그 때 당시 대조영
이 스스로를 어떻게 생각했는가가 아닐까? 이러한 논쟁에 대한 여러분의 생각은 어떠한가?

■ 발해의 다양한 주민 구성

발해에 대한 각종 기록을 살펴보면, 발해인 중 성을 알 수 있는 사람은 15명의 왕을 포함하여 250여 명임을 확인할 수 있다. 이 중에서 고구려계 성씨로는 '고씨(高氏), 이씨(李氏), 장씨(張氏), 왕씨(王氏), 양씨(楊氏), 마씨(馬氏), 하씨(賀氏), 배씨(裵氏), 조씨(趙氏) 등을 들 수 있고, 말갈인 계열로서는 '실씨(失氏), 아씨(阿氏), 주씨(朱氏), 오씨(烏氏), 미씨(味氏), 율씨(聿氏), 공씨(公氏), 섭씨(聶氏), 어씨(菸氏), 목씨(木氏), 모씨(慕氏), 이씨(已氏), 지씨(智氏), 사씨(史氏)가 있다.

대부분 발해의 정치를 이끈 핵심 인물들은 고구려 성씨를 가진 사람들이었다. 왕의 성은 대씨(大氏)이며, 세력이 있고 명성이 있는 성(姓)으로는 고씨(高氏), 장씨(張氏), 두씨(竇氏), 오씨(烏氏), 이씨(李氏) 등이 있었다. 그들은 스스로를 고구려의 후예라고 생각했고, 주변 국가에게 그러한 생각을 거침없이 표현하였다. 발해와 일본사이 주고 받은 외교문서를 보면 그 사실을 알 수 있다.

"우리는 고(구)려의 옛 땅을 수복하고, 부여의 전통을 이어받았다."
"고(구)려 국왕 대흠무가 말한다."
"발해왕에게 칙서를 내렸다. (일본) 천황은 삼가 고(구)려 국왕에게 문안한다."

한편 발해에 사는 대다수의 사람들은 말갈인들이었는데, 일부는 중앙의 귀족이 되기도 하였고 지방의 수령으로 촌락사회를 이끌어가는 등 지배층의 일부로서 존재하기도 하였다. 하지만 대다수는 성씨를 갖지 않은 일반 평민들이었다.

한편 발해 성씨들 중에는 부여 또는 백제계통 혹은 신라계통인 경우도 있었다. 가령, 해씨(解氏)성은 부여계 지배층에서 쓰던 성이고, 또한 백제의 큰 세력을 이룬 8개의 성 중 하나이기도 했다. 이밖에 신라계 성씨로 최씨, 박씨, 김씨 등도 나타난다. 신라계 이름이 확인되는 시기는 모두 발해 말기 또는 멸망 후이다. 이들은 신라가 말기에 정치·사회적으로 혼란한 상황 속에서 발해로 이동하였을 것이다. 또는 그 이전에 이주하였을 가능성도 있다.

이렇듯 다양한 민족과 계통을 밑바탕으로 하여, 발해는 230여 년 동안 만주벌판의 주인으로 한국사의 한 페이지를 장식하였다. 이들이 만들어간 문화의 모습은 어떠했을까? 발해의 다양한 표정들을 다음 장에서 살펴보도록 하자.

2. 동아시아의 용광로, 발해문화

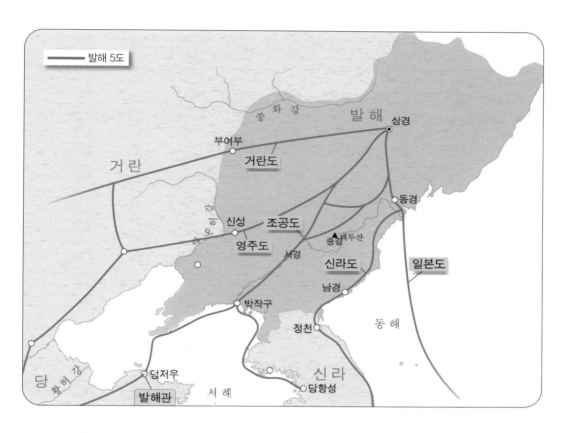

발해는 건국 이후, 당, 신라, 일본, 거란 등과 활발한 교류를 하였으며, 양국의 사신이나 일반인들이 교류할 때는 지정된 교통로를 주로 이용하였다. 당시 발해에는 거란으로 통하는 거란도, 중국으로 통하는 영주도와 조공도, 신라로 이어지는 신라도, 동경에서 출발하여 동해바다를 가로지르는 일본도 등의 교통로가 정비되어 있었다. 이 길을 따라 얼마나 많은 사람과 물자가 오고갔을까? 이제, 그들의 발자취를 뒤따라 가 볼 시간이다.

■ 일본으로 간 어느 발해사신의 일기

오늘은 내가 발해의 사신으로 임명된 후 처음으로 일본 땅을 디딘 날이다. 며칠 전 나는 왕의 명령을 받들어 일본 왕자의 탄생을 축하하며 일본 왕에게 전해줄 선물을 들고 상경 용천부를 출발하였다. 이 여정이 나 혼자만의 길은 아니었다. 각지에서 모여든 500 여 명의 상인들이 내 뒤를 따랐다. 이들은 내가 일본에 머물고 있는 동안 일본 상인들과 접촉하며 우리 발해에서 나온 인삼, 꿀, 가죽제품이나 당나라에서 온 물건들을 팔아 많은 이익을 얻을 것이다.

상경 용천부를 출발하여 동경 용원부로 가는 길은 도적을 만나지도 않고 순탄함 그 자체였다. 하지만 항구에 다다랐을 때, 험난하고 길고 긴 바닷길을 항해할 일을 생각하니 막막하였다. 설레임과 불안함을 안고 바다의 신에게 무사히 다녀올 수 있도록 기도를 올린 뒤, 항해를 시작하였다. 배 안에서 사람들과 이런 저런 이야기를 나누었는데, 흥미로우면서도 안타까운 이야기를 하나 들었다. 일본인 유학생 고내웅과 그의 아내인 발해인 고씨에 대한 이야기였다. 고내웅이라는 사람은 발해에 유학을 와서 공부를 하는 동안 한 발해 여인과 사랑에 빠져 결혼을 하고 아이도 낳았는데, 공부를 다 마치고 난 후 일본으로 돌아가야 했다. 이 때 아내 고씨와 아이, 그리고 유모까지 일가족 모두가 일본으로 가기로 결정하고, 10월의 어느 날 일본의 발해 사신이었던 판진겸속을 따라 배를 타고 일본에 가고 있는데 하필 거친 풍랑을 만나 배가 난파될 위험에 처한 것이다. 이때 배에 탄 사람들 중 일부가 일본인이 아닌 다른 나라 사람과 불교 신자가 타고 있기 때문이라고 목소리를 높였다. 그들은 고내웅의 식솔들이 이 배에서 내려야 한다고, 바다의 신이 노하지 않게 재물로 바쳐야 한다고 주장하면서 고내웅 일가를 몰아붙였다. 결국 성화에 못 이긴 아내 고씨와 아이, 유모 모두가 바다에 몸을 던져 죽음을 맞이했다고 한다. 발해인과 일본인이 결혼까지 한 이야기는 처음 들었는데, 결과가 좋지 않게 끝나서 안타까웠다.

다행히 이 이야기 속 상황과는 달리 무사히 오사카의 후쿠라 항에 도달하였다. 발해와는 비교할 수 없을 만큼 따뜻한 날씨였다. 이미 마중 나온 일본 대신의 안내를 받아 숙소에서 1박을 하게 되었다. 오랜 항해길의 피로가 밀려오니, 오늘은 이만 써야겠다.

■ 어제의 적, 신라와 당과의 교류

신라도라는 명칭에서 알 수 있다시피, 신라도는 발해가 신라와 교류할 때 이용한 길이다. 신라와 발해는 처음에 적대적인 관계였으나 발해 문왕이 정복전쟁을 멈추고 국가 내부의 정치에 힘쓰면서 관계가 나아지기 시작하였고, 그에 따라 문물교류도 이루어졌다.

신라도는 동경 용원부에서 시작하여 남경 남해부를 거쳐 갔으며, 여기서부터 신라의 정천군까지는 39개의 역이 있었다. 역은 잠시 쉬어가기도 하고, 말을 교체할 수도 있는 곳이었다. 처음 이 신라도를 이용한 사람은 발해인도, 신라인도 아니었다. 당나라 사신 한조채가 발해에 왔다가 764년 신라로 넘어갈 때 처음 이용하였다. 한편 발해와 신라간의 교통로는 신라도 이외에 동해바다를 통하는 길과 서부의 평안도 지역을 경유하는 길도 있었다. 개인 상인들의 경제적인 교류도 있었을 것으로 추정되며, 이중 서부의 길은 발해가 멸망하면서 그 백성들이 고려로 들어올 때 이용하였던 것으로 보인다.

한편 영주도는 당나라로 가는 육지의 길이었다. 당나라의 지방세력 중 한 명이었던 평로절도사와 교역을 하기 위한 길이었는데, 당나라 전체를 발칵 뒤집어 놓은 안사의 난이 일어난 이후로는 거란이 이 지역을 점령하면서 길이 끊겼고, 압록강 쪽으로 방향을 돌려 배를 타고 당나라와 교류를 하게 되었는데 이 길을 바로 조공도라고 한다. 무왕 때 발해가 장문휴로 하여금 해적을 이끌고 바다를 건너 당을 공격할 때나, 발해의 상인들이 발해 – 당 – 신라 혹은 일본과 교역활동을 할 때에도 많이 이용되었던 길이다.

처음에는 발해의 존재를 부정하던 당나라였지만, 점차 강성해지는 이 나라를 무시할 수 없었다. 발해와 당나라와의 교역은 713년 대조영이 아들을 당나라에 보내어 시장에서 교역할 수 있도록 요구하여 당 현종의 허락을 얻으면서 시작되었다. 발해가 당나라에 사신을 보내는 횟수는 대부분 2년에 한번 정도인데, 1년에 2~5회를 넘는 때도 있었다.

발해는 외국과의 교섭할 때 사절단을 통하여 물물을 교환하는 공식적인 무역 이외에도 일반인의 상업활동도 활발하였다. 당의 등주오늘날의 펜저우와 청주오늘날의 산둥 이도는 발해 상인이 당에서 활동하던 중심지였다. 당은 발해 사신의 왕래와 상업무역의 편의를 제공하기 위해 발해관을 설치하기도 하였다. 발해가 중국으로 수출한 상품에는 담비, 호랑이, 표범, 곰, 말곰, 토끼, 쥐 등의 가죽이 있었고 인삼, 우황, 꿀 등의 약재와 고래, 마른 문어, 매, 말, 양, 면포, 구리 등이 있었다. 반면 당에서 발해로 들어온 물품에는 비단, 면, 금이나 은으로 만든 그릇 등이 있었다. 특히 발해의 명마는 등주와 청주지역에서 많이 거래되었고, 836년에는 발해가 구리를 운반하여 등주에서 판 일도 있었다.

■ 다양성의 인정 속에 꽃피운 발해문화

발해의 문화는 당, 고구려, 거란, 말갈의 문화를 고루 수용하며 잘 유지해나가는 모습을 보였다.

발해는 건국 초기부터 학생들을 당나라에 보내 유학을 시켰다. 대조영은 당과 국교를 맺은 이듬해인 714년 학생 6명을 당나라의 최고 교육기관인 국자감에 보내기 위해 입학을 요청하여 허락을 받았다. 837년 3월에도 발해 왕자 대준명이 일행 19명과 정기 사절단으로 당나라에 갔는데, 이중 6명이 이곳에 머물면서 공부하였다. 이를 통해 발해가 유교적 소양을 갖춘 인재들을 길러내는데 힘썼음을 알 수 있으며, 신라인 최언위와 발해인 오광찬 사이에 있었던 빈공과 석차경쟁, 발해의 중앙제도 중 6부의 명칭을 유교적인 명칭으로 바꾸어 쓴 것 등은 유학에 대해 이해가 깊었던 발해의 단면을 보여준다. 이 밖에 당나라의 영향을 받아 당의 수도 장안성을 모방한 발해의 수도 상경 용천부가 존재하였으며, 당의 중앙제도인 3성 6부를 수용하여 독자적으로 재구성한 3성 6부제를 시행하기도 하였다.

한편 발해 지배층에게 파고든 종교는 불교였다. 그 기원은 고구려로서 발해의 불상과 기와, 석등 등의 대다수가 고구려의 것과 닮은 것이 특징이다. 동경 용원부에서 발견된 이불병좌상이 대표적이다. 발해의 승려들은 당나라에서 일본 유학승과 교류를 하기도 하였고, 발해는 공식적으로 일본에 사신을 파견하면서 불경을 전해주기도 하였다.

이불병좌상 고구려의 불상과 많이 닮았다.

『구당서』와 『신당서』 발해전에서는 발해의 풍속이 고구려뿐만 아니라 거란과 같다고 하였다. 애초에 발해의 건국집단이 거란과 밀접한 관계가 있었다는 것은 다음의 사실을 통하여 알 수 있다. 영주로부터 탈출이 바로 거란의 난으로 인한 것이었고 또 대조영 무리가 동쪽으로 달아나는 과정에서도 거란과 일정한 협력이 있었으며, 걸걸중상의 칭호인 '사리'는 바로 거란군사를 관할하는 두목의 칭호였다. 최치원의 글에서도 발해를 건국하는 과정에서 발해와 거란이 공모하였다는 것을 신라인도 알고 있었다는 것을 알 수 있다. 그리고 발해의 5개의 길 중에 하나인 거란도는 거란과의 일정한 교역이 있었음을 보여주는 것이다.

말갈식 토기

피지배층의 대부분을 이뤘던 말갈의 문화도 곳곳에 드러나 있다. 발해 유적지에서는 크기가 큰 항아리 모양의 말갈식 토기가 발견되었으며, 말갈인 고유의 흙무덤도 종종 볼 수 있다.

마지막으로 주목할 만한 것은 투르크계(돌궐인, 회흘인, 소그드인)문화의 발견이다. 발해 내에서 발견된 투르크계 관련 유물에는 돌궐문자가 새겨진 돌과 소그드 은화, 경교(네스토리우스교)계 유물 등이 있다. 특히 교역수단인 소그드 은화는 북방 실크로드의 초원길과 연결되는 거란도를 따라

십자가를 목에 걸고 있는 삼존협시보살(동경용원부 지역 출토) 크리스트교의 일종인 경교가 발해까지 전래되었음을 알 수 있다.

발해까지 유입된 것으로서 수만 리 떨어진 두 지역간의 교역이 진행되었음을 알려준다. 투르크계의 활발한 활동은 당, 신라 등지에서 서역인상을 만드는 배경이 되는데, 크라스키노성에서 발견된 발해 금동보살입상의 모습이 서역인을 닮아 있어 주목된다.

발해는 우리 역사에 있어서는 비교적 짧은 역사를 가지고 있었지만, 문화의 용광로와 같이 다양한 문화가 모이고 뒤섞여 다채로운 모습을 보여주고 있다. 다양한 민족 구성만큼이나 다양한 문화를 품고 있었으며, 그만큼 개방적이었음을 우리에게 말해주고 있는 것이다.

고려시대

1. 고려 사회에 녹아내린 귀화인

　고려 초기부터 100여 년간 고려 사회에 귀화한 외국인은 20만여 명 정도라고 한다. 이는 고려 인구의 10%에 가까운 수치로 꽤 많은 숫자이다. 현재 우리나라에 귀화한 외국인은 10만여 명, 비율로는 2% 정도라고 하니 고려 사회는 지금보다 훨씬 열린 사회였던 것으로 보인다. 지금부터 수많은 귀화인들을 받아들인 개방적 고려 사회의 모습을 알아보도록 하자.

■ 발해의 마지막 태자 대광현, 유민을 이끌고 고려로 향하다

　후삼국을 통일한 태조 왕건은 발해를 자신들과 마찬가지로 고구려를 계승한 국가로 보았고, 동족의식을 가졌다. 때문에 왕건은 발해가 멸망한 뒤 발해인들을 적극적으로 받아들이는 정책적 통합을 추진하였다. 이 과정에서 고구려계 발해 유민의 고려 합류는 크게 네 차례에 걸쳐 이루어졌다.

첫 번째는 발해가 멸망하기 직전 발해 내부의 정치적 혼란 속에서 발해인의 고려 합류가 있었다. 두 번째에는 고려 태조 9년(926) 요나라에 나라를 빼앗긴 발해인들은 다수 고려에 합류하였다. 세 번째는 발해의 후신인 '후발해'가 '정안국'으로 바뀌면서 대규모의 발해 유민이 고려로 들어오게 되었다. 이때 우리에게 널리 알려진 후발해의 세자 대광현이 수만호를 이끌고 고려에 온 것이었다(934년). 고려 조정은 대광현을 비롯한 발해 왕족과 유민들을 반갑게 맞이하였다. 태조 왕건은 대광현에게 왕씨 성을 내려주고 왕족으로 우대하였고, 계(繼)라는 이름을 내리고 왕실의 족보에 포함시켜 주었다. 아울러 중요한 관직을 수여하고 그 조상의 제사를 받들게 하였다. 또 대광현의 아들에게는 왕렴(王廉)이라는 이름을 내려 주었다. 대광현의 귀화 이후 고려 사회에 정착한 그의 후손들은 거란의 침입 때마다 맞서 싸우며 큰 공을 세우기도 하였다.

한편 태조 왕건은 서역 승려 말라를 후진에 보내 거란을 함께 공격하여 거란에 억류되어 있던 발해 왕을 구출하자고 제의하기도 하였다(936년). 942년에는 거란 사신이 낙타 50필을 끌고 와 화친을 청하였지만, 고려 정부는 거절하였다. 왕건은 거란이 발해를 멸망시켰다는 이유로 거란 사신을 붙잡아 유배시키고, 선물로 들어온 낙타는 모두 만부교 밑에 굶겨 죽여버렸다. 이를 만부교 사건이라 한다. 이처럼 고려는 발해에 대해 동족 의식을 가지고 있었다.

발해 유민들은 끈질기게 거란에 저항하였으나 모두 실패하였고, 이후 많은 이들이 고려에 합류하였다. 발해 유민의 고려 합류는 태조 8년(925)에서 예종 11년(1116)까지 거의 200년에 가까운 기간에 걸쳐 계속되었다. 고려에 들어 온 발해 유민은 신분에 알맞은 대우를 받기도 하였고, 고려의 백성으로 살아갔다. 이처럼 발해 유민의 고려 합류는 그들이 고구려의 후예라는 점에서 볼 때 그 역사적 의의가 매우 크다고 볼 수 있다.

■ 귀화인 쌍기, 과거제도를 건의하여 능력 중심의 사회를 열다

고려는 호족 출신의 왕건이 수많은 호족들의 지지를 받아 세운 나라로 왕건은 후삼국을 통일한 뒤, 호족들과 관계를 우호적으로 유지하고자 노력하였다. 이와 같은 배경 속에서 만들어진 결혼 정책은 태조가 살아있을 때에는 호족을 견제하는 역할을 하였지만,

태조가 죽은 뒤에는 권력 다툼의 원인이 되기도 하였다.

제2대 임금 혜종과 제3대 임금 정종, 제4대 임금 광종은 모두 태조 왕건의 아들이었으며 각 지역의 호족의 외손자들이었다. 각각의 호족들은 자신들이 가진 군사력과 경제력을 바탕으로 외손자들의 왕위 다툼에 끼어들며 자신의 세력을 과시하였다.

치열한 왕위 다툼 속에서 왕위에 오른 제4대 임금 광종은 호족과 본격적인 싸움을 시작하였다. 956년(광종 7년) 광종은 호족의 군사력과 경제력의 배경이 되었던 노비를 해방하는 노비안검법을 실시하였다. 노비안검법은 억울하게 노비가 된 양인에게 다시 원래의 신분을 되찾아 주는 신분 회복 정책이었다.

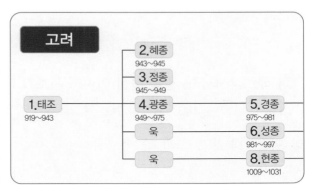

고려 초기의 왕위계승표 고려의 2, 3, 4번째 왕은 모두 태조 왕건의 아들로 혼란했던 고려 초기의 모습을 잘 보여주고 있다.(원본참고)

같은 해 후주에서 광종을 책봉하는 사신이 왔다. 이 사신의 일행 속에는 쌍기라는 사람도 있었는데, 그는 고려에서 병을 얻어 후주로 바로 되돌아갈 수 없었다. 쌍기의 병이 다 낫자 쌍기의 재주를 높이 평가했던 광종은 후주 황제에게 쌍기를 고려의 관료로 삼겠다고 부탁하였다.

광종은 쌍기에게 관직을 주고 각종 중요 문서를 작성하게 하였다. 958년(광종 9년) 쌍기는 광종에게 과거제도를 실시할 것을 건의하였다. 쌍기의 건의로 시작된 과거제도는 기존의 것과 완전히 달라진 새로운 관리 임용 제도였다. 그동안 고려는 '인품'이라는 주관적 기준에 의해 관리를 선발하였다. 호족의 힘이 관리 선발에 영향을 끼칠 수 있었던 것이었다.

광종은 귀화인인 쌍기를 정치 전면에 내세우며 과거제의 실시를 통해 자신에게 충성을 다할 관료를 직접 뽑았다. 또 학문적 능력이 뛰어나면 귀화인이라도 쌍기처럼 중요한 관직에 임명하였다. 이렇듯 광종은 노비안검법과 과거제도를 잇달아 실시하며 호족의 힘을 꺾으려 하였다. 또 중국의 선진제도를 고려에 적용하여 호족의 영향력을 제도적으로 막으려 하였다. 이를 통해 광종은 국왕 중심의 관료 체제를 형성해 나갔던 것이다.

이후 쌍기는 왕의 신임 속에 재상의 자리까지 올랐고, 후주에서 살던 그의 부친도 고려로 귀화하여 관직을 받았다고 한다. 쌍기 부자 외에도 채인범이라는 귀화인도 광종 때 높은 관직을 받았고, 거란 출신의 위초, 송나라 사람 유재, 신수와 신수의 아들인 신안지 등 수많은 귀화인들이 고려에서 높은 관직에 올랐다. 이처럼 고려 사회는 귀화인들에게도 개방적인 사회였으며, 이와 같은 사회 분위기는 고려 사회를 이끌어가는 원동력으로 자리하였다.

■ 베트남에서 온 왕족 화산 이씨의 시조가 되다

이씨 왕조는 베트남 최초의 독립 국가로 하노이에 수도를 정한 첫 왕조였다. 8대 왕 혜종 때에 이르러 이씨 왕조는 진씨 왕조에 나라가 망하는 상황에 처하게 되었다. 혜종의 숙부였던 이용상(리롱뜨엉)은 나라의 운명이 마지막에 다다르자 이씨 왕실의 제기를 챙겨 배를 타고 극적으로 베트남을 탈출하였다.

그렇게 이용상 일행은 1만 여리에 가까운 먼 길을 항해한 끝에 고려에 도착하였다. 이들이 도착한 땅은 옹진군 일대였다. 1226년 옹진군 일대에 도착한 이용상은 고려 서해안의 해적을 물리치며 고려 왕조의 환심을 얻었다. 이후 이용상은 옹진현 남쪽의 진산에서 고향 땅을 그리며 살아가고 있었다.

그러던 1253년 몽골군이 고려로 쳐들어 와 수도 개경을 점령하였다. 이 몽골군의 일부가 옹진군에 들어서자 이용상은 계책을 펼쳐 몽골군을 물리쳤다고 한다. 이에 고종은 이용상의 용감한 행위에 크게 기뻐하며 이용상이 거주하던 진산을 화산이라 부르게 하고, 이용상을 화산군에 봉하였다. 또 고종은 이용상에게 화산 지방의 토지를 하사하였다.

이후 이용상의 자손들은 대대로 옹진군 화산에서 살아갔고, 이용상은 화산 이씨의 시조가 되었다. 이용상의 아들은 고려에서 관직을 받아 관료로 국가에 봉사했다. 훗날 이용상의 자손인 이맹운은 고려가 망했음에도 조선의 관직을 끝까지 거절하는 등 고려의 충신으로 역사에 이름을 남기기도 하였다.

이용상의 후손들은 조선을 거쳐 현재까지 자손을 유지하고 있다. 1995년 화산 이씨 종친회에서 자신들의 뿌리를 찾고자 베트남을 방문한 적이 있었는데, 이 때 베트남의 대통령 등 베트남의 지도급 인사들의 극진한 환대를 받았다고 한다. 지금도 베트남 정부에서는 매년 화산 이씨 종친회 대표를 베트남으로 초청하여 리씨 왕조 건국기념식에 공식적으로 참여할 수 있게 하고 있다. 2002년에는 한국과 베트남 예술인들이 힘을 합쳐 '이용상 오페라'를 하노이 오페라극장에서 공연하기도 하였다. 800여 년 전 베트남에서 건너와 고려인으로 살아갔던 이용상을 통해 오래전부터 우리 사회가 다문화사회였다는 점을 기억해야 할 것이다.

■ 몽골의 색목인 덕수 장씨의 시조가 되다

1231년 몽골군이 고려로 침입해오자 고려의 최씨 무신정권은 강화도로 수도를 옮기며 항전을 계속하였다. 이후 40여 년 동안 몽골과 항쟁을 계속했던 최씨 무신정권이 무너지자 고려 정부는 개경으로 되돌아갔다(1270).

이후 고려는 중국에서 원나라를 세운 몽골의 간섭을 받아야 되는 처지가 되고 말았다. 이때부터 고려의 왕이 될 태자는 원나라의 공주와 혼인을 해야 했다. 이른바 고려는 원나라의 부마국이 되어버린 것이다. 1274년 충렬왕은 원나라 공주 제국대장공주와 혼인을 한 뒤 고려로 귀국하여 제25대 왕이 되었다.

이때 제국대장공주를 수행한 사람 중에는 '삼가'라는 사람이 있었다. 그는 중국 북방의 유목민족 중 하나인 위구르계열의 회회인이었다. 당시 회회인은 몽골 제국 안에서 지배층으로 활약하고 있었다. 이들을 부르는 다른 말로는 '색목인'이 있다. 이들은 이슬람 신앙을 가진 무슬림이기도 하였다.

삼가는 충렬왕의 신임을 얻으며 계속 승진을 거듭하였고, 왕으로부터 현재 황해도 개성시 개풍군인 덕수현 일대의 땅을 받았다. 충렬왕은 삼가에게 장순룡이라는 이름을 내렸고, 그는 고려인과 혼인하며 고려에 정착하였다. 이 장순룡이 바로 덕수 장씨의 시조로 그의 자손 중에는 조선시대 이조판서에 오른 인물(장우)도 있었고, 효종의 왕비가 된 인선왕후도 있었다. 인선왕후는 후일 현종의 어머니가 되기도 하니 조선왕실에 회회인의 피가 섞이기도 한 것이다.

장순룡은 본래 회회인이었고, 원래 이름은 삼가였다.

고려사에 기록된 장순룡
(적색표시부분)

2. 고려의 문화 속에 남아 있는 다문화

고려에서 가장 유명하고 세계적으로 인정받는 문화재를 꼽는다면 고려청자를 들 수 있다. 고려청자는 고려인의 순수 독창적인 문화재는 아니었다. 중국에서 만들어진 청자가 고려에 들어온 뒤 자체 기술력으로 발전하였고, 여러 문화 요소가 융합되어 우리 문화의 대표 문화재로 손꼽히게 된 것이다. 고려청자와 같이 우리의 문화재와 문학 작품에 남아 있는 다문화 요소를 살펴보도록 하자.

■ 문화의 융합체, 고려청자

> 고려인은 도자의 푸른 빛깔을 비색이라고 하는데, 요 몇 년 사이에 도기 만드는 솜씨와 빛깔이 더욱 좋아졌다.
>
> ― 서긍, 「고려도경」 ―

청자는 중국에서 처음 만들어진 도자기의 한 종류이다. 삼국 시대 중국에서 청자를 수입해 쓰다가 9세기 후반부터는 전라도 강진과 부안지역에서 직접 생산하기 시작하였다. 11세기 전반까지 우리의 청자는 중국의 청자를 모방하여 만들던 수준에 불과했다.

12세기에 접어들면서 고려의 도공들은 중국의 영향에서 벗어나 고려만의 독창적인 빛깔과 형태, 무늬를 가진 청자를 만들어내기 시작하였다. 송나라 사람 태평노인은 이 고려청자를 '천하제일'의 명품으로 손꼽기도 하였다. 한편 20세기에 들어와서는 일본인들이 수많은 고려청자를 도굴해 갔으며, 그 중 일부는 일본 천황에게 바쳐졌다고 하니 고려청자의 가치를 가늠해 볼 수 있겠다.

고려인이 만들어낸 고려청자에는 어떤 특별함이 있었을까? 청자의 원조였던 중국인은 자신들이 만든 청자의 빛깔을 옥색이라 평가하고, 고려의 청자는 비색이라고 평가하였다. 고려청자는 동양 최고의 보석인 옥의 빛깔과 푸른 초록빛이 어우러진다고 보았던 것이다. 그래서 고려청자의 색깔은 비취옥 빛깔의 '翡'색이 아니라 신비스러운 색깔이라는 뜻의 '秘'색이라고 불리기도 하였다.

색깔 외에도 고려청자는 중국의 청자에는 없는 독창적인 공예기법을 도입하였다. 이 기법이 바로 상감기법이다. 상감기법은 금속이나 도자기 표면에 무늬를 판 뒤, 그 속에 금속이나 보석을 채우는 것을 말한다. 이러한 기법을 청자에 도입함으로써 고려청자는 자기의 표면에 다양한 무늬를 새겨 넣을 수 있었다.

고려청자에 그려진 무늬는 연꽃무늬, 국화무늬, 당초무늬, 운학무늬, 포도무늬 등 다양하다. 이러한 무늬는 당시 고려인들의 문화적 취향과 그들의 삶을 비추는 것이라고 할 수 있겠다. 또 이러한 무늬 중 연꽃무늬, 당초무늬, 포도무늬 등은 서역에서 들어 온 것이었지만, 고려에서 꽃을 피워냈다.

고려인은 중국에서 들여온 청자에 우리만의 빛깔을 넣고, 상감기법으로 다양한 무늬를 새겨 넣어 고려청자라는 새로운 문화 장르를 만들어냈다. 또, 서역에서 들여온 장식 무늬를 고려청자 표면을 꾸미는 무늬로 융합함으로써 문화 융합의 새로운 틀을 만들어 낸 것이다. 중국의 청자 문화와 서역의 무늬, 그리고 고려인의 자기 기술이 어우러지며 여러 문화가 함께 공존하는 고려청자를 만들어 내었다.

고려인들은 고려청자 이외에도 중국의 활자기술을 받아들여 세계 최초로 금속활자 인쇄술을 고도로 발전시켰다. 또, 고려 말에는 원나라의 화약 기술을 연구하여 화포시대를 열기도 하였다.

■ 문학작품과 문화재에 남아 있는 다문화 요소

쌍화점에 쌍화를 사러가니
회회아비가 내 손목을 쥐었다
이 소문이 상점 밖에 퍼진다면
조그마한 새끼 광대인 네가 퍼뜨린 것인 줄 알리라

고려 말기에 유행하던 고려가요 「쌍화점」의 내용이다. 여기서 '쌍화'는 만두의 일종으로 무슬림들이 즐겨하던 음식이었다. 원 간섭기에 고려에 온 장순룡(삼가) 말고도 수많은 색목인들은 고려에 귀화하여 정착하였다. 이들은 개경 인근에 모여 살면서 자신들의 종교를 지켜나가면서 고려인과 어울려 살았던 것이다. 고려 사회는 왕조가 존속한 475

년 내내 수많은 외국인들의 귀화를 꾸준히 받아들였으며, 외부의 문화도 포용하는 개방적인 사회였다.

타 문화에 개방적이었던 고려 사회의 흔적은 우리 문화재에도 남아 있다. 그 대표적인 예가 법천사의 지광국사현묘탑인데, 이 부도에는 페르시아 장식 기법이 곳곳에 남아 있어 페르시아 문화의 영향을 받았음을 짐작케 한다.

이처럼 고려 사회에는 다른 문화와의 융합현상이 광범위하게 유포되고 있었고, 이는 국초부터 있었던 송과의 무역을 통한 타문화의 적극적 수용에서 비롯된다. 특히 송은 건국 초부터 대식국(서역의 한 나라)과 접촉하고 있었다. 중앙아시아의 정치 변동에 따라 육로의 이용이 어려워지자 바다를 통한 해로를 이용하게 되었고, 무역로의 확장을 가져왔다. 이에 고려는 송나라 및 아랍과 더욱 활발히 교류할 수 있었다.

3. 외국인과 함께 어우러지는 고려 사회

고려 태조 왕건은 훈요 10조를 통해 불교를 숭상하고 연등회와 팔관회를 성대하게 열어야 한다고 후손들에게 당부하였다. 이 중 팔관회는 왕과 신하, 백성이 하나 되어 하늘의 신령과 토속신을 섬기기 위한 행사였다. 태조는 팔관회를 국가의 여론을 하나로 모으고 국가의 안녕을 비는 행사로 만들고자 하였다. 또 팔관회가 열릴 때마다 개경

원주 법천사지 지광국사탑과 탑신 세부(국보 제101호, 경복궁) 이 부도에는 당시 고려 사회에 유행하였을 것으로 생각되는 페르시아 계통의 문화가 곳곳에 조각되어 있다.

의 관문인 항구도시 벽란도에는 수많은 외국인들이 방문하는 등 문화 교류의 장이 펼쳐졌다.

■ 팔관회

사료에는 신라 진흥왕 12년(551) 팔관회가 열렸다는 기록이 처음 등장하며, 이후 신라에서 여러 차례 실시되었다. 후고구려를 세운 궁예도 팔관회를 열었다고 전해지며, 고려시대에는 이전에 비해 더욱 중요한 행사로 자리잡기 시작하였다. 고려 태조 왕건은 후삼국을 통일한 뒤 삼국으로 나뉘어져 있던 사람들의 마음을 하나로 모으기 위해 팔관회를 계승하였다.

고려 초기의 팔관회는 통일전쟁에서 죽은 가족이나 동료들을 위로하기 위해 열렸다. 또, 1년의 농사가 끝난 시점인 음력 10~11월 사이에 개회되면서 추수감사제라는 성격이 더해졌다. 음력 10월에 서경(평양)에서 열리기 시작한 팔관회는 수도인 개경에서는 음력 11월 15일에 열렸

팔관회를 복원한 그림

다. 팔관회가 열리는 동안 국왕은 신하들의 인사를 받은 뒤 지방관의 선물을 받았다. 그리고 고려 고유의 여러 토속신에 대한 제사와 가무가 이어졌다.

고려 왕실은 백성들에게 가장 영향력 있는 불교 행사를 통해 팔관회 참여자들에게 동질감을 부여하였다. 따라서 행사가 화려할수록 고려인들의 문화적 자부심은 커졌을 것이고, 격식이 엄격할수록 왕권은 높아져갔다. 이를 위해 국가는 팔관회를 왕실행사로 한정하지 않고 다양하고 종합적인 축제로 확대하여 보다 많은 대중들이 참여하도록 유도하였다.

팔관회는 고려 국왕이 송나라 상인과 여진족, 철리국(말갈), 탐라(제주) 등 여러 외국 사진의 축하를 받는 자리로 이어졌다. 이들 외국 사신과 상인들은 고려 국왕에게 형식상 고개를 숙이고 문화와 상품의 교류를 원하였다. 고려 또한 팔관회를 계기로 적극적인 개방정책을 펼치고 국제문화를 받아들이는 등 교역을 확대시켰다.

외국의 상인들은 송나라, 여진, 철리국(말갈), 일본 등 가까운 나라의 사람들이었다. 이들은 팔관회가 열렸던 시기 외에도 수시로 고려로 찾아와 다양한 문화를 교류하였다. 또 열라자, 하선, 라자 등 수많은 이슬람 상인들이 고려시대 초기부터 고려에 모습을 나타내기도 하였다. 이들 이슬람 상인들은 주로 팔관회 직전인 9월에 교역을 목적으로 벽란도를 거쳐 고려에 입국하였다. 이들은 양모로 짠 페르시아 카펫이나 깔개 종류, 공작의 꼬리털, 거북 껍질 등을 고려에 유통시켰다. 고려인들도 이들과 교류한 덕택에 다양한 문화를 접하고 서구의 물품에 대한 이해를 높일 수 있었다.

■ 벽란도와 코리아

고려로 흘러 들어오는 외국 상인들의 상당수는 배를 타고 바닷길을 통해 벽란도라는 항구에 도착하였다. 벽란도는 예성강 하류에 위치한 항구로 고려 이전부터 교류가 활발했으며 고려시대에는 수도인 개경의 초입에 위치해 있어 국제 항구로 발전한 항구도시였다. 원래 이름은 예성항이었으나, 송나라 사신들이 머물렀던 벽란정이라는 여관 때문에 이름이 벽란도로 바뀌었다고 한다.

벽란도는 송나라 상인뿐 아니라 일본, 동남아시아 및 서역의 이슬람 상인들까지 자주 드나들었던 항구였다. 국가의 공식 무역과 상인들의 개인 교역이 활발했던 곳이었다.

물결은 밀려왔다 다시 밀려가고
오가는 뱃머리 서로 잇대었네
아침에 이 누각 밑을 출발하면
한낮이 못 되어 남만에 이를 것이다.
－이규보, 『동국이상국집』

위의 시는 국제적인 항구 도시로 유명한 벽란도에 붐비는 장삿배의 모습을 노래하고 있다. 또, 벽란도에서 남만, 지금의 중국 남부 또는 더 나아가 동남아시아까지 배가 운행하고 있었던 사실도 상상해 볼 수 있겠다.

고려인들은 송나라 상인을 통해 주로 비단과 차, 각종 약재와 서적 등을 들여왔다. 일본인들은 은,

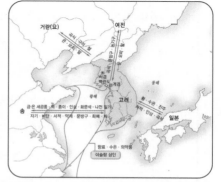

고려의 대외 교류 고려는 송나라 등 주변 국가는 물론, 이슬람 상인들과도 활발히 교역하였다고 한다.

수은, 진주 등 다양한 물건을 가져와 곡식으로 바꾸어갔다고 전해진다. 이슬람 상인은 11세기 초반 세 차례에 걸쳐 벽란도에 도착하였고, 수은과 향료 등을 금과 비단으로 바꾸어 갔다. 이들 이슬람 상인은 비록 세 차례밖에 고려에 오지 않았지만, 고려의 이름을 세계에 알려 현재 우리나라의 영문 국가명인 'KOREA'가 되는데 결정적인 역할을 하였다.

4. 우리 문화 속에 남겨진 몽골의 흔적

우리 문화 안에는 오래 전부터 전해온 전통 문화도 있지만, 과거 어느 시점에 우리나라로 들어와 우리의 전통 문화처럼 이해되고 있는 것들도 있다. 오늘날 부인을 낮추어 부르는 말인 '마누라', 전통 혼례 때 신부의 볼에 '연지 찍는 행위', 우리 전통주로 알고 있는 '소주' 등은 모두 몽골에서 비롯된 것이다. 이처럼 몽골이 원 간섭기 동안 우리에게 끼친 문화적 영향을 알아보도록 하자.

■ 몽골에서 전래된 의복, 철릭과 족두리

몽골군에 맞서 싸우던 고려 왕조는 1270년 임시 수도였던 강화도에서 개경으로 돌아왔다. 1271년 몽골이 세운 원나라는 고려 사회 전 분야에 걸쳐 간섭해왔다. 이 시기를 원 간섭기라고 한다. 고려의 충렬왕은 고려 고유의 풍속을 지키기 위해 원 제국의 황제 쿠빌라이에게서 고려의 풍속을 강제로 고치지 않겠다는 약속을 재차 받아내기도 하였다.

이후 원나라는 고려에게 인삼, 청자, 비단, 종이, 사냥매 등을 바칠 것을 요구하였다. 매년 수많은 곡식을 가져갔으며 원나라 황실의 공주들과 고려왕들의 혼인도 강요하였다.

족두리와 연지, 곤지(적색표시부분)를 한 신부의 모습 몽골의 풍습은 우리의 일상에 정착하여 오늘날에 이르고 있다.

또, 고려의 왕은 몽골식 이름을 사용하도록 강요받았고, 심지어는 '공녀'라는 이름으로 수많은 고려의 처녀들을 원나라에 바쳐야 했다.

원 간섭기가 본격적으로 시작되면서 몽골인 중에는 고려를 방문하거나 고려에 머무르는 사람들이 많아지기 시작했다. 이들을 통해 그들의 의복 생활과 식생활, 언어 등이 고려 사회에 영향을 주기 시작하였는데, 이를 '몽골풍'이라 한다.

제일 먼저 고려에 영향을 주었던 것은 옷이었다. 원나라 사람들이 입었던 옷은 고려의 옷에 비해 몸을 움직이기에 편했다. 당시 고려인들은 윗옷과 아랫도리가 하나로 연결된 형태의 옷을 입었는데, 몽골인이 입었던 옷은 윗옷과 아랫도리를 따로 만들어 이어 붙였다. 이를 '철릭'이라고 하며 오랑캐의 옷이라 하여 '호복'이라고도 불렀다. 이 옷은 아랫도리에 주름을 많이 잡아 행동하기 편해서 고려 사회에서 빠르게 유행하였으며, 조선시대에는 양반들이 평상시 입는 옷으로 자리잡았다고 한다.

이외에도 몽골의 여인들이 썼던 모자인 '고고'도 고려 사회에 알려지기 시작하였다. '고고'는 몽골 여인들의 외출용 모자였으나, 고려 사회에서는 전통혼례 때 신부의 '족두리'로 쓰이게 되었다. 이외에 혼례 때 신부의 뺨에 '연지'를 찍는 것도 몽골의 풍습이었다고 한다. '연지'는 화장할 때 볼에 바르는 붉은 빛깔의 안료를 말한다. 고려의 여인들이 족두리를 쓰고, 몽골식으로 화장을 할 때 고려의 남자들 사이에는 앞머리를 빡빡 깎고 나머지 머리카락을 뒤로 땋는 몽골식 변발이 일시적으로 유행하기도 하였다.

■ 언어에 담겨 있는 몽골의 영향

의복 생활뿐 아니라 몽골은 언어생활에도 많은 영향을 주었다. 사극에서 흔히 쓰이는 '마마'라는 말은 왕과 왕비 등 중요한 왕족의 뒤에 붙이는 어미로 자리 잡았다. 세자가 왕인 아버지나 왕비인 어머니에게 아바마마, 어마마마라는 표현을 쓰는 것이나, 세자에게 세자마마라고 존칭을 쓰는 것도 몽골어의 영향으로 우리말 속에 남아 있는 것이다.

오늘날 부인을 낮추어 부르는 말로 쓰이고 있는 '마누라'는 몽골어의 '마노라'에서 온 단어이다. 마노라는 원래 상전이나 임금처럼 높은 사람을 부르는 말이었으나, 어느 시기부터 여자 상전만을 지칭하는 단어로 바뀌었다고 한다. 또, 임금의 음식을 부르는 '수라', 궁녀를 말하는 '무수리' 등도 몽골어에서 온 말들이다. 이와 같은 단어들은 원 간섭기 고려왕과 결혼하였던 몽골인 공주와 공주를 모시던 몽골인들이 주로 사용하면서 고려 사회에 남게 된 것으로 보인다.

이외에도 단어의 끝 어미가 '–치'로 끝나는 단어들도 대부분 몽골어에 그 근원을 두고 있다. 원 간섭기 고려의 내정을 간섭하기 위해 설립한 정동행성의 책임자의 관직명이 '다루가치'였다. 또, '벼슬아치', '장사치' 등의 단어나 속어로 쓰이는 '양아치'도 같은 맥락에서 쓰이는 단어이다. '조리치(청소부)'나, '화니치(거지)', '시파치(매사냥꾼)' '갓바치(신발장인)' 등 직업을 나타내는 단어에도 몽골어의 어미인 '–치'가 담겨 있다.

■ 음식에 담겨 있는 몽골의 영향

원 간섭기에는 몽공인의 외모, 언어 뿐만이 아니라 음식 문화도 우리 생활에 많은 영향을 끼쳤다.

고려는 초기부터 불교를 숭상했기 때문에 육식 문화가 발달하지 않았다. 하지만 원 간섭기에 고려로 들어온 몽골인들로부터 육식품을 상당수 접하게 되었다. 이때부터 고기소를 주로 음식에 넣는 몽골식 음식들이 널리 퍼지기 시작하였다. 고려가요 「쌍화점」에 나오는 쌍화도 이러한 고기만

고기소를 넣은 만두

두나 빵의 일종이었을 것이다. 오늘날 우리가 즐겨 먹는 음식인 설렁탕도 몽골어의 '슐루'라는 음식에서 왔다는 의견이 있기도 하다.

또 몽골인과 함께 고려에 온 수많은 색목인들의 음식도 들어오기 시작하였다. 회회인이라 불리는 색목인들은 원 제국에서 몽골인을 보좌하는 지배층이었다. 이들 또한 자신들 고유의 음식을 고려 사회에 널리 알렸다. 소의 고기나 내장을 차례대로 쇠꼬챙이에 꿴 뒤, 양념을 발라 구워먹는 '설적'이 '쌍화'와 함께 고려에 온 색목인들을 대표하는 음식이다.

마지막으로 현재 우리 사회에서 전통주로 널리 알려진 소주도 이슬람 사회에서 온 것이다. 증류하여 만들었다 해서 소주라 이름 붙여졌고 서아시아 지역에서는 '아라끄'란 이름으로 소비되었다. 이 '아라끄'가 몽골에 전해진 뒤, 다시 원 간섭기에 고려에 전해진 것

이다. 고려의 수도 개성에서는 조선시대까지도 소주를 '아락주'라고 불렀다고 한다.

'아라끄'라는 이름의 술은 아시아 전역으로 전해져 각 지역의 술로 자리잡기도 하였다. 우리와 아무런 문화적 연결 고리가 없어 보이는 인도네시아 동쪽의 관광지, 발리 섬의 전통주의 이름이 '아락'인 것도 결국에는 문화가 서로

아락 몽골의 영향으로 퍼진 우리 소주와 같은 증류주 계열의 인도네시아 발리 섬 전통주

전파되어 돌고 돌며 융합하고 소통하였기 때문임을 생각해 보게 된다.

■ 제주에 남아 있는 원나라 문화

원 간섭기 동안 특히 탐라(제주)는 약 100년에 걸쳐 원나라의 직접적인 지배에 놓이면서 원나라으로부터 새로운 문화를 받아들였다. 원나라가 고려를 지배하는 동안 탐라에는 원나라의 황실 목마장이 운영되었다. 이 때문에 원나라에서 파견된 원나라 관리와 군인·장인·유배인 등 많은 원나라 이주민이 정착하였고, 이 중 일부는 탐라인과 결혼하기도 하였다. 또, 이들의 자손들이 서로 결혼하면서 탐라의 지배층으로 자리하였다.

당시 제주 인구가 남녀노소를 통틀어 1만 223명이었고, 이때 처음 들어온 몽골인은 군인만도 700명이었으므로 이후 군인과 관리, 목호가 유입되면서 제주사회는 자연스럽게 이루어졌던 통혼으로 인한 혼혈인이 증가하였다.

이렇게 탄생한 혼혈인들 중 아래 기사에 등장하는 인물의 아내는 몽골인의 후손일 가능성이 매우 높다. 당시 제주도 인구에서 순수 몽골인은 물론 몽골인과 제주인 사이의 혼혈인 비중도 상당히 높았기 때문이다.

> 정의 사람 직원 석아보리개의 아내는 온수가 박하여 나이 20에 시집갔다가 9년 만에 남편이 죽고 자식도 없었으며, 부모와 노예도 없었으나, 곤궁과 기아를 달게 여겼고, 청혼하는 자들도 많았으나 끝내 절조를 고치지 않았다 합니다.

『증보문헌비고』에서도 제주 정씨가 원에서 귀화한 성씨라는 기록을 찾아 볼 수 있으니 정씨는 혼혈인일 가능성이 매우 높다고 할 수 있다. 정씨는 제주에 거주했던 몽골 후

예를 뜻하는 대원(大元)을 본관으로 하는 10개 성씨 중의 하나였으며, 1800년대 초반까지도 이 본관으로 유지하고 있었다.

한편, 몽골은 탐라를 죄인들의 유배지로도 적극 활용하기도 하였다. 1275년(충렬왕 1) 도적질한 죄수 100여 명을 탐라에 보냈고, 1277년에는 두 차례에 걸쳐 각각 죄인 33명과 40명을 귀양 보냈다는 기록이 남아 있다. 당시

제주도 남원읍 한남리 소재 열녀정씨비

원이 얼마나 많은 죄인을 탐라에 유배시켰는지는 충렬왕이 원의 중서성에 죄수의 유배를 중단해 달라고 요청한 사실에서도 확인할 수 있다.

탐라(제주)는 한반도에서 몽골이 가장 오랫동안 직접 지배했던 지역이었다. 1374년(공민왕 23) 최영의 대규모 정벌 이후에도 탐라는 고려 정부에 반기를 들었고, 1387년(우왕 13)이 되어서야 고려에 귀순하였다고 한다. 이처럼 탐라(제주)는 13~14세기 문화의 상호 교류가 활발한 지역으로 다양한 문화 양상이 펼쳐졌던 곳이었다.

조선시대

1. 교류와 소통의 길잡이, 역관

조선은 명나라와 그 뒤를 이은 청나라, 일본과 유구 등 다양한 나라들과 꾸준히 교류해왔다. 이처럼 다양한 나라들과 소통하기 위해서는 상대의 언어를 이해하고, 사용할 줄 아는 것이 가장 중요했는데, 조선에는 이웃 나라들의 언어를 구사할 수 있는 전문가, 역관들이 이러한 역할을 담당하였다.

■ 외국어 공부, 새로운 세계를 이해하기 위한 첫걸음

역관들은 어디에서, 어떤 방식으로 외국어를 공부했을까? 조선시대에는 외국어를 가르치는 사역원이라는 관청이 있었다. 국가에서 관청을 세워 외국어를 가르치고, 통역가를 길러낸다는 것은 비슷한 시기의 다른 나라들에서는 찾기 어려운 특이한 사례였다.

사역원에서는 중국어(한학), 일본어(왜학), 만주어(여진학), 몽골어(몽학)의 4개 국어를 가르쳤다. 그 중에서 중국어가 가장 중요시 되었다. 중국과의 외교 관계가 가장 중요했기 때문이었다. 만주어는 병자호란을 겪은 후 중국어 다음으로 중요하게 다루어졌다. 가장 인기가 없는 것은 일본어였다. 일본어는 한자 외에 가나를 따로 배워야 했고, 사신단을 수행할 때 바다를 건너다 사고를 당할 위험이 높아 역관들이 기피했기 때문이다.

30화	아침밥을 먹다	31화	친절한 주인장
32화	많이 드세요	33화	나그네 대접
34화	다음엔 꼭 우리 집에	35화	말 매고 짐 싸기
36화	오늘 밤은 어디서 묵나?	37화	하루 밤 신세집시다
38화	우리 집은 안 돼요	39화	하루 밤만 잡시다
40화	수상한 자가 아닙니다	41화	쌀 좀 팔겠소?
42화	흉년이라 힘들어요	43화	말 먹이는?

노걸대 목차 中 일부

중국어를 공부할 때 사용하는 대표적인 교재로 『노걸대』가 있었다. 『노걸대』는 고려의 상인이 중국을 여행하면서 일어나는 일들을 기록한 중국어 회화 교재였으며, 일상생활에서 실용적으로 쓸 수 있는 내용 위주로 이루어졌다. 이후 이 내용을 몽골어와 만주어로 각각 번역한 별도의 교재가 만들어졌다.

일본어 학습은 일본인들이 사용하던 책을 그대로 사용하였다. 그 후 임진왜란 때 포로로 끌려갔다 돌아온 강우성이 쓴 『첩해신어』가 교재로 이용되었다.

이러한 교재로 공부하던 사역원의 학생들은 과거 시험인 역과를 쳐서 역관이 되었다. 역과는 오늘날의 읽기, 쓰기, 번역 등을 평가하였다. 읽기는 책의 내용을 읽는 강서, 쓰기는 출제된 부분을 해당국의 문자로 표기하는 사자, 번역은 경국대전의 내용을 해당국의 언어로 옮기는 역어였다.

■ 나라를 구한 역관들

역관들 중에는 뛰어난 외국어 솜씨와 강한 책임감으로 큰 외교적 성과를 올린 사람도 있었다. 그 중 대표적인 인물이 홍순언과 김지남이다.

홍순언은 16세기 후반 선조 때에 활동한 역관이다. 당시 명나라에서는 조선을 건국한 태조 이성계가 고

백두산 정계비 탑본
'서쪽은 압록, 동쪽은 토문을 경계로 한다'는 내용이 기록되어 있다.

려 시대의 간신 이인임의 후손으로 잘못 알려져 있었다. 조선 왕실의 입장에서는 굉장히 중요한 문제였는데, 이것을 바로잡은 사람이 바로 홍순언이었다. 또한 임진왜란이 일어났을 때는 명나라의 지원군을 이끌어낸 공신이기도 하였다. 그런데 이 홍순언에 대한 재미있는 야사가 전해져 내려온다.

> 홍순언은 중국의 통주에서 아름다운 여인을 만나 하룻밤 인연을 맺고자 하였다. 그런데 여인이 소복 차림인 것을 보고 그 이유를 물었다. 여인은 부모님의 장례를 치를 돈을 마련하기 위해 몸을 팔고 있다고 대답하였다. 그 말을 들은 홍순언은 선뜻 3백 금을 내주고 여인을 가까이 하지 않았다. 여인이 이름을 묻자 그는 성만 알려주고 나왔다. 훗날 명나라 예부 시랑 석성의 첩이 된 이 여인은 홍순언의 은혜를 잊지 않았다.
>
> 『통문관지』

홍순언의 도움을 받은 여인은 명나라에서 높은 벼슬을 지낸 석성이라는 사람의 첩이 되었다. 석성은 태조 이성계의 가계도를 바로잡을 때나, 임진왜란 때 지원군을 요청할 때마다 홍순언에게 도움을 주었다. 나라에 큰 공을 세운 홍순언은 서얼이라는 신분적 한계에도 불구하고 종2품 우림위장이라는 높은 벼슬까지 올랐고, 임진왜란으로부터 조선을 구해낼 수 있었다.

김지남은 숙종 때 활동했던 역관이었다. 당시 조선은 화약의 재료인 염초를 만들지 못해 어려움을 겪고 있었는데, 김지남은 청나라를 오가며 그 기술을 얻으려고 하였다. 그러나 청나라는 염초 제작 기술을 군사 기밀로 정하여 유출을 엄격히 금지하고 있었다. 김지남은 포기하지 않고 기회가 될 때마다 청나라의 화약 기술자들에게 기술을 배우려고 노력하였다. 청나라의 기술자들은 염초 제작 기술을 알려주는 것을 꺼려했지만, 김지남의 끈질긴 노력 끝에 마침내 그 기술을 얻을 수 있었다.

김지남은 조선과 청나라 사이의 국경을 확정하는 백두산정계비를 세우는 데도 중요한 역할을 하였다. 그동안 불분명했던 국경 문제를 해결하기 위해 청나라는 목극등을 보내어 국경을 정하게 하였다. 숙종은 박권과 이선부를 보내 목극등과 함께 국경 문제를 협의하게 하였다. 그런데 목극등은 국경을 정하기 위해 백두산을 오르던 중 길이 험한 것을 핑계로 조선의 관리들을 따라오지 못하게 하였다. 조선의 관리들은 순순히 그의 말을 따라 백두산에 오르지 않았으나, 통역관이었던 김지남과 그의 아들 김경문은 끝까지 목극등을 따라 백두산에 올랐다. 그리고 김지남은 국경선을 확정하는데 조선의 입장이 반영되도록 노력했고, 그 결과 백두산정계비가 세워졌다.

2. 조선을 찾아온 사람들

조선 시대에도 적지 않은 외국인들이 조선을 찾았다. 누군가는 경제적인 이유로, 어떤 이는 전쟁을 피해, 각자 이유는 달랐지만 그들은 조선에서 조선인으로 살고자 하였다. 조선은 그들을 향화인, 황조인, 항왜 등으로 불렀다. 조선시대의 귀화인, 이들은 어떤 모습으로 살아갔을까?

■ 향화인, 조선의 법을 따르다

조선 전기에 조선으로 귀화한 외국인들은 주로 향화인이라고 불리었다. 향화인의 대부분은 여진족이었는데, 이들은 경제적인 이유로 귀화하는 경우가 많았다. 조선의 북쪽 국경에서는 여진족과의 충돌이 잦았기 때문에 조선 정부도 국경의 안정을 위해 이들의 귀화를 장려하였다. 조선 정부는 향화인에게 관직·집·토지·노비 등을 제공했고, 과거에 응시할 기회도 주었다.

조선 전기에는 일본인들의 귀화도 많았다. 태종 때 경상도에 정착한 향화왜인들의 수가 2천명이 넘을 정도였다. 이들 중 의술이나 조선술, 제련술을 가진 사람들에게는 조선 정부가 벼슬을 주기도 하였다.

조선에서는 향화인들에게 조선의 성과 이름을 내려주기도 했으며, 조선인과의 혼인도 권장하였다. 그러나 여진족의 형사취수제를 비롯한 유교 윤리에 어긋나는 풍습들은 야만적인 것으로 여겨 금지하였다.

한편, 회회인의 발걸음도 조선시대까지 이어졌다. 그들은 귀화하였지만 조선의 중요한 행사에 참여하여 회회교의 기도 의식을 치르는 등 자신들의 전통적인 문화를 그대로 유지하고 있었다. 그러나 세종 9년(1427)에는 그들의 독특한 의복과 기도 의식을 금지하는 조치가 내려졌다.

> "회회교도는 의관이 보통과 달라서, 사람들이 모두 보고 우리 백성이 아니라 하여 더불어 혼인하기를 부끄러워합니다. 이미 우리나라 사람인 바에는 마땅히 우리나라 의관을 좇아 별다르게 하지 않는다면 자연히 혼인하게 될 것입니다. 또 대조회 때 회회도의 기도하는 의식도 폐지함이 마땅합니다."
>
> 『조선왕조실록』

조선 정부는 귀화한 회회인은 이미 조선인이기 때문에 조선의 문화를 따라야 한다고 판단했기 때문이다.

시간이 지나면서 회회인뿐만 아니라 모든 향화인에 대한 부정적인 인식이 점차 확산되었다. 그들의 문화가 성리학과 맞지 않는다는 것이 중요한 이유였다. 성종 때는 향화인에 대한 우대정책이 폐지되었고, 임진왜란과 병자호란을 겪은 이후로 향화인은 국가에 위협이 되는 존재로 인식되었다. 그 결과 병자호란 이후로는 향화인에 대한 기록이 많이 줄어들게 되었다.

■ 조선을 위해 싸운 일본군, 항왜

임진왜란 당시 일본 군인 중에는 조선에 항복하여 조선을 위해 싸운 일본인도 있었다. 조선은 그들을 항왜라고 불렀다. 대표적인 항왜로는 일본군 장군 가토 기요마사의 부장이었던 사야가가 있었다.

> "내가 못난 것도 아니요, 나의 군대가 약한 것도 아니나 조선의 문물이 일본에 앞서고 학문과 도덕을 숭상하는 군자의 나라를 짓밟을 수 없어 귀순하고 싶다."
>
> 『모하당문집』

사야가는 조선에 상륙한 후 부하들을 이끌고 투항했다. 이후 사야가는 조선군에게 조총 제작 기술과 훈련법을 가르쳐주었고, 직접 전투에 참가하여 공을 세우기도 하였다. 조선 정부는 그의 공을 인정하여 김충선이라는 이름과 높은 벼슬을 주었다. 이후 그는 이괄의 난, 정묘호란 등에도 참가해 큰 활약을 펼쳤고 대구 지역에 정착하여 생을 마쳤다.

사야가뿐만 아니라 많은 일본인이 조선에 항복하였다. 임진왜란 동안 조선에 항복한 일본인은 약 1만 명 가량으로 추측된다. 누군가는 도요토미 히데요시에 반대해서, 누군가는 이유 없는 전쟁에 염증을 느껴서 항복하였다. 조선 정부에서는 이들 중에서 검술이나 조총 제작 기술을 가진 이들에게 벼슬을 주었고, 그들을 통해 일본군의 항복을 유도하였다.

■ 조선에 망명한 한족, 황조인

임진왜란 이후 중국에서는 한족이 세운 명나라가 쇠퇴하고, 청나라가 강성해졌다. 이 무렵 많은 한족들이 조선으로 망명해왔다. 그들 중에는 임진왜란 때 조선에 지원군으로 참전한 군인의 후손들이 많았다.

조선 정부는 명나라에 대한 의리로 이들을 남부 지역 바닷가에 거주할 수 있도록 허용하였다. 그리고 이들을 어떤 명칭으로 부를 것인지 고민하였다. 이전부터 사용하던 향화인이라는 말에는 조선의 문화가 여진이나 일본에 비해 상대적으로 우월하다는 의미가 포함되어 있었다. 하지만 사대의 대상이었던 명나라 출신 망명자에게 향화인이라는 명칭은 어울리지 않았던 것이다.

영조는 한족 망명자들에게는 향화인 대신 황조인이라는 명칭을 사용하도록 하였다. 황조인은 황제의 나라였던 명나라 사람을 가리키는 말이었다. 정조도 그들이 사는 마을을 향화촌 대신 황조인촌으로 부르게 하였다. 또한 "우리나라 사람들은 이 땅에 들어와 있는 황조인 후손들을 매우 천하게 여기는데, 그들의 선조는

만동묘정비 만동묘는 임진왜란 때 원군을 파견해 준 명나라 신종의 제사를 지내던 사당이었다

모두 중국에서 벼슬을 지낸 사람들이다. 어찌 우리나라 재상의 후손만 못하겠는가?"라 며 이들을 천하게 여기지 못하게 하였다. 그러나 실제 황조인은 다른 귀화인들과 마찬가 지로 경제적으로 어려운 경우가 많았고, 사회적인 차별을 받기도 하였다.

■ 푸른 눈과 붉은 수염의 조선인, 박연

조선으로 귀화한 사람 중에는 푸른 눈의 외국인, 즉 서양인들도 섞여 있었다. 최초로 조선에 귀화한 서양인은 인조 때 표류해 온 네덜란드인 벨테브레이, 즉 박연이었다.

벨테브레이는 1626년 네덜란드를 출발해 일본으로 가는 상선의 선원이었다. 그러나 이듬해 태풍을 만나 조선의 가까운 바다로 떠밀려왔다. 조선인들에게 체포된 벨테브레 이 일행은 한성으로 이송되었고, 인조에게 본국으로 돌아가게 해 줄 것을 간청하였다. 인조는 "날개가 있어 날아가지 못할 바에는 기대하지 말라"고 대답하였다.

원래 조선은 표류한 외국인들을 본국으로 되돌려보내는 것을 원칙으로 삼았다. 그런 데 벨테브레이 일행이 서양식 화포를 만들고 다룰 수 있다는 사실을 알게 된 조선 정부 는 이들을 돌려보내지 않았다. 당시 청과의 관계로 국방이 위태로운 상황이었으므로 이 들이 가지고 있는 능력이 조선에게 몹시 필요했기 때문이었다.

벨테브레이와 그 일행들은 훈련도감에 배속되었고, 결국 조선에 완전히 정착할 수밖에 없었다. 벨테브레이는 박연이라는 이름을 얻었고 조선인 여자와 결혼하였다. 그는 서양 식 대포인 홍이포를 만들었으며, 병자호란이 일어났을 때 조선군으로서 청나라 군대에 맞서 싸웠다. 그 후로도 박연은 조선인으로서의 삶을 살았다.

벨테브레이, 한국과 네덜란드 교류의 상징이 되다

서울 어린이대공원에 가면 벨테브레이의 동상이 서 있다. 가슴에는 카메라, 어깨에는 광선총을 메고, 발에는 자동차와 배 모양의 신발을 신고 있으며, 여기저기 SAMSUNG·HYUNDAI 같은 한국 기업들의 이름이 새겨진 독특한 모습이다.

1988년 벨테브레이의 고향인 드 레이프 시가 한국과 네덜란드 간 우호의 상징으로 제작하여 드 레이프 시청에 세운 후, 똑같은 모양의 동상을 제작하여 1991년 기증한 것이다.

동상 제막식에는 네덜란드에 살고 있던 벨테브레이의 후손 헹크 벨테브레이 교수가 참석해 관심을 끌기도 했다. 조선에 표류해 올 당시 벨테브레이는 네덜란드에 가족들을 남겨뒀었는데, 그들의 후손이 지금껏 벨테브레이를 기억하며 살아온 것이다. 헹크 벨테브레이 교수는 한국에서 살고 있을 벨테브레이의 후손들과 만나기를 기대하고 한국을 방문했지만, 벨테브레이의 후손에 대한 아무런 기록도 남아있지 않아 그들을 찾을 수는 없었다.

서울 어린이대공원의 벨테브레이 동상

3. 뜻하지 않게 낯선 세상을 체험한 사람들 - 표류자들

조선이 서양에 본격적으로 알려지게 된 것은 『하멜 표류기』를 통해서였다. 우리 역사에서도 하멜처럼 낯선 세상을 체험하고 돌아온 표류자들이 있었다. 표류자들의 낯선 체험은 서로에 대한 관심과 흥미를 불러 일으켰다.

■ 최부, 뜻하지 않게 중국을 여행하다

성종 때의 관리 최부는 제주도에 출장을 갔다가 고향에 계신 아버지가 돌아가셨다는 소식을 들었다. 이에 급히 고향인 나주로 가던 중 흑산도 인근에서 풍랑을 만나 표류하였다. 엎친 데 덮친 격으로 해적을 만나는 등의 위기 끝에 구사일생으로 중국 절강성 지역에 도착할 수 있었다.

그곳에서 최부 일행은 명나라 황제가 있는 북경으로 보내졌다. 중국 동남쪽 끄트머리인 절강성에서 북경까지 이동하는 동안 최부는 중국의 곳곳을 살펴볼 수 있었다.

중국의 대표적 도시인 소주와 항주의 화려함에 놀라기도 했고, 대운하를 통해 북경까지 가는 동안 양쯔강 이남과 이북의 생활 모습을 비교하기도 하였다.

여행 중 최부의 눈길을 끌었던 것은 강남 지역의 수차였다. 낮은 곳의 물을 높은 곳으로 끌어올리는 수차가 농사에 유용할 것이라고 생각한 최부는 명나라 관리들에게 그 제작 방법을 물었다. 처음에는 제작법을 알려주지 않던 명나라의 관리도 최부의 끈질긴 설득에 수차의 제작법과 이용법을 알려주었다. 이를 바탕으로 최부는 귀국 후 수차를 만들어 성종에게 바쳤다.

한편, 최부는 중국인들에게 우리의 역사와 문화를 뽐내기도 하였다. 여행 중 만난 중국인 관리들이 최부에게 "당신네 나라는 어떻게 수나라와 당나라의 군대를 물리칠 수 있었습니까?"라고 묻자, 그는 다음과 같이 대답하였다.

"똑똑한 신하와 용맹한 장수가 있었고, 병사들은 모두 윗사람을 어버이처럼 따랐습니다. 그래서 고구려가 백만 대군을 두 번이나 물리친 겁니다. 지금은 신라, 백제, 고구려가 모두 한 나라가 되었으니 물산은 많고 땅은 크며, 재물은 넉넉하고 군사는 강성하며 충성스럽고 지모 있는 선비들은 헤아릴 수 없이 많습니다."

『표해록』

최부는 중국 관리와의 대화 속에서 조선인으로서의 자긍심을 보여주었다.

이후 최부는 성종의 명을 받아 자신이 보고 듣고 느낀 것을 기록으로 남겼는데, 이것이 『표해록』이다. 『표해록』은 당시 명나라의 산업, 화폐, 주택, 음식, 풍속 등에 대한 내용을 담고 있으며, 그 동안 조선인에게는 잘 알려지지 않았던 강남 지역에 대한 다양한 정보를 소개하였다는 점에서 큰 의미를 지닌다.

■ 하멜, 됴센콕(조선국)을 유럽에 알리다

1653년 한 무리의 네덜란드인들이 제주도에 표류해왔다. 하멜을 비롯한 36명의 선원들이 네덜란드를 출발해 일본으로 가다가 풍랑을 만난 것이다. 이들보다 20년 먼저 조선에 온 벨테브레이가 통역을 위해 제주도로 내려왔다.

> 제주 목사 옆에 붉은 수염이 난 사람이 함께 앉아있는 것을 보았다. 목사는 이 사람이 누구라고 생각하느냐고 우리에게 물었다. 우리는 그가 홀란드(네덜란드) 사람인 것 같다고 대답하였다. 그는 껄껄 웃으며 이 사람은 조선 사람이니 너희들이 잘못 보았다고 대답하였다. 조용히 앉아있던 그 사람이 홀란드 말로 우리는 무엇 하는 사람이며 어느 나라에서 왔느냐고 물었다. …… 그가 모국어를 잊어버려 처음 만났을 때 의사 소통에 매우 어려움이 많았다는 점이 우리를 놀라게 하였다.

『하멜표류기』

하멜 일행은 벨테브레이와 마찬가지로 한성으로 이송되었고 훈련도감에서 군인으로 복무하게 되었다. 처음 그들이 한성에 도착했을 때는 고위 관리들의 집으로 불려 다녀야 하였다. 괴물에 가깝다고 소문 난 그들의 모습에 호기심을 가진 사람들이 많았기 때문이다. 그러나 실제로 하멜 일행의 모습을 본 조선인들은 그들의 생김새가 자신들과 크게 다르지 않다고 여겼으며, 오히려 그들이 매우 잘 생겼다고 칭찬해 주었고 한다.

그러나 하멜 일행은 벨테브레이와는 다르게 조선 생활에 적응하지 못하였고, 기회가 있을 때마다 조선을 탈출하려고 시도하였다. 제주도에서 서울로 이송될 때도 일행의 일부가 탈출을 시도하기도 하였다. 한성에 도착한 다음에는 청나라 사신을 이용하여 탈출하려고 하였다.

조선은 하멜 일행의 표류 사실을 청나라에는 비밀로 하였다. 그들의 배에서 나온 총과 같은 서양식 물건을 청에 공물로 바치는 것을 원치 않았기 때문이다. 그래서 청나라의 사신들이 올 때마다 하멜 일행은 남한산성으로 옮겨지거나, 집 밖으로의 외출이 금지되었다. 그러나 1655년 하멜 일행 가운데 두 사람이 청나라 사신 앞에 뛰어들어 고국으로 돌려보내줄 것을 요청하였다. 조선은 사신에게 뇌물을 주고 이 문제를 무마하였으며, 무단으로 숙소를 이탈한 두 사람은 감옥에서 죽음을 맞아야 하였다.

이를 계기로 하멜 일행은 한성에서 추방되어 전라남도 강진으로 보내졌다. 강진으로 옮겨진 하멜 일행에 대한 대우는 별로 좋지 않았고, 그들은 구걸을 하거나 주민들에게 자신들의 모험담과 진기한 물건에 대한 이야기를 들려주며 돈을 받아 생활하였다. 괴로움을 견디다 못한 하멜은 1666년 9월, 다른 일곱 명의 동료와 함께 배를 타고 조선을 탈출하였다. 일본에 도착한 그들은 나가사키에서 조사를 받은 후 고국 네덜란드로 송환됐다. 그들이 네덜란드에 도착한 것은 1668년, 조선에 표류한 지 15년 만의 일이었다.

하멜은 고향에서 자신의 경험을 담은 보고서를 작성하였는데, 이것이 『하멜 표류기』이다. 『하멜 표류기』를 통해 조선은 됴셴콕(Tiocen Cock)이라는 이름으로 서양에 알려지게 되었다. 또한 『하멜 표류기』에는 하멜이 표류와 탈출 과정에서 겪은 경험과 조선의 지리, 풍속 등에 대한 내용이 담겨있다. 10년이 넘는 기간 동안 억류되어 갖은 고초를 겪은 탓인지 조선인에 대한 부정적인 서술도 있지만, 당시 조선 양반들의 교육열 등에 대해서는 긍정적인 평가를 내리기도 하였다.

하멜 일행의 귀국으로 네덜란드인들의 조선에 대한 관심도 높아졌다. 조선과의 무역을 목표로 코레아호라는 상선을 건조할 정도였다. 그러나 네덜란드와 조선의 무역은 조선의 폐쇄적인 외교정책, 이미 네덜란드와 무역을 하고 있던 일본의 견제 등으로 직접적인 교류는 이루어지지 못하였다. 하지만 『하멜 표류기』는 조선에 대한 서양의 관심을 불러일으키는 계기가 되었다.

■ 한글에 관심을 가진 독일인 의사

1827년 일본에 표류한 조선의 상인, 선비 등이 그곳에서 서양인과 교류를 나눴던 일도 있었다. 당시 일본은 외국의 표류민들을 모두 나가사키 지방으로 보낸 후 자기 나라로 돌려보냈다.

그런데 나가사키는 일본과 교류하던 네덜란드인이 거주하는 지역이기도 하였다. 그곳에서 네덜란드인과 함께 생활하던 독일인 의사 지볼트는 이전부터 조선이라는 미지의 나라에 대해 많은 관심을 가지고 있었다. 지볼트는 일본인들에게 요청하여 조선인들을 방문하게 되었다.

조선인 표류민들은 지볼트와의 만남을 기념하며 한시를 지어주거나 조선의 민요를 들려주었다. 이러한 모습을 본 지볼트는 조선의 문화 수준이 우수하다는 느낌을 받았다.

당시까지 『하멜 표류기』의 영향으로 조선에 대한 서양인들의 인식은 부정적인 편이었다. 그러나 지볼트는 조선인들과 직접 만난 것을 계기로 조선에 대해 긍정적인 인식을 가지게 되었다.

이후 유럽으로 돌아간 지볼트는 『일본, 일본과 그 이웃나라 및 보호국』이라는 책에서 조선에 대해 우호적인 기록을 남겼다. 그는 벨테브레이가 조선에 표류한 이후 조선이 서양과 접촉했던 내용들을 정리하는 한편 조선에 접근한 유럽인들의 무례한 태도를 비판하기도 하였다. 특히 한글에도 관심이 많아 한글의 자모와 발음, 455개의 어휘를 한글과 중국어, 독일어 3개 국어로 정리한 사전을 편찬하였다. 지볼트의 책은 나중에 러시아어로 번역되는 등 서양에 조선을 알리는데 기여하였다.

4. 조선인들의 눈에 비친 세계

과거 동아시아 사람들은 하늘은 둥글고 땅은 네모지다는 천원지방설을 굳게 믿었다. 네모난 땅의 한가운데를 차지하고 있는 중국은 세상의 중심이었다.

그러나 서양으로부터 지리에 대한 새로운 정보가 전해지면서 이러한 믿음에 금이 가기 시작하였다. 조선 사람들에게 새로운 세계가 점차 다가오고 있었던 것이다.

■ 동아시아에서 가장 오래 된 세계지도, 혼일강리역대국도지도

조선 전기까지만 해도 조선인은 아라비아보다 더 먼 서쪽의 세상에 대해서는 아는 것이 별로 없었다. 하지만 자신들이 알고 있던 세상 밖의 다른 세계에 대한 호기심도 매우 컸다. 새로운 세계에 대한 조선인들의 호기심과 지식을 보여주는 것이 바로 태종 때 만들어진『혼일강리역대국도지도』이다.

원나라는『성교광피도』와『혼일강리도』라는 세계 지도를 만들었다. 이 지도들은 명나라 때 사신을 통해 조선 정부에 전해졌고, 조선이 가지고 있는 지리정보를 더해 새로운 세계지도를 만들었다. 그것이 바로『혼일강리역대국도지도』이다.

지금까지 남아있는 지도 중 동아시아에서 만들어진 가장 오래 된 세계지도인『혼일강리역대국도지도』는 이전부터 알고 있던 인도와 아라비아뿐만 아니라 아프리카, 유럽 등 새로운 세상에 대한 정보를 담고 있다.

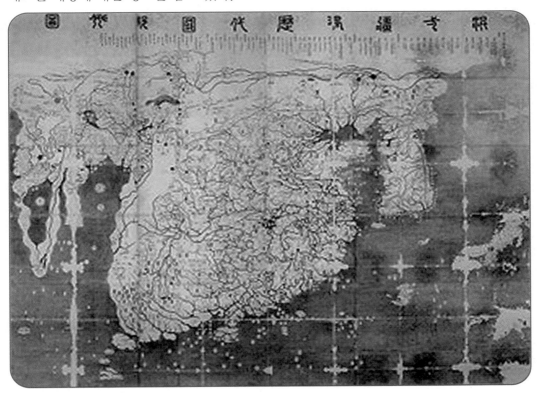

혼일강리역대국도지도

또한 이슬람 지도 제작 기술의 영향을 받기도 하였다. 예를 들어 바다는 녹색, 하천은 푸른색으로 칠했는데, 이것은 이슬람에서 만든 지구의의 채색법과 동일하다. 지도에 표시된 지명은 이슬람 문화가 번성한 지역에 집중되어 있고, 상대적으로 정보가 부족했던 아프리카 중심 지역을 검은색으로 칠한 것도 이슬람 지도와 같은 방식이다.

그러나 이슬람 지도와는 다른 차이점도 있다. 이슬람의 지도들은 지구가 둥글다는 생각을 바탕으로 지도를 둥근 모양으로 만들었지만, 『혼일강리역대국도지도』는 천원지방의 원칙에 따라 네모나게 만들었다. 또한 조선과 중국을 실제보다 크게, 지도의 가운데 부분에 그린 것은 두 나라가 세상의 중심이라는 인식을 나타낸 것이다.

이렇게 조선은 새로운 세계에 대한 정보를 자신들이 가지고 있는 지식을 바탕으로 이해하려고 노력하였다. 그러나 시간이 흐르면서 동아시아 이외의 지역에 대한 조선인들의 관심은 시들해졌다. 그래서 이후에 조선에서 제작된 세계지도에는 유럽과 아프리카가 사라지고 원래부터 알고 있던 아시아 세계만을 지도에 표시하였다.

■ 조선인, 새로운 세계를 만나다

17세기에는 새로운 세계에 대한 보다 구체적인 정보들이 조선에 들어왔다. 세 차례에 걸쳐 중국에 사신으로 파견되었던 이수광은 『지봉유설』에서 불랑기국(포르투갈), 남번국(네덜란드), 영길리국(영국), 구라파국(유럽) 등 서양 국가들을 소개하였다. 그러나 구라파국을 하나의 나라라고 생각하였고, 이 나라들이 인도양에 있다고 보는 등 정확하지 않은 정보들이 많이 포함되어 있었다.

그 무렵 중국에서는 서양인 선교사 마테오 리치가 『곤여만국전도』라는 새로운 세계지도를 만들었다. 이 지도는 아시아, 유럽, 아프리카뿐만 아니라 아메리카와 오세아니아, 남극 등 새로운 세계에 대한 정보를 담고 있었다. 또한 지구 구체설을 본격적으로 반영한 지도였다.

『곤여만국전도』는 1603년 조선에 전해졌고, 숙종의 명에 따라 병풍으로 제작되기도 하였다. 하지만 이 지도는 조선 사람들이 받아들이기 어려웠다. 왜냐하면 땅을 둥글게 표현한 것과 세계의 중심인 중국과 조선을 너무 작게 그렸기 때문이었다. 어떤 사람은 땅이 둥글다면 반대편에 있는 사람은 거꾸로 매달린 꼴이 되지 않느냐고 비판하며 믿으려하지 않았다.

이렇게 이따금 중국을 통해 새로운 지리 정보가 조선에 유입되었지만, 여기에 관심을 가진 사람은 그렇게 많지 않았다. 『하멜 표류기』는 당시 조선인들의 세계 지리에 대한 지식 수준을 이렇게 말하고 있다.

"조선인들이 알고 있는 나라는 12개에 불과하다. 자기들 옛 기록에 의하면 전 세계에 84,000개국이나 있다고들 하지만, 태양이 어찌 하루에 그 많은 나라를 다 비출 수 있겠느냐고 반문하면서 그건 터무니없는 소리라고 비웃어버린다. 또 우리 일행이 그 증거로 몇몇 나라의 이름을 제시하면 그들은 그것은 도시나 마을의 이름이라고 오히려 빈정거리곤 하였다."

세계지리에 대한 지식 수준은 일본과도 큰 차이를 보였다. 1709년 일본에 파견된 조선통신사 일행은 일본의 고위 관리 아라이 하쿠세키를 만났다. 조선이 평소 일본을 문화적으로 업신여기는 것에 불만을 품고 있던 그는 통신사 일행의 콧대를 꺾기 위해 자신이 네덜란드, 스웨덴, 이탈리아인 등과 만난 사실을 자랑하였다. 통신사 일행이 이런 나라들이 대체 어디에 있는 것인지 궁금해 하자 그는 "당신네 나라에는 만국전도도 없습니까?"라며 되물었다. 통신사 일행은 이 질문에 제대로 답하지 못하였다. 이처럼 조선과 일본의 관리들이 가지고 있던 세계지리에 대한 지식은 큰 차이가 있었다.

■ 조선, 새로운 세계를 받아들이다

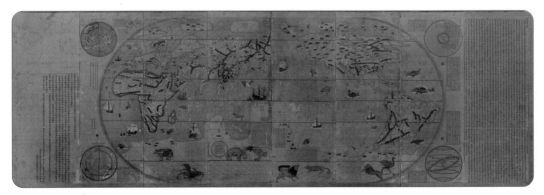

곤여만국전도 복원도

18세기에 들어서면서 청나라를 왕래하는 사신들을 통해 서양의 문물이 조선에 소개되면서, 그들에 대한 관심이 폭발적으로 증가하였다. 지금까지 알고 있던 나라들 이외에 여러 대륙에 많은 나라가 있고, 세상의 중심이라고 믿었던 중국도 지구 전체를 놓고 보면 일부분에 불과하다는 것을 깨닫게 된 것이다.

실학자의 한 사람이었던 홍대용은 서양 학문의 영향을 받아 지구가 둥글다는 지구 구체설과 지구가 회전하고 있다는 지전설을 주장하였다. 그에 따르면 지구는 둥글고, 매일 회전하고 있기 때문에 어느 한 나라가 세상의 중심이 될 수 없다고 하였다. 중국이 세상의 중심이라는 세계관에 대한 도전이었다.

시간이 흐르면서 세계지리에 대한 새로운 정보가 더 많은 사람들에게 알려지게 되었다. 19세기 실학자 최한기는 서양식 세계지도『지구전후도』와 세계 지리지『지구전요』를 만들었다. 특히『지구전요』에서 아시아, 유럽, 아프리카, 아메리카 등 각 대륙에 속한 국가들을 자세히 소개하였다. 그 중에서도 세계적인 강대국이었던 영국의 분량이 가장 많았다.

이렇게 조선인들이 새로운 세계에 대한 지식을 늘려가는 동안 서서히 서양 세력이 조선으로 접근해오고 있었다. 조선의 의사와 관계없이 새로운 세계와의 만남은 피할 수 없는 것이었다.

5. 낯선 음식, 조선을 사로잡다

외국을 오가는 조선 사람들의 눈에는 그 지역의 음식도 중요한 관심사였다. 그 중 고추·고구마·감자 등이 조선에 소개되었고, 마침내는 조선인의 밥상에도 오르게 되었다. 이렇게 외국에서 들어온 먹거리들은 점차 우리 식생활에서 빠질 수 없는 중요한 한 부분을 차지하게 되었다.

■ 조선에도 버터가?

우리 조상들이 언제부터 우유를 먹었는지는 확실하지 않지만, 우유에 대한 기록은 삼국시대에 처음 등장한다. 그러나 누구나 쉽게 먹을 수 있는 식품이 아니라 일부 상류층에서만 먹을 수 있는 귀한 식품이었으며, 음식보다는 보양을 위한 치료식으로 이용되었다.

조선 시대에는 우유와 관련된 식품들을 모두 타락이라고 불렀는데, 우유를 뜻하는 돌궐어 토라크

타락죽

에서 비롯된 말이다. 쌀가루에 우유를 더해 만든 타락죽은 왕실 진료기관인 내의원에서 왕의 건강을 위해 바치던 음식이었다.

지금의 버터와 같이 우유를 발효시킨 식품도 있었다. 수유라고 불리는 이 음식은 몹시 생산하기 어려워 나라에서 필요로 하는 양을 충족시키기 어려웠다. 수유를 만드는 사람들을 수유치라고 불렀는데, 이들은 몽골족의 후예를 자처하였다. 이를 통해 수유가 몽골의 영향을 받은 음식임을 알 수 있다.

■ 고추, 김치에 색을 입히다

고추가 언제 조선으로 들어왔는지는 정확하지 않으나, 대체로 임진왜란을 전후한 시기

로 추정하고 있다. 이수광의 『지봉유설』에서 고추에 대한 기록이 처음 나오는데, 남만초·왜겨자 등의 이름으로 등장한다.

배추김치

고추가 수입되기 전에는 매운 맛을 내기 위해 후추·천초·생강·겨자 등을 사용하였다. 이 가운데 후추는 조선에서 생산되지 않던 수입품으로, 임금이 공을 세운 신하나 외국 사신들에게 하사하는 용도로 사용할 만큼 값지고 귀한 물건이었다. 매운 맛을 내는 데 주로 사용된 것은 초피나무 열매인 천초였다.

그러나 고추가 수입되면서 천초는 고추에 그 자리를 내어주게 되었다. 조선인은 천초장 대신에 고추장을 담그고, 김장을 할 때도 천초 대신 고추를 넣기 시작하였다.

본래 김치는 딤채(沈菜)라고 불렸다. 담근 채소라는 뜻으로, 소금이나 초, 장에 절인 채소를 일컫는 말이었다. 이때의 김치는 무나 오이를 주재료로 사용했으며, 오늘날 우리가 먹는 배추김치는 거의 없었다. 18세기 말에 중국으로부터 크고 맛이 좋은 배추 품종이 들어왔고, 여기에 고춧가루를 사용하여 배추김치를 담그기 시작하였다. 그 후 배추김치는 우리 민족의 가장 대표적인 음식으로 자리잡았다.

■ 고구마와 감자, 조선인을 굶주림에서 구하다

고구마와 감자는 오늘날 간식으로 많이 접하는 음식이지만, 조선시대에는 간식이 아니라 기근을 구제하는 작물로 주로 재배되었다. 그런데 고구마와 감자가 조선에 전해진 것은 그리 오래 되지 않았다.

1763년 조선통신사로 일본에 파견된 조엄은 대마도에서 감저 또는 효자마, 고귀위마라고 불리던 작물을 접하였다. 조엄은 이 작물의 종자를 얻어 부산으로 보냈고, 자신과 가까웠던 이응혁에게 재배하게 하였다.

1764년에는 동래부사로 부임한 강필리가 감저, 즉 고구마 재배를 위해 노력하였다. 고구마의 종자를 얻어 백성들에게 나누어 주었을 뿐만 아니라 서울에도 고구마 종자를 보냈다. 『감저보』라는 책을 집필하여 고구마 재배법을 정리하기도 하였다. 이들의 노력으로 고구마는 제주도를 비롯한 남해안 지방 곳곳에서 널리 재배될 수 있었다.

한편, 19세기 이후에는 감자가 조선에 전해졌다. 감자는 고구마와 달리 청나라를 거쳐 한반도 북부 지역으로 전파되었다. 조선인들은 감자를 북쪽에서 온 고구마라는 뜻에서 북감저라고 부르거나, 생긴 것이 말방울과 비슷하다고 하여 마령저라고도 불렀다. 감자는 고구마와 함께 맛이 좋을 뿐만 아니라 비교적 척박한 토양에서도 잘 자란다는 장점이 있었기 때문에 조선 후기 백성들이 기근을 넘기는 데 도움을 주었다.

타작도
긴 담배를 문 양반이 누워서 농민들의 타작을 지켜보고 있다

조선 후기에 전래되어 조선인들을 매혹시킨 또 다른 작물이 있었다. 바로 남령초라는 이름으로도 불리던 담배였다.

『인조실록』에 따르면 담배가 처음 전래된 것은 1616년 무렵의 일이었다. 그러나 불과 5년 만에 피우지 않는 사람이 없고, 손님을 대접할 때 차와 술을 대신한다고 할 만큼 많은 인기를 끌었다.

담배는 피우는 사람의 건강을 해치고, 화재의 원인이 되거나, 벼슬을 얻기 위해 담배를 뇌물로 쓰는 등 사회적 물의를 빚기도 하였다. 그러나 담배가 조선의 국익에 도움이 될 때도 있었다.

병자호란 때 많은 조선인들이 포로로 청에 끌려갔다. 청은 포로의 석방 조건으로 높은 몸값을 요구했는데, 이때 포로들을 되찾아 오는데 도움을 준 것이 바로 담배였다.

청은 조선과의 전쟁을 통해 본격적으로 담배를 접했는데, 이들도 금새 담배에 빠져들었다. 그들 중에는 포로의 몸값 대신 담배를 원하는 자들도 있었다. 덕분에 많은 조선인들이 담배와 교환되어 고국으로 돌아올 수 있었다. 이후에도 담배는 청과의 무역에서 조선의 주요 수출품 역할을 하였다.

6. 서학의 수용

서학이라는 말은 서쪽의 학문, 즉 서양에서부터 넘어온 학문이라는 뜻이다. 서학은 서양의 학문과 과학 기술뿐만 아니라 서양인들이 믿는 천주교까지 포함하고 있다. 조선인은 처음에는 학문적인 입장에서 서학에 접근했지만, 점차 천주교에 빠져드는 사람들도 생겨났다.

■ 서학과의 첫 만남

서학은 17세기 중국을 오가던 사신들을 통해 처음으로 조선에 소개되었고, 그들을 통해 각종 서학 관련 서적들이 전해졌다. 조선의 선비들은 서학 관련 서적들을 제자백가나 불경과 비슷하게 취급했고, 서재를 채우는 일종의 장식품 정도로 여겼다.

그러나 얼마 지나지 않아 명나라가 멸망하고 청나라가 들어서며 서학에 대한 조선인들의 관심이 급격히 사그라졌다. 조선의 지배층들은 오랑캐의 나라인 청과의 교류를 마땅찮아 했기 때문에 청을 거쳐서 수입해야 하는 서학에 대한 관심도 자연스럽게 사라진 것이다.

한편 병자호란 이후 청나라에 볼모로 끌려갔던 소현세자는 아담 샬이라는 서양인 신부를 만났다. 아담 샬과의 만남을 통해 소현세자는 서학에 대해 관심을 가졌다. 소현세자는 역법을 비롯한 서양의 과학 기술에 특히 흥미를 보였고, 아담 샬은 그에게 역법서와 천구의·성화상 등의 선물을 주었다. 소현세자는 아담 샬의 선물에 감사하는 편지에서 조선에 돌아가면 역법서를 복사해서 조선의 선비들에게 읽게 하겠다고 말하였다. 그러나 조선으로 귀국한 소현세자가 두 달 만에 갑작스럽게 사망하면서, 그가 가지고 온 서학 서적과 물건들은 역사 속에 묻히게 되었다.

■ 연행사들의 필수 관광 코스, 북경 천주당

청과의 관계가 안정되기 시작하는 18세기에 들어서면서 서학에 대한 관심이 점차 증대되었다. 북경을 방문하는 조선 사신, 즉 연행사는 언제부터인지는 알 수 없지만 북경에 갈 때마다 서양인 선교사들이 세운 천주당을 방문하였다.

그러나 18세기 초반에 천주당을 방문한 연행사는 종교적인 목적이 아니라 관광의 목적으로 방문하는 경우가 많았다. 연행사는 한결같이 천주당의 벽과 천장에 그려져 있는 성화에 깊은 인상을 받았다. 서양화법으로 그린 그림이 신기하기도 했고, 마치 살아있는 사람처럼 생동감 넘치는 모습에 감탄을 금치 못하였다. 어떤 사람은 천장에 그려진 천사의 그림을 실물로 착각하고 떨어지면 받으려고 두 손을 벌리고 서있기도 하였다.

혼천의, 자명종, 온도계, 망원경 같은 서양의 문물과 과학기술도 연행사의 관심을 끌었다. 풍금이라고 부르던 파이프 오르간도 흥미로운 악기였다. 천주당에서 새로운 문물을 접한 연행사의 경험은 조선에 전해졌고, 조선 내부에서도 서양 문물에 대한 관심이 높아지게 되었다.

시간이 흐르면서 연행사의 천주당 방문 목적은 조금씩 달라졌다. 단순한 관광에 그치지 않고 서양 학문, 특히 천문학에 대한 지식을 얻기 위함이었다. 18세기 중반 서양인 선교사들의 기록에 따르면 조선의 사신들은 매년 천주당을 방문하여 천문학에 관한 깊이 있는 질문을 던졌다고 한다. 그 중 몇몇은 조선으로 돌아간 후에도 편지를 통해 서양인 선교사들과 교류를 이어가기도 하였다.

■ 조선, 서구 문물에 빠지다

조선 후기에 수입된 망원경

북경으로부터 들어온 서양의 물건들은 조선 양반들 사이에서 큰 인기를 끌었다. 그 중에서도 작은 글씨를 크게 볼 수 있게 해주는 안경은 양반들이 가장 선호하는 신문물이었다. 정조도 독서를 할 때는 안경을 착용하였다. 망원경도 인기를 끌었지만, 너무 값비싼 물건이었기 때문에 아무나 쉽게 접할 수 없었다.

서학에 관련된 책, 서학서도 많이 수입되었다. 18세기 후반 당시 청나라에서 출판된 서학서의 종류가 총 186종이었는데, 그 중 50종 정도가 조선으로 수입되었다. 홍대용이나 서명응·서호수 부자는 당시 서학서를 많이 가지고 있기로 소문난 사람들이었다. 호남 지역의 선비 황윤석도 서학에 관심이 많았는데, 그 소문을 듣고 서명응의 집에 찾아갔다. 서명응의 아들 서호수를 만난 황윤석은 그가 소장하고 있는 서학서의 양과 서학에 대한 지식에 놀라 "사람은 역시 서울에서 살아야 한다"라고 말하였다.

서학에 관심을 갖고 있던 일부 조선인은 단순히 서양의 진기한 물건을 수입하는 데서 그치지 않고 서양의 과학 기술을 받아들이려고 하였다. 이들은 먼저 서양의 과학 기술이 발전한 이유가 무엇인지를 고민했는데, 서양 과학 기술의 핵심은 수학이라는 결론을 내렸다. 이에 홍대용·서호수·황윤석 등은 각자 수학 관련 서적을 편찬하기도 하였다. 나아가 박제가는 서양 선교사들을 초빙하여 젊은이들을 교육시켜야 한다는 주장을 하기도 하였다. 하지만 이들은 천주교에 대해서는 부정적인 입장을 가지고 있었고, 과학 기술과 천주교를 분리하여 수용해야 한다고 생각했다.

■ 천주를 위해서 목숨을 바치다

서양 문물과 과학 기술에 대한 호기심으로 서학을 접한 사람 중에는 천주교에 빠져드는 이들도 나타났다. 사랑과 평등을 강조하는 천주교는 빠른 속도로 조선에서 신도들을 늘려 나갔다. 1784년, 이승훈은 북경 천주당에서 서양인 선교사에게 조선인으로서는 최초로 세례를 받았다. 세례를 받은 이승훈은 수백 종의 천주교 서적과 천문관측 기구를 가지고 조선으로 돌아왔다. 이승훈의 세례를 계기로 천주교 신도들의 신앙 활동이 본격적으로 펼쳐졌다.

그러나 천주교는 신분제도를 부정하고, 제사를 지내지 않는 등 성리학 질서와 어긋나는

절두산 성지 김대건 신부상

부분이 많았기 때문에 조선의 양반들에게 환영받지 못하였다. 대부분의 양반들은 천주교를 사학(邪學 : 잘못된 학문)으로 규정하였다. 유생들은 천주교를 금지하고, 신도들을 엄히 처벌할 것을 주장하였다. 정조는 천주교를 금지하는 것에는 동의했지만, 신도들에 대해서는 가벼운 처벌을 내리는데 그쳤다. 성리학이 더욱 발전하면 천주교는 저절로 사라질 것이라고 믿었기 때문이었다.

그러나 서학에 대해 우호적인 입장을 가지고 있던 정조가 사망한 후, 천주교에 대한 탄압이 본격적으로 시작됐다. 1801년 천주교에 대한 대대적인 박해가 이루어졌는데, 그 과정에 조선에서 활동하던 중국인 신부 주문모가 죽음을 당하기도 하였다.

천주교 신자였던 황사영은 천주교 박해를 멈추기 위해 북경의 주교에게 밀서를 보내려고 시도하였다. 밀서의 내용은 조선도 서양인 선교사를 받아들이도록 청의 황제가 압력을 넣거나, 조선을 아예 청나라에 편입시키거나, 서양의 군대를 보내어 조선을 굴복시켜 달라는 것이었다. 그러나 밀서는 청나라로 전달되지 못하고 조선 정부에 압수당하고 말았다. 이 사건을 '황사영 백서 사건'이라고 한다.

밀서의 내용에 충격을 받은 조선 정부는 천주교에 대해서 더욱 가혹한 탄압을 가하였다. 이 사건으로 천주교뿐만 아니라 서학 전체에 대한 인식이 매우 나빠졌고, 서양의 과학 기술만을 받아들이자는 사람들의 입장도 난처해졌다.

그러나 계속된 박해에도 불구하고 천주교는 명맥을 이어갔다. 신앙을 지키기 위해 목숨을 바치는 순교자들이 끊이지 않았고, 서양인 신부들이 몰래 조선으로 들어와 선교 활동을 하기도 하였다. 김대건은 마카오에서 신앙 교육을 받고 조선인 최초의 신부가 되었다.

2부

근현대

개항기-대한제국기

1. 새로운 세계와 사람들

조선은 1876년 강화도 조약을 체결하면서 본격적으로 새로운 문물을 수용하기 시작했다. 새로운 문물의 핵심은 서양의 과학 기술 및 제도로써 근대 문물이란 이름으로 들어왔다. 근대 문물은 유럽이 산업혁명을 경험하며 이뤄낸 과학, 기술 부문의 결과물로 인류의 삶을 크게 변화시켰고, 조선의 운명 또한 바꿔버렸다.

이 시기의 문물교류는 조선이 일방적으로 서양의 문화를 받아들이는 형태로 이루어졌다. 서양의 근대 문물은 조선 사회에 큰 충격을 던져 주었는데 특히, 개항기는 그 충격으로 인해 새로운 문화와 전통 문화가 서로 갈등을 일으키기도 하고, 뒤섞이기도 하는 시기였다.

■ 조선의 양반, 서양의 문물을 거부하다

1860년 제2차 아편전쟁의 결과 영국군과 프랑스군에게 청나라의 수도 베이징이 함락

되었다. 청나라가 서구 열강과의 전쟁에서 패배했다
는 소식이 전해지자 조선 사람들은 큰 충격을 받았다.
그뿐만이 아니었다. 18세기 말부터 조선 해안 곳곳에
서 하나둘씩 출몰하던 서양의 배들은 19세기 중반이
되자 더욱 빈번하게 등장하였다. 철갑선에 검은 연기
를 내뿜는 서양 배는 이양선이라 불렸다. 상품을 가득
실은 이양선은 선교사를 앞장세워 통상을 요구하였
다. 그러나 그 뒤에는 중무장한 군인과 막강한 군함이
대기하고 있었다.

면암 최익현

　고종이 즉위한 직후 권력을 장악한 흥선대원군은
서양 세력의 접근에 대해 통상수교 거부 정책으로 대
응하였다. 대부분의 양반들은 흥선 대원군의 정책을
지지하였다. 그러나 고종이 성인이 된 후 직접 정치에 나서면서 상황이 바뀌었다. 고종
은 일본과의 통상수교를 통해 선진 문물을 받아들이고자 했는데, 이러한 움직임에 다수
의 양반들이 거세게 저항하였다. 특히 최익현과 같은 사람은 다음과 같이 개항에 반대하
는 상소를 올리기도 하였다.

> 저들이 우리가 약함을 알고 우리와 강화를 맺는 경우, 앞으로 밀려올 저들의 욕심을 무엇으로 채워 주
> 시겠습니까? 우리 물건은 한정이 있는데 저들의 요구는 그침이 없을 것입니다. … 강화를 맺고 나면 저
> 들의 욕심은 우리와 교역하는 데 있습니다. 저들의 생산품은 모두 지나치게 사치스럽고 공산품이며 그
> 양이 무궁무진합니다. 우리의 생산품은 모두가 백성들의 생명이 달린 것이고, 땅에서 나는 농산물으로
> 그 양에 한정이 있는 것입니다.
>
> 최익현, 『면암집』

　조선의 지배층이었던 양반들은 정부의 개화정책에 반대하며 위정척사 운동을 전개하
였다. 위정(衛正)은 '바른 것을 지키다'라는 뜻을, 척사(斥邪)는 '사악한 것을 배척하다'라
는 뜻을 가지고 있다. 여기서 바른 것은 조선이 유지해온 성리학과 전통 질서이고, 사악
한 것은 서양의 종교인 천주교와 그들의 문물제도를 의미했다. 4백년 이상 성리학을 지
켜온 조선의 양반에게 중국을 제외한 서양 세력은 오랑캐에 불과하였다. 그리고 이미 서
양의 문물을 받아들인 일본은 서양과 다를 바 없었던 것이다.

■ 제주도민들이 천주교와 충돌하다

양반만이 개화정책에 반대한 것은 아니었다. 일반 민중도 정부의 개화정책과 서양문물에 대해 거부감을 드러냈다. 이와 관련해 천주교의 수용을 둘러싸고 1901년 제주도에서 발생한 이재수의 난은 새로운 문물의 수용 과정에서 벌어진 갈등을 보여주는 대표적인 사건이다.

일찍이 천주교는 조선에서 숱한 박해를 받아왔으나 1886년 조선과 프랑스 사이의 통상 조약이 체결된 이후 상황이 크게 달라졌다. 조약체결 이후 조선에서 천주교의 포교가 가능해지자 외국인 신부들은 이전보다 적극적으로 전도 활동에 나서기 시작한 것이다.

신부들이 교세확장을 위해 천주교 신도들에게 각종 이익을 제공하자 몇몇 사람들은 불순한 의도를 가지고 천주교를 믿기 시작하였다. 특히 제주도의 천주교 신도들은 신부를 등에 업고 세금을 내지 않고, 죄를 지어도 벌을 받지 않는 등 횡포가 극에 달했다. 이에 분노한 제주도의 관리와 유생, 백성들이 힘을 모아 천주교 신도들을 습격하였다. 관노 출신이었던 이재수는 민중을 지휘하며 350여 명의 천주교 신도들을 살해하였다. 그러자 프랑스군은 자국의 선교사를 보호하겠다는 명목으로 조선에 군대를 파견하였다. 결국 이재수는 프랑스군과 조선의 정부군에 의해 체포되어 교수형에 처해졌다.

이재수의 난은 권력의 보호를 받은 천주교와 기존의 전통 질서가 충돌해 발생한 사건이었다. 특히 일반 백성들뿐만 아니라, 그동안 누려온 특권을 잃지 않으려는 양반들까지 결합했다는 사실을 통해 근대문물의 수용이 모든 이들에게 환영받은 것이 아니었음을 알려준다.

■ 보빙사, 미국을 당황시키다

조선이 문호를 개방하자 새로운 문화의 유입에 적응하지 못하거나 이를 거부한 사람들도 있었지만, 문호 개방 후 일부의 사람들은 새로운 세계를 경험할 기회를 얻기도 하였다.

조미수호통상조약을 체결한 조선은 미국에 보빙사를 파견하였다. 보빙사는 조약 체결 이후 미국이 공사 푸트를 파견한 것에 대한 답례와 개화정책 추진에 필요한 정보를 수집하기 위해 미국에 파견된 사절단이었다. 그들은 미국 샌프란시스코에 도착하자마자 도시의 화려한 모습에 압도당하였다. 특히 숙소였던 팔레스 호텔의 화려한 인테리어는 그

동안 조선인들이 본 적도 없고, 상상해 본 적도 없었던 것이었다.

한편, 그들은 외출을 할 때 도포를 입었고, 공식적인 행사에서는 조선식 관복을 착용했다. 보빙사의 이러한 모습들이 미국의 신문에 보도되었고, 미국인들의 관심을 끌었다. 특히 보빙사 일행이 미국의 아서 대통령에게 국서를 전달하는 자리에서 조선식 예법으로 큰절을 올린 장면은 대문짝만하게 신문을 장식했다. 조선 사신의 예상치 못한 행동에 아서 대통령은 어리둥절해하면서 서구식으로 악수를 청했다고 한다. 왕의 사절로서 정중하게 예의를 갖춘 조선의 선비들이 미국을 당황시킨 것이었다.

보빙사가 아서 대통령에게 큰 절을 올리는 장면

■ 조선의 성리학자, 근대와 악수하다

1884년 김옥균, 서광범, 박영효 등의 급진개화파가 일으킨 갑신정변은 3일 천하로 막을 내렸다. 근대국가를 수립하기 위해 일으킨 쿠데타가 실패로 돌아가자 김옥균, 박영효 등은 일본으로 망명하였다. 고종은 김옥균 일파를 체포하기 위해 일본으로 관리들을 파견하였다. 박대양은 김옥균 일파를 체포하기 위한 임무를 가지고 일본으로 향한다. 전통적인 유학자였던 박대양에게 일본은 문화적 혜택을 받지 못한 야만스러운 오랑캐에 불과했다. 그런 그에게 일본의 로쿠메이칸에서 겪은 일은 너무나도 충격적이었다.

로쿠메이칸은 일본이 문호를 개방하고 외국인 손님이나 외교관을 접대하기 위해 서양식으로 만든 연회장이었다. 그곳에 박대양 일행이 초대받은 것이다. 박대양이 시끄러운 음악에 맞춰 남녀가 서로 '부둥켜안고' 춤을 추는 광경에 놀라고 있는 그 때, 한 일본인 여성이 다가와 박대양의 손을 덥석 잡았다. 그는 그 때의 심정을 다음과 같이 묘사하고 있다.

> 나는 책상머리의 한낱 서생으로서 주모의 손도 일찍이 한 번 잡아본 일이 없는데, 갑자기 이런 경우를 당하니 당황하지 않을 수 없었다. … 남녀 사이의 구분이 없음이 이와 같이 극도에 이르렀으니, 매우 더러워할 만하다.
>
> 박대양, 『동사만록』

뼛속까지 성리학자였던 박대양에게 서양식 에티켓인 악수는 도저히 이해할 수 없는 행위였다. 이제껏 상상해본 적도 없고, 경험해본 적도 없는 연회와 음악과 춤, 그리고 '감히' 여자가 덥석 자신의 손을 잡은 행위는 그에게 엄청난 혼란을 가져다주었다.

■ 홍종우, 조선의 시각으로 새로운 세계를 보다

한편, 서양의 근대문물을 조선의 상황에 맞게 선택적으로 받아들이고자 한 사람도 있었다. 홍종우는 조선인으로서는 최초로 프랑스로 유학을 다녀온 인물이다. 그는 조선이 프랑스와 조약을 체결하는 과정에 간접적으로 참여하면서 프랑스에 대한 관심을 갖게 되었다. 프랑스의 정치사상이 일본의 근대화 운동인 메이지 유신에 많은 영향을 준 것을 알게 된 후 조선이 프랑스 문명을 도입해 일본처럼 근대화되기를 바란 것이다.

홍종우는 2년 반 가량 파리에 머물며 박물관의 직원으로 일하기도 하면서, 조선의 실정과 역사, 문화 등을 소개하는 민간 외교관의 역할을 수행하였다. 그는 조선의 근대화를 위해 서구 문화를 받아들이는 것은 중요하지만 그것은 어디까지나 조선의 전통을 지키면서 선별적으로 이뤄져야 한다고 생각하였다. 당시 새로운 세계를 경험한 대다수 유학생들은 근대 문물을 접한 후 유럽 세계는 우월하고, 조선의 기존 가치는 열등한 것으로 여겼다. 홍종우는 이러한 생각에 의문을 품으며 다음과 같이 말했다.

> 나는 공화국에 사는 데 습관이 된 프랑스 인들을 대상으로 이 글을 쓰고 있다는 것을 모르는 바가 아니다. 그러나 나는 그들이 우리 선조가 세운 정부형태에 우리가 집착하는 것을 탓하지 않으리라 믿는다. 그것은 기질의 문제일 뿐이다. … 나라마다 다른 정치체제가 존재한다. 우리는 우리 정부형태를 그대로 지켜 나가면서 유럽 문명을 이용하고자 한다.
>
> 홍종우, 『다시 꽃이 핀 마른나무』

홍종우는 근대 문물이 무조건 좋은 것이라 생각하지 않았다. 조선의 상황에 맞게 받아들여 서로를 조화·절충하는 것이 중요하다고 생각했다. 이러한 생각 때문인지 그는 파리에 있는 동안 늘 상투를 튼 채 한복을 입고 지냈다고 한다. 또한 우리의 고전을 프랑스어로 번역해 『춘향전』은 『향기로운 봄』이라는 이름으로, 『심청전』은 『다시 꽃이 핀 마른나무』라는 이름으로 출간하였다.

■ 한국인, 새로운 세계로 떠나다

대한제국 시기에 들어서면서 일반인도 외국으로 나가기 시작했다. 잠시 다녀오는 것이 아니라 아예 이민을 떠나는 사람들도 있었다.

미국 정부는 하와이의 사탕수수와 파인애플 농장에 필요한 노동력을 확보하기 위해 한국인 이민을 제안했다. 이에 대한제국 정부는 전담기구를 설치해 이민업무를 담당하게 했으며, 『황성신문』에 광고를 실어 이민자를 모집했다. 당시 미국인 선교사 존스는 "대한 사람이 인간의 천국인 미국에 이민하게 되는 것은 하나님의 뜻이요 하나님의 은혜"라고 주장했다. 이 주장 덕분이었는지 전체 지원자의 반 이상이 개신교인이었다. 1902년 12월 22일 인천항에서는 121명의 한국인이 하와이행 여객선에 몸을 실었다.

하와이로 이주한 한국인들의 삶은 노예와 다를 바 없었다. 그들은 일요일을 제외한 매일 새벽 6시부터 오후 4시 30분까지 점심시간 30분을 빼고 10시간씩 노동해야 했으며 하루 품삯은 50~80센트에 그쳤는데, 이 돈은 근근이 생계를 유지할 정도였다. 더욱 고약한 것은 소수민족으로서 당하는 불이익과 백인 관리자들의 인종적 차별이었다.

한국인들은 하와이뿐만 아니라 멕시코로도 이민을 떠났다. 1905년 4월, 1,031명의 한국인이 노동을 위한 이민으로 멕시코 유카탄 반도에 도착하였다. 아직 한국과 멕시코 사이에 외교관계가 수립되어 있지 않았기 때문에 이들은 법적보호를 받지 못한 채 반노예 생활을 해야 했다. 멕시코 이주 한인들은 장시간 노동, 값싼 임금, 농장 관리자의 횡포 등으로 인해 노예나 짐승보다 못한 취급을 받았다.

미국과 멕시코 등 미주지역 이민자들의 삶은 고된 것이었다. 그들은 열악한 환경 속에서도 적응을 위해 몸부림치는 한편, 한국인의 정체성을 잃지 않기 위해 정착하는 곳마다 한글학교를 세웠다. 일제강점기에는 대한인국민회를 중심으로 적극적인 독립운동을 전개해 나갔고 3·1운동이 벌어지자 미주에서 활발하게 외교활동을 벌였다.

미주 지역 이민 역사는 이미 100년을 넘어 새로운 시대를 맞이하고 있다. 이제 한국인은 이방인으로서 받았던 차별을 견뎌내고 그 세계의 일원으로 인정받고 있다.

2. 새로운 세계와 문물

> 상감께서는 즉시 어전 회의를 여시어 내 사형을 정지하기로 결정하시고 곧 인천 감리를 전화로 부르신 것이다. ··· 전화가 인천에 통하게 된 것이 바로 나에 관한 전화가 오기 사흘 전이었다. 만일 한성과 인천 사이에 전화 개통이 아니 되었던들 아무리 상감께서 나를 살리려 하셨더라도 그 은명(恩命)이 오기 전에 나는 벌써 죽었을 것이다.
>
> 김구, 『백범일지』

김구는 1896년 황해도의 한 주막에서 마주친 일본인이 명성황후를 살해한 범인일지도 모른다고 판단해 그를 살해한 뒤 인천의 감옥에 투옥되었다. 살인죄로 인해 사형 판결을 받은 김구는 형 집행을 앞두고 있었는데 사형을 집행하기 며칠 전에 한성과 인천 사이에 개통된 전화를 통해 고종이 사형을 중지하라는 명령을 내려 목숨을 구하였다. 근대문물인 전화가 장차 조선의 독립을 위해 평생을 바칠 독립 운동가를 구한 것이다.

■ 전화, 전기로 '말'을 전하다

1896년 즈음부터 본격적으로 사용하기 시작한 전화는 설치비용이 비싸 일반인들은 거의 사용하지 못하였다. 게다가 당시 전화는 교환수가 가입자의 요청에 따라 전선을 이어주는 교환대를 통해 통화를 하는 방식이었다. 전화기를 모두 수입해야 했고, 일일이 교환대를 거쳐 통화를 했기 때문에 전화비는 매우 비쌌다.

전화의 원리를 몰랐던 일반인들 중에서는 전깃줄에서 소리가 새어나올 것이라고 여겨, 전기선을 끌어당겨 귀에 대려다가 감전사한 사람도 있었다. 전화는 애초 소통을 위한 것이었지만, 조선에서는 무엇보다도 근대화의 상징이다.

전화가 설치된 초기에는 주로 관청에서 사용되었는데 그 예절이 매우 까다로웠다. 한번 전화를

전화 교환대

걸려면 상투를 단정히 고쳐 세우고 전화기 앞에서 두 손을 맞잡아 머리 위에 쳐드는 읍(揖)을 하고서 전화를 걸었다. 상대방이 나오면 자신의 직함·품계·본관·성명을 다 말하고 상대 부서의 판서·참판·참의의 안부를 물은 다음 전화 받는 당사자의 부모들 안부까지 묻고서 용건을 말했다고 한다. 만약 왕에게 전화할 일이 있으면 절차는 더 복잡해져 관복을 갖춰 입고 전화를 향해 큰절을 네 번 하고 무릎을 꿇은 다음 엎드려서 수화기를 통해 대화를 했던 것이다.

초창기 전화 사용 예절은 지금의 관점에서 보면 우스꽝스러워 보일 수도 있다. 하지만 이는 당시 전화라는 새로운 문물이 전통과 예절을 중시하는 우리의 문화와 만나 어떻게 변용되었는지 잘 보여주는 중요한 사례이다.

■ 전차, 조선의 전통을 뒤흔들다

1899년, 동대문에서 전차가 처음 운행되던 날 어마어마하게 많은 사람들이 전차를 보기 위해 몰려들었다. 당시 한성에서 운행된 전차는 일본보다 빨리 개통된 것으로, 청량리에서 서대문까지 운행했다. 전차는 등장하자마자 엄청난 인기를 누렸는데 한 번 타면 내리지 않고 종점과 종점 사이를 몇 번이나 오가는 사람들, 전차를 타기 위해 서울로 상경하는 사람들까지 있었다. 인기가 높다 보니 전차를 타느라고 파산한 사람이 있다는 소문까지 나돌 정도였다.

전차 개통식 개통식을 보기 위해 성곽까지 줄 지어 선 사람들의 모습이 이채롭다

전차의 등장은 단순히 생활의 편리함을 가져다 준 것에서 그치지 않았다. 우선 기존의 탈 것들이 개인용 교통수단이었다면 전차는 대중교통이라는 의미를 지녔다. 무엇보다 전차는 신분의 높고 낮음과 상관없이 돈만 있으면 탈 수 있었다. 초기의 전차는 상등 칸과 하등 칸으로 나눠져 있었지만, 경제적 여유만 있다면 상등 칸에 누구나 탈 수 있었다.

더 나아가 전차는 양반을 기다리지 않았다. 가마는 부르면 왔고, 외출 준비가 끝나도록 기다렸다. 하지만 전차를 타기 위해서는 양반이 직접 전차가 있는 곳까지 와서 전차가 올 때까지 기다려야 했다.

마지막으로 전차는 남녀의 벽도 뛰어넘었다. 전통적으로 조선은 남녀칠세부동석이라는 규율이 엄격하게 지켜진 사회였다. 그런데 전차가 등장하면서 조선의 남자와 여자가 한 공간에서 같이 앉는 일이 생긴 것이다. 이렇듯 전차는 조선 사회를 조용하지만 강력하게 변화시켜 나갔다.

전차에 대한 호기심만큼 거부감도 상당했는데 전차가 운행된 지 10일이 채 지나지 않은 어느 날, 다섯 살밖에 안된 어린아이가 전차에 깔려 목숨을 잃은 사건이 일어났다. 일본인 운전수는 사고를 수습하지 않고 도망쳤고, 이를 보고 놀란 아이의 아버지는 도끼를 들고 달려들어 전차를 부수었다. 이를 보고 있던 군중들 역시 아이 아버지를 도와 거세게

항의하며 2대의 전차를 부수고 불태워 버렸다. 한편에서는 전차 운행으로 큰 경제적 타격을 입었던 인력거꾼들이 조직적으로 전차 운행을 방해하기도 하였다.

불에 탄 전차

■ 철도, 조선의 시간을 변화시키다

1899년 9월 18일 오전 9시, 노량진과 제물포 사이를 가로지른 경인철도에 첫 기적소리가 울렸다. 당시 광경을 목격한 신문기자는 기차가 나는 새도 미처 따라잡지 못할 만큼 빠른 속도로 순식간에 달린다고 표현하였다. 걸어서 대략 12시간 걸리던 길을 1시간 40분 만에 도달하였으니 신문기자의 표현이 전혀 과장은 아니었던 셈이다.

기차는 한국인의 시간관념을 완전히 뒤바꿔 놓았다. 한국인은 그동안 '점심 먹을 쯤', '해질 무렵'과 같이 느슨하게 시간을 인식해왔다. 그러나 철도는 하루 24시간이라는 근대적 시간개념을 바탕으로 엄밀하게 표준화된 시간표에 의해 운행되었다. 기차역엔 어김없이 시계탑이 섰고, 기차는 그 시계탑의 시계가 가리키는 시간에 따라 정확히 출발했다.

한편, 조선은 산악이 많고 해안선과 하천이 발달해서 예로부터 수로 교통이 발달했다. 조선 후기에는 한강을 중심으로 한 포구가 발달하면서 전국적으로 시장권이 형성되었다. 그러나 철도가 생기면서 한강 수운이 몰락하였다. 굳이 수로 교통을 이용하지 않고도 철도를 통해 화물을 직접 거래할 수 있게 된 것이다.

나아가 철도는 도시의 흥망성쇠에 큰 영향을 끼쳤다. 철도가 생기면서 새로운 도시가 생겨나기도 하고 철도가 비껴 감으로써 기존 도시가 갑자기 몰락하기도 했다. 대표적인 도시가 바로 대전과 공주이다. 공주는 전통적으로 충청 지역의 주요 도시였는데, 철도가 지나가지 않으면서 몰락했고, 한가한 마을이었던 대전은 경부선과 호남선이 갈라지는 곳이 되면서 새로운 도시로 떠올랐다. 대전은 철도가 만든 신흥도시였다.

그러나 철도의 편리함과 신속함의 이면에는 침략성이 도사리고 있었다. 일본은 경인철도 완성 이후 철도를 한반도 침략 도구로 이용했다. 일본인들은 철도 건설을 빌미로 철로가 설치된 토지의 대부분을 수탈했다. 그리고 철도를 통해 얻은 이익을 모두 일본으로 가져갔다. 막대한 공사 재료를 약탈한 것은 물론, 엄청난 수의 한국인들을 철도 공사에 강제로 동원했다. 철도로 인해 생활이 편리해진 반면, 침략의 속도는 빨라졌고 사람들의 삶은 어려워졌으며 대한제

철도 폭파 후 처형되는 애국지사들

국의 경제는 계속 침체되었다. 지식인들에게는 철도가 개화와 진보의 상징이었을지 모르지만, 하층 민중들에게는 호기심과 함께 불안과 공포를 실어 나르는 악귀와 같았다.

철도가 침략의 도구임을 깨달은 몇몇 애국지사들은 곳곳에서 철도를 파괴하고 철도 공사와 열차 운행을 방해하는 운동을 전개했다. 이에 일본은 철도 공사나 운행을 방해하는 사람들에게 최고 사형의 형벌을 내렸다. 편리함과 진보의 상징인 철도가 국가의 앞날을 위태롭게 만드는 주범이 된 것이다.

■ 조선인, 양복을 입다

서광범(좌)과 김옥균(우)

사진은 갑신정변의 주역인 서광범(좌)과 김옥균(우)이 함께 찍은 사진이다. 그런데 서광범의 복장을 자세히 보면 단추가 4개 달린 더블 브레스트 슈트에 몸에 딱 붙는 바지 차림이다. 조끼에 걸린 금속 줄로 보아 안주머니에 회중시계도 들어있다.

보빙사의 일원으로 미국에 파견되었던 서광범은 조선인으로는 처음으로 양복을 입고 돌아왔다. 서광범은 미국을 시찰하고 돌아와 조선이 강해지려면 서양의 근대적 제도와 문물을 하루빨리 받아들여야 한다고 생각했다. 그러기 위해서는 복장도 '불편한' 한복이 아닌 '편리한' 양복으로 바꿔야 한다고 생각했다. 양복을 입은 서광범의 모습은 아직 서양의 제도와 문물에 익숙하지 않았던 당시의 상황에서 매우 파격적인 것이었다.

그런데 양복의 도입은 생각만큼 쉽지 않았다. 양복을 입으려면 무엇보다 먼저 머리를 깎아야 했다. 고종이 아관파천 직후 가장 먼저 단발령을 폐지했을 정도로 조선인에게 머리를 깎는 일은 무척이나 어려운 일이었다. 호기심과 편리함에 양복을 입고 싶어도 머리를 깎는다는 것은 지금까지 지켜온 삶의 가치관을 송두리째 부정하는 일이었던 것이다. 조선인에게 양복을 입는다는 것은 그동안의 전통을 벗고 근대를 입는다는 의미를 지녔다. 그리고 우리의 삶은 겉모습에서부터 서서히 변하기 시작하였다.

■ 조선의 식탁이 변하다

양복이 점차 보급될 시기, 서양의 음식도 소개되기 시작했다. 서양의 음식은 서양 여러 나라와 외교 관계를 맺게 되고 서양식 연회가 열리는 경우가 많아지면서 자연스럽게 등장하였다. 이에 따라 왕실과 높은 관리들 사이에서 서양 음식이 유행하기도 하였다. 또한 호떡, 만두 등 중국 음식과 우동, 초밥 등 일본 음식이 소개되기도 했다.

당시 소개된 서양 음식 중에서도 커피는 역사의 현장 곳곳에 등장하며 널리 보급되었다. 우리나라에 커피가 처음으로 들어온 시기는 대략 1890년 전후로 추정된다. 구수하고 향긋한 고유의 맛으로 곧 왕족들과 대신들을 사로잡았고 이름도 영어발음을 따서 '가배차' 혹은 '가비차'라 불렸다. 특히 고종은 열렬한 커피 애호가였다. 그는 정관헌이라는 서양식 건물을 짓고 그곳에서 커피를 마시며 서양음악을 즐겨 듣고, 외국 공사들과 연회를 갖기도 하였다. 이후 커피는 관리 등 지배층을 중심으로 점차 확대되어 일반화되기 시작하였다. 그들은 커피를 마시면서 서양의 근대를 흡입한다고 생각했을지도 모른다.

정관헌

민간에도 점차 커피가 보급되기 시작했는데, 이와 관련해 재미있는 일화가 전해진다.

1900년대 초반 부래상이란 이름으로 불리던 프랑스인 나무장수가 있었다. 그는 장사를 할 때 보온병에 커피를 담아와 나무꾼들에게 한 사발씩 돌리는 것으로 유명했다. 그가 나무꾼들에게 커피를 무료로 제공한 이유는 나무꾼들이 고양에서 서대문에 오기까지 세 군데나 큰 시탄장(땔 나무와 숯을 파는 곳)이 있어 늘 손님을 빼앗기고는 했기 때문이다. 안정적으로 나무를 확보하기 위해 커피를 일종의 판촉물로 제공한 것이다. 나무꾼들은 색이 검고 쓴맛이 나는 이상한 국물이 마치 한약 탕국과 같다고 하여 '양탕국'이라고 불렀다. 당시 한성에서는 양탕국 한 사발이 인삼 녹용보다 좋다는 소문이 날 정도였다.

우리나라의 전통적인 음료는 차(茶)였다. 고려 시대에 크게 유행한 차는 조선에 들어와서 잠시 쇠퇴했지만, 왕실과 사대부들을 중심으로 그 명맥이 유지되었다. 그리고 조선 후기 정약용과 김정희 등의 실학자들에 의해 차에 대한 관심이 다시 높아졌다. 그런데 개항기에 커피가 유입되면서 기존에 차가 담당했던 역할을 커피가 대신하게 되었다. 이처럼 커피의 유입은 한국인의 기호식품을 바꿔 놓았고, 현재에는 국민 1인당 연평균 338잔의 커피를 마실 정도로 커피는 한국인에게 친숙한 음료가 되었다.

3. 새로운 세계가 만든 공간

서양의 근대 문물이 유입되면서 점차 많은 수의 외국인들이 조선에 들어와 정착하기 시작했다. 그러면서 한성과 개항장을 중심으로 이전까지는 찾아볼 수 없던 독특한 공간들이 등장하였다. 특히, 정동은 경운궁을 중심으로 각국의 공사관, 교회, 학교가 세워지면서 대한제국기 정치, 종교, 교육의 중심지로 발돋움하였다. 한편 인천은 청나라와 일본의 상권이 치열하게 대립하면서도 공존하는 다문화 공간이 되었으며, 목포는 새롭게 유입된 일본의 문화와 우리의 전통 질서가 충돌하는 장이 되었다.

■ 다문화 공간: 정동

정동은 외국 공사관과 영사관, 그리고 선교사들에게 할당된 구역이어서 여기에서는 거의 한국적인 외양을 볼 수 없다. … 외국인 가게가 늘어서 있는 넓은 도로들이 건설되었다. 프랑스는 러시아 공사관과 맞먹는 높이의 공사관을 세웠다. 그리고 미국 감리고 선교회는 규모가 큰 빨간 벽돌집을 지어서 이를 교회로 사용하고 있다.

이사벨라 비숍, 『한국과 그 이웃나라들』

이사벨라 비숍의 지적처럼 정동은 개항기 근대문물의 유입으로 한성 안에서 전통적 공간과는 완벽히 구분되는 새로운 다문화 공간으로 변화했다. 서양식 건축으로 상징되는 다문화 공간 정동은 현재에도 비교적 잘 보존되어 있어 우여곡절이 많았던 근대 전환기의 역사를 보여주고 있다.

가장 먼저 정동에 자리 잡은 외국인은 초대 미국 공사로 부임한 푸트였다. 푸트가 정착하면서 이후 정동은 서양인의 정착지로 변모해갔다. 미국 공사관이 개설된 후 러시아, 프랑스, 독일, 영국, 벨기에, 이탈리아의 공사관들이 뒤를 이었다. 당시 공사관은 그 나라의 국력과 문화적 역량을 가감 없이 드러내는 상징이었다. 그렇기 때문에 각국은 공사관 건축에 심혈을 기울였다. 이런 측면에서 정동은 조선에 대한 서양 각국의 관심과 능력을 과시하는 장소이자, 서양식 건축의 전시장이었다.

한편, 정동이 외교활동의 중심지였음을 상징적으로 보여주는 건축물이 있는데, 그것은 바로 손탁호텔이다. 손탁호텔은 한성에 세워진 최초의 서양식 호텔인데, 프랑스계 독일인이었던 손탁은 1885년 러시아 공사 베베르와의 친분을 통해 궁궐에 들어가 양식 조리와 외빈 접대의 일을 맡은 사람이었다. 이 과정에서 고종의 신임을 받아 집 한 채를 하사받아 만든 것이 손탁 호텔이다. 이즈음 손탁은 조선과 러시아 공사관 사이의 연결책을 담당해 고종의 친러 정책을 도왔다. 왕실의 후원 속에서 지어진 손탁 호텔은 한성 주재 각국 외교관과 외국인들의 사교의 장으로 이용되며 정동 외교 일번지의 역할을 담당했다.

정동 지역에 진입하기 시작한 또 다른 부류의 서양인은 선교사였다. 수많은 서양인 선교사들이 정동에 자리 잡았다. 그런데 흥미로운 것은 서양인 선교사들 사이에서도 종파에 따라 거주 지역이 나뉘었다는 점이다. 정동길을 경계선으로 동쪽에는 장로교 선교사들이, 서쪽에는 감리교의 선교사들이 자리를 잡았다. 다만 아관파천 이후 경운궁이 확장되면서 장로교 선교회의 거주지는 대부분 해체되어 궁의 일부로 편입되었다. 하지만 이

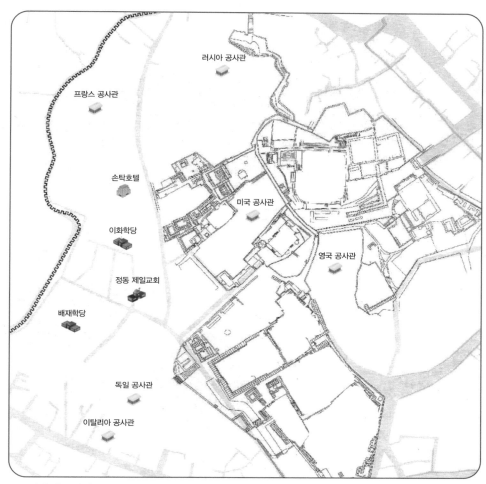

러시아 공사관

프랑스 공사관

손탁호텔

미국 공사관

이화학당

영국 공사관

정동 제일교회

배재학당

독일 공사관

이탈리아 공사관

1903년경 정동 일대

와 무관했던 감리교 선교회의 거주지는 그 형태를 고스란히 보존할 수 있었다. 대표적인 것이 정동제일교회로 현재까지 그 모습을 유지하고 있다.

당시에는 아직 선교활동이 공개적으로 허용되지 않았으므로 정동의 선교사들은 먼저 학교를 설립해 교육 사업에 주력하였다. 배재학당과 이화학당은 물론이고 언더우드학당, 정동여학당 등과 같은 근대교육기관이 정동에 세워진 것은 바로 그러한 이유 때문이었다.

이처럼 정동은 선교활동의 근거지이자 근대 교육의 발상지로 자리매김하며 이 땅에 서양문화가 뿌리 내리는데 큰 역할을 담당하였다.

정동제일교회

배재학당 현재는 역사박물관으로 활용중이다.

■ 다문화 공간: 인천

개항 후 인천은 서양의 문물이 들어오는 관문이었다. 1883년에 개항한 인천은 미국, 영국, 독일과의 통상조약과 일본과의 제물포조약이 체결된 장소였다. 이처럼 인천은 조선이 외국과 주요 조약을 체결하는 외교교섭의 현장이었다.

한편, 개항기 인천의 모습을 결정한 또 하나의 조약은 1884년에 체결된 인천제물포각국조계장정이었다.

조계란 개항한 도시에 일정한 지역을 정해

청일조계지 경계계단

외국인 전용 거주지로 정하고 그곳의 지방 행정권·경찰권을 해당 국가에서 행사하는 곳을 말한다. 따라서 조계 지역은 우리나라 땅이면서도 우리나라가 관리하지 못하는 일종의 치외법권 지역이다. 조계장정 체결 이후 일본을 시작으로 청나라, 미국, 영국, 독일, 러시아도 조계 구역을 정했다. 그 결과 인천은 여러 나라의 문화와 사람들이 만나는 독특한 다문화 공간의 성격을 갖게 되었다. 그렇지만 가장 넓은 조계를 가지고 있던 것은 일본과 청나라였고, 개항기 인천의 역사는 일본과 청나라의 세력 다툼 속에서 진행되었다.

당시 일본과 청나라는 계단을 경계로 서로의 조계지가 맞닿아 있었다. 계단을 기준으로 왼쪽에는 청나라 조계지가, 오른쪽에는 일본 조계지가 설정되었다. 지금도 계단을 중

공화춘 현재 짜장면박물관으로 활용중이다.

심으로 청나라와 일본의 건물들이 확연하게 다른 양식으로 들어서있다.

청나라가 임오군란 이후 조선에 대한 간섭을 강화하면서 청나라 상인들은 개항 직후 인천에서 상권을 독점하던 일본인들의 경쟁자로 등장했다. 당시의 건물 중 지금까지 남아 있는 건물이 바로 공화춘이다. 공화춘은 짜장면을 최초로 만든 곳으로 유명하지만 원래는 산동회관이라는 이름으로 당시 중국인 노동자들에게 숙소와 음식을 제공하는 곳이었다. 이사벨라 버드 비숍은 당시 상황에 대해 '중국인 거주지는 수려한 관아와 공회당, 번창하는 상점들로 이어지고 있었다. 계속되는 폭죽 소리와 징과 북을 두드리는 소리로 분주하고 시끄러워 보였다. 확실히 무역에서는 중국인들이 일본인들을 앞지르고 있었다.'라고 이야기하고 있다.

그러나 이러한 활기는 청일전쟁의 패배로 완전히 사라지고 말았다. 인천을 다시 찾은 비숍은 '한때, 장사가 번창하고, 밤낮으로 북소리, 징소리, 폭죽소리가 요란하던 중국인 거리는 조용하고 황폐했으며, 내가 이따금 여관으로 들어가려던 시각에는 거리에 단 한 사람의 중국인도 없었다.'라고 증언한다. 일본은 개항 초기부터 인천을 자신들의 경제 중심지로 삼고자 했다. 특히, 많은 은행들이 들어서면서 경제적 영향력을 넓혀나갔다. 현재까지 남아있는 일본제일은행 인천지점 개항장에서 관세 및 수수료를 징수했고, 나아가 전쟁에 필요한 자금을 조달하는 일을 했다.

개항기 인천은 다양한 나라의 사람과 문화가 만나는 다문화 공간이었다. 청일조계지 계단을 경계로 청나라와 일본의 이질적인 건물들이 들어서는 등 하나의 인천 안에 다양한

일본제일은행 인천지점 현재 인천개항박물관으로 활용중이다.

나라의 모습이 뒤섞인 특별한 공간이었다. 그러나 그 공간은 힘의 논리에 의해 좌우되는 경쟁의 공간이었다. 조선은 자신들의 공간이었음에도 어떤 힘도 발휘하지 못했고 경쟁에서 승리한 일본에게 주인자리를 내줘야 했다.

■ 다문화 공간: 목포

인천이 강화도 조약을 맺은 뒤, 일본의 압력에 못 이겨 마지못해 개항한 측면이 없지 않은 것에 반해, 목포는 대한제국 정부가 고종 황제의 칙령에 따라 자주적으로 개항한 도시이다. 이것은 대한제국이 주도적으로 근대 세계의 일원이 되고자했던 의지를 보여 준다.

그런데 목포의 개항을 원했던 것은 대한제국만이 아니었다. 1897년에 목포가 개항하자, 지리적으로 가까운 일본의 상인들이 대거 이주해왔다. 일본은 조계구역 안에서의 치외법권을 바탕으로 자국민을 보호하면서 목포 안에서 경제적 영향력을 넓혀나갔다.

처음 의도와 달리 목포가 일본의 독무대로 변하자 대한제국 정부는 지방관을 파견하여 개항장 일대를 관리토록 했다. 일본 또한 영사관을 앞세워 대한제국과 대립하였다. 이처럼 목포는 개항 후 일본의 영사관과 대한제국의 지방관으로 대표되는 두 개의 질서가 팽팽히 맞서는 가운데 도시의 구조 또한 민족별로 두 개로 나뉘어 공존하는 독특한 공간이었다.

목포는 유달산 꼭대기인 노적봉을 경계로 서로 완전히 다른 두 개의 구역으로 나뉘었다. 노적봉 오른쪽은 일본인이 거주하는 조계지로 도시가 바둑판 모양으로 반듯하게 구획되어 있으며 대부분 나무로 지은 2층 건물들이 들어서 있었다. 반면 노적봉 왼쪽에는 한국인의 거주지로 산기슭을 따라 초가집들이 무질서하게 모여 있었다.

거주 지역의 상반된 모습처럼 당시 목포의 한국인과 일본인의 삶의 모습 또한 매우 상반되었다. 목포의 한국인은 개항 이후 주로 부두 노동자로 살아갔다. 목포항을 오고 가는 수많은 배들의 물건을 싣고 내리면서 살아갔다. 반면 목포의 일본인은 대부분 상인이었다. 그들은 목포를 거점으로 해남·나주·영광 등의 고을을 돌아다니며 장사를 했다. 더불어 조계지에 잡화점, 소매점 등이 들어서면서 시장을 형성해나갔다. 이러한 상업 활동을 바탕으로 일본 상인들은 개항장에서 주도권을 잡았고, 그 결과 조계지는 대한제국인지 일본인지 구별되지 않을 정도로 변해갔다.

인천이 일본과 청나라를 중심으로 다양한 문화가 뒤섞이며 독특한 모습을 만들어낸 공간이었다면, 목포는 대한제국과 일본이 대립하며 점차 일본의 문화가 퍼져나가는 공간이었다. 그 안에서는 한국인과 일본인 사이의 대립이 벌어지고 있었으며 이를 통해 당시 새로운 문화의 수용이 어떠한 모습으로 다가왔는지 추측해볼 수 있다.

일제강점기

1. 의식주에 스며든 일본문화와 서양문화

사람이 살아가는 데 있어 반드시 필요한 옷, 음식, 집을 일컬어 의(衣)·식(食)·주(住)라 한다. 무엇을 어떻게 입고, 먹고, 사느냐에 따라 그 지역이나 나라의 문화가 만들어진다. 때로는 다른 지역이나 나라의 의식주 문화가 스며들어 새로운 모습의 의식주 문화가 나타나게 된다. 일제강점기에는 일본 문화와 서양 문화가 우리 문화 속에 깊숙이 스며들었고, 그 결과 우리의 의식주에도 커다란 변화가 나타났다.

■ 양복과 개량 한복의 유행

한국인은 "백의민족(白衣民族)"이라 불릴 만큼 예로부터 흰옷을 즐겨 입었다. 그러나 서양 문화가 유입되면서 한국인들 사이에서도 전통적인 흰옷이 때가 잘 타 세탁하기 번거로우므로 서양인들처럼 색깔 옷을 입자는 사람들이 나타났다. 서양식 셔츠나 바지에 비해 전통 한복이 불편하다고 생각하는 사람들도 있었다. 양복을 입은 서양인들의 모습

일제강점기 양복을 입은 남성들

이 담긴 영화, 잡지, 신문 등의 영향으로 양복을 입는 사람을 지식인이나 멋쟁이로 여기는 사람들도 생겨났다. 양복을 입고 백화점에서 쇼핑을 하며, 카페에서 커피를 마시는 등 서양식 생활문화를 즐기는 "모던보이", "모던 걸"과 같은 젊은이들이 늘어났다. 가난하더라도 고물상 양복점에서 양복을 구해다 유행을 쫓으려는 사람들도 생겨날 정도였다.

전통 한복을 고친 개량 한복도 유행하였다. 특히 여성의 개량 한복은 전통 한복에 비해 저고리의 길이가 길어지고 치마가 더 짧아졌다는 특징이 있었다.

■ 몸뻬의 등장

몸뻬바지

몸뻬는 일본의 농촌에서 작업복으로 입는 바지였다. 허리와 발목 부분을 조이고 다른 부분은 풍성하게 하여 활동하기 편리하도록 만든 것이 몸뻬의 특징이다.

1930년~1940년대에 일본이 중국과 전쟁을 벌이고 2차 세계대전에도 참전하면서, 일본은 한국 여성들을 데려다 전쟁에 필요한 노동을 시키기 위해 몸뻬를 입게 하였다. 그러나 한국 여성들은 몸뻬를 입는 것을 수치스럽게 여겼다. 전통 한복에서 바지는 속옷의 역할을 하였기 때문이다. 그럼에도 일본은 몸뻬를 입지 않으면 식량을 제대로 배급해 주지 않거나, 전차나 기차 등을 타지 못하게 하고, 강제로 일을 더 시키는 등 몸뻬 입기를 강요하였다.

광복 이후 6·25 전쟁이 일어나고 물자가 부족해지자 간편하면서 일하기 편리한 옷이 필요해졌다. 그리하여 일제강점기와 달리 한국 여성들은 농촌을 중심으로 자발적으로 몸뻬를 입기 시작했다. 오늘날 몸뻬는 농사일을 할 때 입기도 하지만 패션 아이템으로도 주목을 받고 있다.

■ 한국의 대중음식이 된 일본 음식

1910년대에만 해도 우동, 오뎅, 메밀국수, 덮밥과 같은 일본 대중음식은 한국인들에게 잘 알려지지 않았다. 1920년대에 들어서면서 우동집, 오뎅집 같은 일본 전문 음식점이 서울 종로 일대에 생기면서 한국인들에게도 우동, 오뎅 등이 유행하

우동

찹쌀떡

기 시작하였다. 반찬으로 나오는 것은 우리가 단무지라고 부르는 '다꾸앙'이었는데 일본에서는 한국의 장아찌처럼 즐겨 먹는 반찬이었다.

하얀 찹쌀반죽 안에 단팥을 넣어 만든 찹쌀떡은 원래 일본에서 아기가 태어난 지 백일 되는 날이나 명절 때 나누어 먹는 '모찌'에서 비롯되었다. 일제강점기 때 조선총독부[1]는 찹쌀떡을 나누어 먹는 문화를 한국인들에게도 퍼뜨리기 위해 기념일마다 한국인들에게 찹쌀떡을 나누어주기도 했다.

멸치로 국물을 내어 먹는 방법도 일제강점기 때 확산되었다. 한국에서는 주로 생멸치를 잡아다 회, 젓갈, 말린 포로 만들어 먹는 것이 보통이었다. 이와 달리 일본에서는 멸치를 잡아다 말린 다음, 물을 넣고 끓여서 국물 요리에 사용하곤 했다. 한국에 건너 온 일본인들이 멸치로 국물을 만들어 먹다 보니, 한국인들 사이에서도 멸치가 점차 국거리 재료가 되어갔다.

■ 일본식으로 만들어진 서양 음식들

일본식으로 변형된 서양 음식도 한국으로 들어왔다. 일본인들은 서양 빵에서 나는 특유의 향을 없애려고 빵에 단팥을 넣어 먹

돈가스

---

1) 식민지가 된 한국을 지배하기 위해 일본이 세운 최고 통치 기관.

기 시작하였다. 그리하여 등장한 단팥빵은 한국에도 전해져 고급 음식으로 인기를 끌었다. 광복 이후 일본인 제빵사들이 고국으로 돌아가기 전 한국인에게 제빵 기술을 전수하여, 단팥빵은 오늘날 누구나 쉽게 사 먹을 수 있는 간식이 되었다.

일제강점기에는 카레라이스, 돈가스, 고로케도 유행하였다. 일본인들은 인도의 전통 음식인 커리(curry)를 '카레(カレー)'라고 불렀고, 카레 소스를 밥 위에 부어 먹게 되면서 카레라이스가 탄생하였다. 돈가스(豚かつ)와 고로케(コロッケ)는 각각 프랑스의 코트레트(cotelettes)와 크로켓트(croquette)에서 유래한 것이었다. 일본에서 코트레트는 가스라츠(カシレシ)로 발음되었는데, 쇠고기 대신 돼지고기를 사용했기 때문에 돼지를 뜻하는 돈(豚)자가 합쳐져 '돈가스라츠'가 되었다. 크로켓트 역시 재료에 일부 변화가 있었고, 일본식 발음인 '고로케'로 불리었다.

히로쓰 가옥 전북 군산에 남아 있는 일본식 가옥이다.

■ 일본식 가옥과 도시형 한옥

한국에 건너 온 일본인들은 한국인들과 섞여 사는 것을 꺼렸기 때문에 자신들만의 거주 구역을 만들었다. 이들 대부분은 일본의 전통적인 방법으로 집을 짓고 살았다. 일본식 가옥은 2층으로 되어 있고 각 층마다 다다미[2]가 깔려 있으며, 상류층의 경우 집 안에 작은 정원을 만들어 놓는 것이 특징이었다.

전통 한옥에도 변화가 나타났다. 전국의 주요 도시를 중심으로 도시 생활에 맞게 지어진 개량 한옥이 등장하였다. 개량 한옥은 안채와 사랑채의 구분이 뚜렷하지 않고, 마당을 가운데에 두고 'ㄷ'이나 'ㅁ' 모양의 구조를 띠는 등 전통 한옥과 차이가 있었다. 여러 채의 집이 밀집되어 있는 서울 북촌에서는 공간을 최대한 활용하기 위해 한옥이 'ㄷ'이나 'ㅁ' 구조를 갖게 된 것이었다.

2) 일본의 가옥에서 바닥을 덮는 데 쓰는 짚으로 만든 사각형 돗자리

■ "문명인"과 "부"의 상징, 문화주택

1920년대에 들어서면서 새로운 주거 형태인 문화주택이 등장하였다. 부엌과 응접실, 깔끔한 화장실과 정원을 갖춘 붉은 벽돌의 문화주택은 서울의 인구가 급증하는 가운데 오늘날 서울의 신당동, 용산, 남산 기슭에 많이 세워졌다.

'위생적인 주택', '문명인이 생활하는 주택'이라는 홍보 문구에 한국인과 일본인 모두 문화주택을 구입하길 원했

문화주택(서울 홍파동 소재)

다. '봉선화', '고향의 봄' 등의 노래의 작곡가로 우리에게 잘 알려져 있는 홍난파는 문화주택에 살면서 다른 한국인들의 선망의 대상이 되었다.

당시 평범한 직장인의 수입으로는 문화주택을 구입할 수 없었지만 인기는 대단했다. 1930년 1월 12일자 조선일보에는 "문화주택만 지어주면 일흔 살 남자와 결혼해도 좋다"는 여성이 등장하는 만평이 실릴 정도였다.

문화주택은 전통 한옥과 달리 남자 집주인의 공간인 사랑채와 여자 집주인의 공간인 안채의 구분이 없었다. 이는 남녀는 서로 거리를 두어야 한다는 전통적 사고방식이 사라져가는 사회 분위기를 보여주는 것이기도 했다.

2. "경성" 시절 서울의 모습

한반도의 가운데에 위치한 서울은 한강을 끼고 있어 농사를 짓기에 유리하며, 황해와 인접해 있어서 중국과 교류하기도 좋은 곳이다. 그래서 삼국 시대에는 고구려, 백제, 신

라가 이 지역을 차지하고자 치열한 경쟁을 벌였고, 고려시대에는 남경(南京)이라 불리며 중시되었다. 조선시대와 대한제국[3] 시대에는 한성(漢城)이라는 이름으로 불리며 수도의 역할을 해 왔다. 그렇다면 일제강점기의 서울은 어땠을까?

■ 한성에서 경성으로

일제강점기 서울의 이름은 경성(京城)으로 바뀌었다. 한 나라의 수도를 의미하는 '경(京)' 자를 쓰기는 하였지만 일본의 식민 통치의 중심지라는 의미를 가질 뿐이었다.

일본은 경복궁의 일부분을 헐고 그 자리에 조선 총독부를 세웠다. 1925년에는 경성역을 지었다. 경성

조선총독부 건물(1929) 광복 이후 중앙행정청, 국립중앙박물관 등으로 사용되다가 1995년에 철거되었다.

역은 전국의 모든 철도 교통망이 연결되는 교통의 중심지였다. 일본은 한국을 강점하기 전부터 한반도의 인적·물적 자원을 수탈할 목적으로 경인선, 경부선, 경의선 등의 철도를 부설했기 때문에 경성역은 수탈의 중심지인 셈이었다. 또 일본은 서울 남산에 조선 신궁을 세워 일본의 천황 숭배를 강요하였다. 이처럼 일제강점기 서울은 조선시대와 마찬가지로 한반도의 중심지였지만, 일본의 식민 통치의 중심지가 되었다는 점에서 이전 시대의 서울과는 전혀 다른 성격을 갖게 되었다.

■ 북촌과 남촌의 뒤바뀐 운명

조선시대부터 서울은 청계천을 경계로 북촌과 남촌으로 구분되었다. 원래 북촌에는 높은 관직을 가진 사람들이, 남촌에는 낮은 관직을 맡고 있거나 가난한 선비들이 모여 살고 있었다.

개항 이후 조선에 건너 온 일본인들은 지금의 명동과 충무로 일대에 모여 살면서 남촌을 자신들의 터전으로 삼았다. 일본인들이 모여 살면서 명동은 메이지초(明治町), 충무

---

3) 1897년부터 고종은 나라 이름을 "조선" 대신 "대한제국"으로 바꾸고 황제로 즉위하였다. 1910년 일제가 우리나라를 강점하게 되었을 때 "한·일 병합조약"이라는 명칭을 쓴 것은 더 이상 "조선"이 아니라 "대한제국"이었기 때문이었다.

로는 혼마치(本町)로 불리게 되었다. 일제강점
기에 남촌은 점차 서울의 경제적 중심지가 되
었고 사람들이 돈을 쓸 상점, 백화점과 함께
그 돈을 관리할 은행들도 생겨났다. 서양식의
세련된 건물들이 들어서고, 도로와 수도, 가
스, 가로등 같은 최신 시설들이 갖춰졌다. 일
본어 간판이 걸린 건물들 사이로 한국인과 일

일제강점기 혼마치(현재 충무로 일대)의 풍경

본인 모두는 좌측통행을 하였다. 일본에서는 예부터 허리 왼쪽에 칼을 찬 사무라이[4]들을
배려하기 위해 좌측통행을 실시했는데, 일본의 식민지가 된 한국에서도 좌측통행이 실
시되었다.

일본인들에게 떠밀려 한국인들이 모여 살게 된 북촌에서는 여전히 우물을 사용하고 장
작으로 난방을 해야 했다. 남촌이 북촌보다 더욱 현대적으로 발전할 수 있었던 것은 이곳
에 거주하던 일본인들이 한국인들에 비해 우월한 경제력을 갖추고 있었기 때문이었다. 일
제강점기에 들어서는 조선총독부가 의도적으로 남촌만 발전시킴으로써 북촌에 살고 있는
한국인들이 남촌에 사는 일본인들을 보며 부러움과 열등감을 갖게 만들기도 하였다.

■ 화려하고 웅장한 서양식 건물들

개항기에 이어 일제강점기에도 다양한 서양식 건물들이 세워졌다. 이 건물들의 대부분
은 일본인들에 의해 지어졌다.

남촌에서도 가장 화려했던 명동과 충무로에도 많은 서양식 건물이 세워졌다. 명동의
상징적인 서양식 건물로는 미쓰이 기업이 세운 미쓰코시 백화점이 있었다. 당시 한국과
만주를 통틀어 가장 큰 백화점이었다. 이외에도 조지야백화점, 미나카이백화점, 히라다
백화점 등 일본인들에 의해 세워진 백화점들이 있었다. 이들 백화점에서는 일본과 서양
에서 만들어진 값비싼 상품들은 물론이고 카페와 레스토랑을 갖춰 커피나 스테이크 같
은 서양 음식을 접할 수 있었다. 백화점은 부의 상징인 동시에 일본 문화와 서양 문화를
동시에 접할 수 있는 공간이었던 것이다.

8장

일제강점기

4) 일본 봉건시대의 무사(武士)를 의미함.

명동에는 백화점 외에도 조선은행 경성지점, 조선저축은행 등 서양 르네상스 풍의 석조 건물들이 지어졌다. 이런 건물들에는 화려함과 큰 규모를 내세워 한국인을 압도하겠다는 일본의 의도가 담겨 있었다.

오늘날까지도 남아있는 일제강점기 서양식 건물들

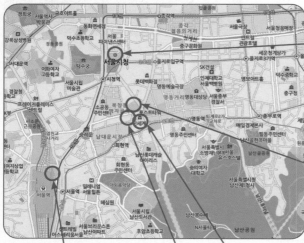

서울시청 구청사(좌)와 신청사(우) 구청사 건물은 일제강점기에 경성부청 건물로 사용되었다.

한국스탠다드차타드 은행 본점 일제강점기에 조선저축은행 건물로 사용되었다.

경성역 건물 모습 광복 후에도 '서울역'이라는 이름으로 2003년까지 운영되었다.

신세계백화점 본점 일제강점기에 미쓰코시 백화점 건물로 사용되었다.

한국은행 화폐박물관 일제강점기에 조선은행 본점으로 사용되었다.

다문화 돋보기 일제강점기 부산과 군산의 풍경

부산은 일찍이 조선시대에 왜관이 설치되었을 정도로 일본인과의 교류가 많아 일본 문화가 많이 유입된 도시였다. 1876년 강화도조약이 체결된 뒤로 개항되면서 서울보다 일찍 일본 문화와 서양 문화가 급속도로 유입되었다. 일제강점기의 부산은 서울과 마찬가지로 서양식 건물이 들어서고 많은 일본인들이 거주하는 도시였다.

군산은 작은 어촌에 불과했으나 일제강점기에 전라도에서 재배한 쌀을 일본으로 수탈해 가는 거점이 되면서 규모가 큰 항구 도시로 발전했다. 서울, 부산과 마찬가지로 많은 서양식 건물이 들어섰고 오늘날까지도 당시 지어졌던 일본식 가옥이 보존되고 있다.

군산 미즈커피 일제강점기에는 일본의 무역회사인 미즈상사의 건물로 사용했다.

옛 군산세관 건물 현재는 호남관세전시관으로 사용되고 있다.

부산 근대역사관 일제강점기에는 동양척식주식회사 부산지점으로 사용되었다.

"여기는 조선적 문화가 너무 없다. 가옥으로나 음식으로나 의복으로나 또는 언어로나 누구나 여기에 오는 조선사람으로 간단한 요기를 하려 함에 조선 음식을 먹을 수 없는 불편을 느낄 것이며 소년이나 여자나 일본 말을 잘 지껄임에 놀랠 것이다."

– 유치환, '너무나 낭만적인 부산', 『신동아』(1936) –

동아대학교 석당박물관 일제강점기에 경남도청 건물로 사용되었다.

3. 우리말 속에 남아 있는 일본말

가오, 간지, 노가다, 매점, 석식, 축제, 난닝구, 츄리닝, 테레비 ….

　위 단어들의 공통점은 우리말처럼 쓰이는 일본말이라는 것이다. 각각의 단어는 체면, 멋(느낌), 노동자, 가게, 저녁밥, 잔치, 런닝셔츠, 트레이닝 복, 텔레비전이 올바른 표현이다. 우리말처럼 쓰이는 일본말들은 언제부터 나타난 것일까? 또 우리말처럼 쓰이는 일본말은 어떤 것들이 있을까?

■ 일본어가 '국어'였던 시절

　"조선은 아직 내지(일본)와 사정이 같지 않으므로 그 교육은 특히 덕성함양과 국어(일본어)보급에 힘을 써서 제국신민으로의 자질과 품성을 갖추는 것이 필요하다."
　　　　　　　－ 제1대 조선총독 데라우치 마사타케, 「조선교육령공포에 관한 논고」, 1911. －

　개항 이후 일본과의 교류가 증가하면서 일본말도 유입되었다. 그러나 우리말 속에 일본말이 스며들게 된 가장 큰 이유는 일제강점기에 일본이 실시한 언어 정책 때문이었다. 일본은 언어에 그 나라의 민족성이나 정체성이 담겨 있다고 생각하였다. 그래서 한국인의 정체성을 없애고 일본인이라는 인식을 심어주기 위해 한국인 학생들에게 일본어를 강제로 가르쳤다. 고종 황제의 딸이자 대한 제국의 황녀였던 덕혜 옹주도 일본인 학교에 다니면서 일본어를 '국어'로 배워야 했다. 다른 한국인 학생들도 일본어를 '국어'로, 우리말은 외국어 취급을 하여 '조선어'라는 이름으로 배워야 했다.

　한국인 학생들은 지금의 초등학교의 역할을 한 보통학교(1938년에는 소학교로, 1941년에는 국민학교로 이름이 바뀜)에 들어가면서 본격적으로 일본어를 배우기 시작했다. 모든 교과목은 일본어로 된 교과서로 공부해야 했다. 보통학교의 한국인 교사들도 1학년 첫 시간부터 일본어를 학생들에게 가르쳐야 했다. 조선어 시간에만 필요에 따라 우리말을 쓸 수 있을 뿐이었다. 일본인 교사에게 혼나지 않기 위해서라도, 혹은 학교를 졸업하기 위해서라도 일본어를 배우다 보니 한국인 학생들 중에서 우리말에 대한 관심이 줄어 드는 경우도 있었다.

> 1926년 7월 7일, 맑다. 무덥다.
> 4학년 조선어 시험 답안을 보다가 화가 난다. 이 과정에 대하여는 너무들 성의가 없다. 온 세상 사람들 이 거의 다 그러니 학생들만 나무랄 것 없지만, 화는 아니 날 수 없다. 어제도 조선어 시간에 2학년 누군 가가 "조선어도 시험 보나요?" 하기에 한바탕 야단을 쳤었다.
>
> – 이병기, 『가람일기』, 1974. –

■ 스스로 일본어를 배우고자 한 한국인들

일본의 일본어 강요 정책으로 대부분의 한국인들이 일본어 교육에 거부감을 갖고 있었 다. 그러나 한국인들 중에도 필요에 따라 일본어를 적극적으로 배우려고 한 사람들도 있 었다. 당시 대부분의 책과 신문, 잡지는 일본어로 되어 있어서 근대적인 지식과 정보를 얻기 위해서는 일본어를 할 줄 알아야 했다. 관리·교사·회사원 등으로 취직하기 위해서 도 일본어 공부는 필수였다.

일본에 맞선 독립운동가들도 효과적인 독립운동을 위해 일본어를 배우기도 하였다. 반 면에 친일파 중에는 우리말을 부정하고 일본어를 사용함으로써 완전한 일본인이 되자고 주장하는 이들까지 있었다.

8장

■ 광복 이후에도 사라지지 않은 일본말

1945년 광복을 맞이하면서 한국인들 사이에서 일제강점기의 잔재를 없애려는 움직임 이 일어났다. 천황 숭배를 상징하던 신사들이 불태워졌고, 아직 본국으로 떠나지 못한 일본인들은 한국인들에게 거센 비판과 공격을 받았다.

그러나 오랜 일제강점기 속에서 스며든 일본말은 쉽사리 사라지지 않았다. 일제강점 기에 교육을 받은 한국인들이 각계각층에 진출하여 활동하다 보니, 일본말임을 알면서 도 급한 대로 가져다 쓴 일본말이 그대로 일상용어가 되어 버렸다. 국어사전에 한자어 가 70%, 서양어가 6%, 일본어가 5%를 차지하는데 한자어 가운데서도 일본식 한자어가 25%가 된다고 한다.

■ 우리말을 지키려고 한 노력들

　일본의 일본어 강요 정책에도 불구하고 우리말을 끝까지 지키려고 한 사람들이 있었다.

　3·1운동 이후 만들어진 조선어 연구회는 한글의 연구와 보급에 힘썼다. 이 단체는 조선어학회로 발전하여 한글 맞춤법, 표준어 표기법, 외래어 표기법 등을 통일하기 위한 노력을 이어나갔다. 다양한 한글 교재를 만들고 우리말 큰사전을 편찬하는 등의 노력을 기울이며 일본어 강요 정책에 맞섰다.

　광복 이후에도 정부와 언론, 국문학자들에 의해 일본말 대신 우리말 표현을 찾아 쓰는 노력이 이어졌다. 국민학교가 초등학교로 바뀌어 불리게 된 것이 대표적인 예다. 일제강점기에 만들어진 국민학교라는 명칭을 1996년에 초등학교로 바꾸어 사용하겠다는 정부의 발표에 많은 국민들이 '그래도 국민학교라는 명칭이 한동안은 사용될 것'이라며 우려했다. 그러나 정부와 언론 그리고 전국 학교에서 초등학교라는 말을 일제히 사용하면서 초등학교라는 명칭은 빠르게 정착해 나갔다.

■ 우리말 속의 일본어

　여전히 우리말 속에 남아있는 일본어는 어떤 것들이 있을까? 이는 크게 순수 일본어, 일본식 한자어, 그리고 일본식 외래어 등 3가지 종류로 나눌 수 있다. 우리말 속의 순수 일본어는 일제강점기 학교 교육에 의해, 혹은 한국인과 일본인이 일상생활 속에 어우러져 살아가는 과정에서 쓰이게 된 것들이 대부분이다. 일본식 한자어나 일본식 외래어는 일제강점기 이전부터 사용되어 왔다. 개항 이후 서양으로부터 전해져 온 전문 용어나 영어식 표현들은 순 우리말 속에서 찾아 쓰기가 어려웠기 때문에 일본식 한자어나 일본식 외래어를 가져다 쓰게 된 것이었다.

1. 순수 일본어

우리말처럼 쓰이는 순수 일본어	올바른 표현
가오(かお[顔])	얼굴, 체면, 허세
꼬붕(こぶん[子分])	부하, 종
기스(傷)	흠집
노가다(どかた[土方])	노동자, 막노동꾼

무데뽀(無鐵砲)	막무가내, 무모한 사람
유도리(ゆとり)	융통성, 여유
입빠이(いっぱい)	많이, 가득
짬뽕(ちゃんぽん)	뒤섞음
찌라시(ちらし)	선전지, 광고 쪽지
후까시(ふかし)	힘, 폼 재기

2. 일본식 한자어

우리말처럼 쓰이는 일본식 한자어	올바른 표현
고참	선임자
국민학교	초등학교
낭만	로망
매점	가게
사물함	개인 보관함
석식	저녁밥
역할	임무, 기능, 할 일
추월	앞지르기
축제	잔치, 모꼬지
출산	해산

3. 일본식 외래어

우리말처럼 쓰이는 일본식 외래어	올바른 표현
난닝구	런닝셔츠(running shirts)
돈가쓰	포크 커틀렛(pork cutlet)
리모콘	원격 조정기
만땅	가득 채움
빠께쓰	버켓(bucket), 양동이
빵꾸	펑쳐(puncture), 구멍
쓰레빠	슬리퍼(slipper)
엑기스	진액, 농축액
츄리닝	트레이닝(training)복
테레비	텔레비전(television)

일제강점기와는 관련이 없지만 오늘날 우리말처럼 쓰이는 일본말도 있다. 흔히 멋지다, 느낌 있다는 의미로 쓰이는 '간지(感じ)난다'가 대표적이다. 세계화 시대, 정보화 시대 속에서 한국과 일본 간의 교류가 활발하다 보니 이러한 현상이 나타나는 것이다.

4. 일제강점기 속 한국인-일본인 결혼

"단지 나 슬퍼요. 주위 사람들이 너도나도 달려들어서 우릴 구박하는 것 같아서 그게 쓸쓸해요. 저대로 각오는 하고 있었지만, 세상 사람들이라는 게 잔혹하고 차가와 이래서야 싸워나갈 수 있을는지 전혀 자신이 안서요."

『메밀꽃 필 무렵』으로 유명한 소설가 이효석이 쓴 『아자미의 장』(1941)에 나오는 여주인공 아자미의 대사이다. 소설 속에서 한국인 청년 현과 일본인 여성 아자미는 일제강점기라는 상황에도 불구하고 서로 사랑에 빠지게 된다. 위 대사는 현을 사랑하지만 가족과 주변 사람들의 시선을 두려워하는 아자미의 감정을 드러내고 있다. 일본인이 지배하는 입장이고, 한국인이 지배를 당하는 입장이었던 일제강점기에도 한국인과 일본인은 현과 아자미처럼 서로 사랑하고 결혼할 수 있었을까? 만약 결혼하였더라도, 여러 가지 어려움이 있지 않았을까?

■ 내선일체 정책과 한·일 결혼

1910년 한·일 병합조약이 체결되면서 한국은 일본의 식민지가 되었다. 일본은 한국인을 일본인으로 만들고자 동화주의 정책을 펼쳤지만, 서로 적대적인 감정을 가지고 있었던 한국인과 일본인 모두 이에 거부감을 가지고 있었다. 한국인과 일본인이 서로 결혼하는 일 또한 상상조차 하기 어려운 일이었다. 단지 일본에 의해 한국 황실과 일본 황실 간의 정략

결혼이 이루어지거나 친일 한국인이 일본인 여성과 결혼하는 경우가 있는 정도였다.

1930년대 후반에 들어서면서 한국인과 일본인 간의 결혼이 증가하기 시작했다. 여기에는 일본이 중국과의 전쟁을 시작하면서 한국인을 전쟁에 끌어들이기 위해 내세운 '내지인(일본인)과 조선인은 하나'라는 "내선일체(內鮮一體)" 정책이 영향을 미쳤다.

서울시청을 방문한 이방자(나시모토미야 모리마사)여사(1963)
일본에 의해 영친왕(이은)과 정략결혼을 하였음에도 불구하고 이방자는 한국인을 위한 삶을 살았다.

내가 항상 역설하는 것은 '내선일체(內鮮一體)'는 상호간에 손을 잡는다든가 외형이 융합한다든가 하는 그런 미적지근한 것이 아니다. 손을 잡은 사람은 떨어지면 또 별개가 되고, 물과 기름도 무리하게 휘저으면 융합된 모습이 되지만 그것으로는 안 된다. 겉모습도, 마음도, 피도, 살도 모두가 일체가 되지 않으면 안 된다. …(중략)… 내선은 융합이 아니며, 악수도 아니며, 심신 모두 정말로 일체가 되지 않으면 안 된다.

　　　　　　　　　제 7대 조선 총독 미나미 지로, 국민정신총동원연맹 총회에서의 연설, 1939. -

내선일체를 내세운 일본은 한국인과 일본인은 원래 같은 조상에서 비롯되었다는 주장을 하고, 일본 천황에게 충성을 맹세하는 "황국신민서사"를 한국인에게 외우게 하였다. 한국인과 일본인 간의 결혼을 장려하는 것도 내선일체 정책의 하나였다.

우리는 제창한다! 내선 양쪽이 결혼할 수 있도록 양쪽의 장벽을 하루빨리 제거해야 한다. 장애는 말할 필요 없이 정치적, 경제적, 문화적(언어, 풍속, 습관, 예의, 사법)인 것 등에 있다. 이것을 빨리 제거해서 내선의 구별이 나지 않게 할 방법과 수단을 찾아내야 한다.

　　　　　　　　　　　　　　　　　　　　　　　　　　　　　『내선일체』, 1940. -

조선총독부는 한·일 부부에게 총독이 직접 서명한 표창장을 수여했다. 또한 「내선일체」라는 잡지를 만들어 결혼하여 행복한 삶을 꾸리는 한·일 부부의 이야기를 실었고, 결혼 적령기의 한국인과 일본인 남녀를 서로 소개해 주기도 하였다.

■ 한·일 부부의 삶과 '혼혈아'

하지만 한국인과 일본인이 진정 하나가 된 것은 아니었다. 일본이 한국인보다 자신들이 더 우월한 민족이라는 생각을 가진 채 "내선일체"를 내세웠기 때문이었다. 그래서인지 한·일 부부 사이에는 갈등도 많고 이겨내야 할 고난도 많았다. 일본인과 결혼한 한국인은 일본인 쪽 집안에서 '열등한 조선인'과 결혼했다는 이유만으로 모진 괴롭힘과 무시를 당했다. 한국인과 결혼한 일본인이라 하여 다를 바 없었다. 특히 일본으로 유학을 오거나 강제 징용을 당하여 온 한국인 남성과 결혼한 일본인 여성들의 경우, 남편이 이미 한국인 아내가 있는 경우가 많았다고 한다. 말과 풍습이 다르다 보니 집안일을 하는 데도 애를 먹었고 이 때문에 남편의 친족들로부터 더욱 구박을 받았다고 한다. 부부싸움은 물론이고 이혼하는 경우도 많았다.

한국인과 일본인을 부모로 둔 '혼혈아'들의 삶도 순탄치 못했다. 이들은 한국인과 일본인 어느 쪽에도 속하지 못하고 정체성의 혼란을 겪어야 했다. 혼혈아들의 고통을 소재로 한 문학 작품들도 등장하였다.

> "저 아주머니는 조선 사람이고 남편은 내지인(일본인)인데 이게 완전히 악당이에요."
> 그러면서 손수건으로 목덜미를 닦으려던 그(이 군)는 한쪽에서 머뭇거리고 있는 야마다 하루오를 보더니 무서운 기세로 소년에게 달려들었다. …(중략)… 야마다는 몹시 고통스러운 듯 비명을 질러가며 외쳤다.
> "조센징 같은 건 우리 엄마가 아냐! 아니라구, 아냐!"
> 남자들이 사이에 들어 겨우 두 사람을 떼어놓았다. 나는 그저 멍하니 서 있었다. 이 군은 격노해서 다시 달려들더니 야마다의 등짝을 힘껏 걷어찼고 하루오는 비틀거리며 나에게 안겨왔다. 그러더니 와 하고 울음을 터뜨렸다.
> "나는 조센징이 아니야. 나는 조센징이 아니에요. 그렇죠? 선생님."
> 나는 아이를 꼭 껴안아주었다. 내 눈에 뜨거운 것이 괴어오르는 것을 느꼈다. 이군의 악에 받친 듯한 난폭함도 또한 이 소년의 애처로운 울부짖음도 나는 어느 쪽도 나무랄 수가 없었다.
>
> — 김사량, 『빛 속으로』 —

서로 믿고 의지하며 사랑을 지켜나간 한·일 부부도 있었다. 한국인 독립운동가인 박열을 만나 결혼한 일본인 여성 가네코 후미코는 남편과 함께 일본에 저항하다가 감옥에서 숨을 거두었다. 소 그림으로 잘 알려진 화가 이중섭은 자신과 떨어져 살게 된 일본인 아내 야마모토 마사코와 아들들에게 그리움과 사랑이 가득 담긴 편지를 매일같이 썼다고 한다.

아빠는 잘 지내고 있고 전람회 준비를 하고 있다. 오늘 엄마와 태성이, 태현이를 소달구지에 태우고 아빠는 앞에서 소를 끌고 따듯한 남쪽 나라에 가는 그림을 그렸다.

- 이중섭, '길 떠나는 가족'(1954)에 실린 편지 내용 -

■ 한국에 남겨진 '일본인 처'

일제강점기라는 시대 속에서 한·일 부부는 사랑만으로는 벅찬 힘겨운 삶을 지내 왔다. 일제강점기가 끝난 뒤에도 한·일 부부의 삶은 어려웠다. 특히 한국을 떠나지 못한 많은 '일본인 처', 즉 일본인 아내들은 일본에 대한 한국인들의 원망을 고스란히 받아 가며 살아야 했다. 1965년 한·일 국교 정상화가 이루어진 뒤 일본에서 한국에 남아 있던 일본인들의 귀국을 도왔지만, 대부분의 일본인 아내들은 귀국을 선택하지 않았다. 이미 한국에서 남편과 자식이 있었고, 귀국을 하게 되더라도 자신의 자녀들이 일본인들로부터 차별과 괴롭힘을 당할 게 뻔했기 때문이다.

지금까지도 많은 일본인 아내들이 한국 국적도 얻지 못하고, 여전히 '외국인'인 채로 한국에서 살아가고 있다. 이들은 '부용회'라는 단체를 만들어 서로 가족이 되고 의지하며 살아가고 있다. 일제강점기의 피해자는 한국인뿐만 아니라 이 일본인 아내들과 같은 이들도 있었던 것이다.

해방이후

1. 광복 이후, 미국 문화 유입의 시작

지구촌 시대라 불리는 오늘날 우리는 이전과 비교할 수 없을 정도로 세계의 다양한 국가들과 접촉한다. 그 중에서 문화적으로 대한민국에 커다란 영향을 끼친 국가를 말해보라고 한다면 미국을 빼놓을 수 없을 것이다. 한국은 지리적으로 미국과 그다지 가까이 위치해 있지는 않다. 그러나 현재 전 세계 어느 나라보다 밀접한 관계를 맺고 있다.

한국과 미국은 공식적인 외교 관계를 체결한 지 그리 오래 되지 않았으며, 문화 교류의 역사도 짧다. 그럼에도 불구하고 한반도에 미국 문화가 이토록 빠르게 유입된 배경은 무엇일까?

■ 한반도에 상륙한 미국

1945년 8월 15일, 일제는 연합군에게 항복하였고 제2차 세계대전은 끝이 났다. 일제에 맞서 치열하게 독립 운동을 전개했던 우리 민족은 마침내 광복을 맞이하게 되었다.

광복 직후의 조선총독부 광복 후 미군은 한반도에 상륙하여 식민 통치의 중심 기관이었던 조선총독부의 일장기를 내리고 성조기를 게양하였다.

아시아와 태평양 지역에서 일제와 싸웠던 미국과 소련은 광복 직후 일본군의 무장 해제를 위해 한반도에 상륙하였다.

미국과 소련은 각자 한반도에 자신들에게 우호적인 입장을 가진 정부를 세우기 위해 노력하였다. 광복 이후 얼마 되지 않아 북위 38도선을 기준으로 남쪽에는 미군이, 북쪽에는 소련군이 주둔하기 시작했다. 양국은 정식 정부가 세워지기 전까지 분할 통치를 하기로 합의하였다.

미군은 38도선 남쪽 지역에 미군정[1] 체제를 수립하고 직접적인 통치에 들어갔다. 일제 강점기에 일제는 한국인들을 미국과의 전쟁에 동원하고자 미국에 대한 좋지 않은 인식을 주입하였는데, 광복 후 미국은 이를 없애고자 노력하였다. 라디오, 방송과 잡지, 영화 등의 매체들이 이러한 목적을 달성하기 위해 동원되었고, 미국식 문화가 서서히 한반도에 전파되기 시작했다.

1945년부터 1948년까지 약 3년간 이어진 미군정 기간 동안 미국은 38도선 남쪽 지역에 미국식 민주주의 정치제도와 자유시장 경제제제를 정착시키기 위해 노력했다. 교육 분야에서도 초등학교 6년, 중학교 3년, 고등학교 3년, 대학교 4년으로 규정되는 미국식의 6-3-3-4 학제가 도입되었으며 영어가 정규 교과목으로 채택되었다. 시간이 지날수록 38도선 남쪽의 사회 각 분야에서 일본적인 요소는 줄어들고 미국적인 요소가 빠르게 커져 갔다.

■ 주한미군과 미국 문화

1948년, 결국 한반도에는 서로 다른 두 개의 정부가 수립되었다. 38도선 남쪽과 북쪽에 각각 주둔하고 있던 미군과 소련군은 공식적인 임무를 마치고 철수했다. 하지만 1950

---

1) 한반도에 들어온 미군이 1945년부터 1948년까지 북위 38도선 남쪽 지역에서 실시한 군사 통치이다.

년 6월 25일, 한반도의 공산화를 노린 북한이 본격적으로 남침을 시작하면서 미군은 유엔군의 일원으로 다시 한반도에 들어왔다. 그 후 미국은 전쟁의 총소리가 멈춘 뒤에도 현재까지 한국에 병력을 주둔시키고 있다.

영화 '국제시장'의 한 장면 먹을 것이 풍족하지 않았던 시절에는 미군에게 다가가 영어로 가볍게 인사를 한 후 간식을 받고자 하는 어린이들이 많았다.

6·25전쟁이 끝난 직후 미국은 큰 피해를 입은 남한이 다시 일어날 수 있도록 경제적인 도움을 주기 시작했다. 그 영향으로 한국인들 사이에서 미국은 풍요롭고 자비로운 국가라는 인식이 점차 강해졌고 미국 문화에 대한 호감도 늘어났다. 북한의 위협에서 남한을 구해준 은인이 미국이라는 인식까지 겹치며 한국인들의 미국에 대한 동경은 더욱 커져만 갔다.

전쟁 직후의 한국인들에게 미국 문화란 바로 주한미군의 문화였다. 해외로 나갈 기회가 적었던 당시 한국인들이 주변에서 쉽게 마주칠 수 있었던 미국인은 바로 주한미군이었기 때문이다. 군대 문화 특유의 거친 성격 탓에 일부는 미국에 대해 반감을 갖기도 했다. 그러나 미국의 풍요로움을 부러워하는 사회적 분위기 속에 미국 문화에 대한 갈망은 식지 않았다.

부대찌개 미군부대에서 반출된 햄과 소시지에 한국인들이 먹기 좋도록 김치를 넣어 끓여서 만들기 시작한 음식이 부대찌개의 기원이 되었다.

당시 미군부대 주변 빈민가에서는 부대에서 배출되는 음식물 쓰레기 중 먹을 만한 것들을 골라 끓여서 먹곤 했다. 그렇게 만들어진 음식인 '꿀꿀이죽'에는 힘든 시기를 보냈던 한국인들의 애환이 담겨 있었다. 미군의 전투식량이나 초콜릿을 맛보려는 아이들은 늘 부대 주변을 서성이기도 했다. 미군부대에서 반출된 햄과 소시지 등을 김치와 함께 끓여 만든 퓨전 음식 '부대찌개'는 오늘날 우리나라의 대표적인 먹거리로 자리 잡기에 이르렀다. 부대찌개로 유명한 도시 의정부에 큰 규모의 미군부대가 위치해 있는 것은 우연이 아니다. 이렇듯 가난했던 시절의 미군부대는 풍요가 넘치는 동경의 장소였다.

그러나 시간이 지나면서 주한미군의 범죄 등이 이슈로 대두되며 미국 문화 자체에 대한 적개심이 나타나기도 하였다. 그 외에 주한미군과 한국인 여성 사이에서 태어난 혼혈아에 대한 사회적인 차별 등도 주요 문제 중 하나로 떠올랐다.

■ 미국과 미국 문화에 대한 한국인들의 인식

해방 직후에 한국인들은 대체로 미국인들에 대해 '해방자', '구원자', '풍요로운 환경에서 생활하는 자비로운 사람들' 등의 긍정적인 이미지를 갖고 있었다. 경제적 빈곤에 시달리던 한국인들에게 있어서 대중 매체를 통해 소개되는 미국 문화는 선망의 대상이었다.

특히 6·25 전쟁이 있었던 1950년대에는 미국의 참전과 더불어 우리나라에 대한 미국의 각종 경제적 원조가 이루어짐으로써 미국과 미국인에 대한 긍정적인 인식이 더욱 커졌고, 이는 미국 문화에 대한 동경으로 이어졌다. 많은 엘리트들이 미국 유학을 떠났으며, 각종 물자가 풍부했던 미군부대 주변에는 늘 사람들이 서성였다. 대부분의 사람들은 주한미군들의 문화를 곧 미국의 문화로 여겼다.

1960년대에 미국은 베트남 전쟁을 시작하였고 우리나라는 경제적 지원을 받는 조건으로 베트남에 국군 장병을 파견하였다. 이로써 더욱 큰 경제적 이득을 얻자 미국에 대한 호감을 더 강하게 갖는 이들도 있었다. 하지만 한편으로는 베트남 파병과 더불어 미국의 지나친 군사적 개입에 대해 비판하는 사람들도 등장했다.

1980년대 이후 본격적인 탈냉전 시대[2]에 접어들며 소련이 무너지고 미국이 유일한 세계의 초강대국으로 자리 잡게 되면서 미국에 대해 비판적인 여론이 커져갔다. 특히 국내에서는 주한미군에 의한 범죄 등으로 인해 미국과 미국 문화에 대한 부정적인 인식이 더욱 빠르게 퍼지고 있었다. 그러나 1980년대 올림픽을 앞두고 국제화 열풍이 불면서 미국적인 것에 대한 동경 역시 부정적인 인식 못지않게 커져만 갔다.

미국의 노력과 더불어 한국인들의 미국에 대한 동경이 바로 미국 문화가 한반도에 빠르게 뿌리내릴 수 있게 한 원동력이었다. 교통 및 통신의 발달로 인해 미국 문화의 다양한 모습을 접할 수 있게 된 현재, 우리나라는 미국과 미국 문화에 대한 동경과 원망이 함께 존재하는 공간이라고 할 수 있다.

---

2) 미국을 중심으로 하는 자유주의 진영과 소련을 중심으로 하는 공산주의 진영 간의 대립이 서서히 약해지던 시대를 의미한다.

2. 점차 다양해지는 대중문화

우리나라는 일제의 식민지배와 6·25전쟁을 겪으며 전통문화의 파괴를 경험하였던 탓에 뚜렷한 대중문화를 형성하지 못하였다. 광복 이후에 그 빈자리를 주로 미국과 일본 등 외국의 문화를 수용함으로써 채우되, 한국인의 취향에 맞게 고치거나 우리의 것과 융합시켰다. 그 결과 한국은 현재 다양한 콘텐츠를 세계로 수출하는 대중문화 선진국으로 거듭났다.

한국의 대중문화 속에 녹아 있는 미국과 일본의 문화적 요소들은 무엇이 있으며, 왜 이 나라들이 우리의 대중문화 형성에 결정적인 역할을 하게 된 것일까? 또한 한국의 대중문화가 더욱 발전하기 위해서는 어떤 방향으로 나아가야 할까?

■ 다방면에 걸친 미국 대중문화의 영향

대중매체 가운데에서도 TV는 연령, 계층, 교육 정도 등에 관계없이 광범한 대중이 접촉하는 대중매체인데 우리나라 TV방송은 요즘도 그 방영시간의 평균 20% 정도를 미국에서 제작된 미국프로그램으로 채우고 있다. 특히 어린이를 대상으로 하는 TV방송은 방영시간의 평균 50% 이상을 미국프로그램으로 메우고 있다. 그 밖에도 TV에서 방영되는 외화와 극장가에서 상영되는 외화의 대부분이 미국 영화이며 전파를 타고 방송되는 외국 대중음악의 대부분이 또한 미국음악이다.

– 「6·25 한 세대의 검증 <4> 외국문화」, 《경향신문》, 1980.6.21, 4면–

1980년대 신문에 실렸던 위 글을 읽어보면 당시 우리나라의 대중문화에서 미국의 콘텐츠가 차지하고 있던 비중이 매우 컸음을 알 수 있다. 이는 비단 1980년대의 일만은 아니다. 광복 직후부터 우리나라는 미국 대중문화의 영향을 크게 받았으며, 많은 독자적인 콘텐츠를 만들어내고 있는 현재 역시 예외는 아니다.

일제의 식민지배로 인해 독창적인 특성을 가진 대중문화를 제대로 형성하지 못한 광복 초기 한국 사회는 미국식 대중문화의 영향을 크게 받을 수밖에 없었다. 1950년대에 본격적으로 라디오와 TV 방송을 중심으로 하는 대중매체가 발달하기 시작하면서 이러한 경향은 더욱 뚜렷해졌다. 현재도 그렇지만 당시 세계 대중매체 시장에서 미국이 차지하는 비중은 거대했다. 따라서 처음으로 대중매체 관련 제도와 기술을 도입하는 입장이었던 우리나라는 미국의 영향으로부터 자유롭기 힘들었다.

AFKN의 뉴스 로고 AFKN은 주한미군을 대상으로 한 방송 채널이었으나 일반 가정에서도 시청이 가능했다.

1950년대 라디오를 통해 본격적으로 국내 방송을 시작한 AFKN(American Forces Korean Network)은 우리나라를 미국의 방송 문화권에 편입되게 하는 결정적인 계기를 만들었다. 주한미군을 대상으로 하였으나 일반 가정에서도 접할 수 있었던 이 미국 방송은 1957년부터는 TV 방송까지 실시함으로써 한국인들로 하여금 보다 쉽게 스포츠 중계나 팝송, 버라이어티 쇼 등 미국식 대중문화와 접촉할 수 있게 하였다. 이는 1960년대 이후 국내에서 본격화된 대중적인 방송의 틀을 만드는 데에도 큰 영향을 주었다.

해방 후 초기 영화계의 주류 역시 태평양을 건너 온 미국 할리우드 영화들의 차지였다. 1950년대~60년대 대중들에게 가장 인기가 많았던 작품은 대부분 발달된 연출력과 촬영 기술로 무장한 미국산 영화들이었다. 한국인들은 영화 속에서 풍요롭고 자유롭게 묘사된 미국인들의 삶을 바라보며 미국과 미국 문화에 대한 동경심을 크게 가졌다.

일부 지식인들은 전통적인 가치가 파괴될 것을 우려하면서 이러한 움직임을 좋지 않게 바라보았으나 시대의 흐름을 거스르기는 힘들었다. 현재 우리나라의 대중문화는 크게 성장하였지만 미국의 영향을 배제할 수 없다. 영화계에서도 마찬가지로 미국 할리우드 영화들의 국내 영향력은 여전히 무시하기 어렵다.

최근 세계적으로 이름을 떨치고 있는 가수들의 음악 속에도 미국 대중문화의 영향이 녹아 있다. 주한미군들이 자주 찾았던 서울특별시 용산구 이태원동에 미국 흑인들의 문화로 여겨지던 랩과 힙합을 즐기는 젊은이들이 점차 모이기 시작하였다. 1980년대에는 '젊은이들의 해방구'라 일컬어질 정도로 그 규모

할리우드 영화 '어벤져스' 2012년부터 개봉한 어벤져스 시리즈는 국내에서 선풍적인 인기를 얻었다.

가 커졌다. 당시 이태원의 음악 클럽에서는 훗날 한국 가요계를 이끌 주역들을 키워 낸 여러 음악인들이 미국의 힙합과 팝, 댄스 등을 즐기며 음악적인 역량을 쌓아 갔다. 그 외에 각종 매체를 통해 전해진 미국의 다양한 팝송들도 한국 대중가요의 뿌리를 형성하는 데에 큰 영향을 주었다.

■ 가까이 다가온 일본의 대중문화

광복을 맞이한 이후 한동안 국내에서 일본의 문화는 배척의 대상이었다. 일제에 의한 식민 지배라는 고통스러운 기억이 강하게 남아 있었기 때문이다. 1965년 한일회담으로 양국의 외교 관계가 정상화되면서 다시 점차적으로 문화 교류가 이루어지기 시작했다.

일본은 1960년대에 빠른 경제 성

일본 애니메이션 '슬램덩크'의 등장인물들 '슬램덩크'는 한국에서 선풍적인 인기를 끌었던 대표적인 일본 애니메이션이다. 처음 한국에 소개될 당시에는 일본 문화가 완전히 개방되지 않았기 때문에 인물들의 이름을 비롯한 모든 명칭들을 한국식으로 바꾸었다.

장을 이루며 대중문화 분야에서도 급속한 발전을 거듭하였다. 이 시기 한일 양국은 국교를 회복하였지만 한국은 국내 대중문화 시장이 일본에게 점령당할 것을 우려하여 일본 대중문화의 전면적인 수용을 경계하였다. 따라서 일본 대중문화는 주로 비공식적인 경로를 통해 한국으로 들어오게 되었다.

일본은 TV 프로그램이나 애니메이션 등의 분야에서 강세를 보였다. 일본의 대중문화가 한국에 개방되지 않았던 시절에는 많은 한국 TV 방송사들이 일본 TV 프로그램의 내용이나 진행 방식을 본떠 방송물을 제작하기도 했다. 일본 애니메이션은 다수의 작품들이 한국에서 방영되거나 비디오로 출시되었고 한국 애니메이션 산업에도 큰 영향을 주었다. 그러나 일본의 작품이라는 느낌이 들지 않도록 사전에 편집을 비롯한 작업들이 이루어졌다.

국가 간 교류가 증대되면서 한국에 소개되는 일본 대중문화의 양도 점차 늘어갔다. 일본의 잡지나 TV 프로그램, 애니메이션 등을 구해서 보는 것은 물론, 일본 가요인 J-POP을 흥얼거리고 일본에서 유행하는 패션을 따라하는 사람들도 다수 등장했다. 1980년대부터 서서히 나타나기 시작한 일본의 아이돌 문화는 1990년대부터 현재까지 한국에서 유행하는 아이돌 문화의 원조라고 할 수 있다. 이러한 모습을 걱정하는 목소리가 높았지만, 한편으로는 한국 대중문화의 역량 역시 커지면서 일본 문화 개방에 대한 우려가 과도하다는 의견이 나타나기도 했다.

한국 정부는 1990년대 후반부터 일본의 대중문화를 단계적으로 개방하는 정책을 추진

했다. 1998년부터 2004년까지 4차에 걸쳐 개방이 이루어진 결과 현재는 영화, 애니메이션, 음반, 서적, TV 교양 프로그램 등 대부분의 콘텐츠들이 별다른 제한 없이 수용되고 있다.

일본 총리의 야스쿠니 신사[3] 참배 문제와 일본 역사교과서를 둘러 싼 한·일 간의 갈등으로 인해 문화개방 정책이 중단된 적도 있다. 하지만 전반적으로 과거에 비해 상당히 많은 양의 일본 대중문화가 국내에 유입되었다. 2002년에는 한국과 일본이 월드컵을 공동으로 개최하면서 문화 교류를 주장하는 목소리가 더욱 커지기도 했다.

현재 일본의 대중문화는 거의 대부분 개방되어 국내에 들어오고 있다. 하지만 한국의 대중들에게 미치는 파급력은 우려했던 만큼은 아니라는 것이 전반적인 의견이다. 한국의 대중문화가 본격적으로 형성되던 시기에 비하면 일본 대중문화의 영향력이 많이 줄어들었다. 두 나라 국민들의 정서적 차이와 더불어 한국인들이 갖고 있는 일본에 대한 부정적인 인식, 이전보다 상당히 높아진 한국 대중문화의 수준 등이 그 원인이라고 할 수 있다.

■ 세계로 뻗어나가는 한류

한국의 대중문화는 외국의 문화 콘텐츠들을 모방하는 데에 그치지 않고 독창적이면서도 매력적인 결과물을 창조함으로써 큰 발전을 이루었다. 한국은 과거 외국의 대중문화를 수용하던 입장이었지만 현재는 자국의 문화 콘텐츠를 세계에 수출하는 국가로 탈바꿈하는데 성공하였다.

드라마 '겨울연가' 일본에서 한류열풍을 일으킨 드라마 '겨울연가'는 한국 대중문화의 매력을 알리는 데 큰 역할을 하였다.

1990년대에 들어서 한국의 대중문화 콘텐츠가 아시아 지역에서 주목을 받기 시작했다. 외국의 언론 매체에서는 이러한 현상을 '한류(韓流)'라고 불렀다. 초기에 중국과 동남아시아, 일본 등지에서 한국 드라마가 인기를 끌며 시작된 한류 열풍은 시간이 흐를수록 가요, 영화, 게임 등으로 그 분야가 다양해졌고 지리적으로도 널리 확산되기에 이르렀다.

3) 일본이 일으킨 주요 전쟁에서 사망한 246만여 명을 신격화하여 제사를 지내는 일본 최대 규모의 신사(神社)로, 태평양전쟁을 일으킨 주요 전범들의 위패들도 보관되어 있다.

한류 열풍이 불게 된 배경은 여러 가지가 있다. 한국의 대중문화 콘텐츠 자체가 우수성을 갖추고 있음은 물론이고, 아시아 지역 국가들에게는 재미와 더불어 문화적으로 공감을 느끼게 해 주었다. 서구권 국가들에게는 자신들의 대중문화에서는 느끼기 힘든 신선함이 매력적으로 다가왔다.

'강남스타일'로 한류의 중심에 선 싸이 코믹한 뮤직비디오와 중독성 있는 멜로디를 앞세운 가수 싸이의 '강남스타일'은 미국 빌보드 차트 2위에 오르는 기염을 토했다.

한류 열풍은 한국의 대중문화 콘텐츠에 대한 관심을 넘어 한국이라는 국가에 대한 관심까지 불러일으켰다. 한국산 제품의 선호도가 올라갔으며, 한국어를 공부하고 싶어 하는 외국인들의 수도 증가했다. 한국 문화 자체에 호감을 갖고 한국을 찾는 관광객의 수도 늘어났다. 국가 경쟁력을 향상시키는 데에 도움이 되자 한국 정부는 한류를 정책적으로 지원하기도 했다.

2000년대에 접어들며 인터넷이 발달하고 SNS(Social Network Service)가 등장함으로써 문화의 전파 속도는 더욱 빨라졌다. 한류는 이러한 시대의 흐름을 타고 더욱 강한 파급력을 지니기 시작했다. 2012년 한국 가수 싸이의 '강남스타일'이 동영상 스트리밍 웹사이트 유튜브(Youtube)에서 조회수 23억 건을 돌파하고 미국 빌보드 차트에서 2위를 차지했던 사건은 한국의 대중문화가 SNS의 바람을 타고 어디까지 나아갔는지 상징적으로 보여준다.

하지만 한류의 미래가 밝기만 한 것은 아니다. 최근에는 '반(反)한류' 혹은 '혐(嫌)한류'의 움직임을 보이는 국가들도 속속 등장하고 있다.

9장

한류 전문가들은 혐한류의 본질을 일본 중국 대만 등 자국민의 위기의식에서 찾고 있다. 한류 스타들의 위상이 높아지면서 한국의 문화와 스타들에게 자국의 문화가 밀리고 있다는 열등감이 극우 사이트 등지에서 발견되고 있다는 것. 이는 중국어권도 마찬가지. 12일 대만의 정부기관이 한국 드라마의 수입 제한을 발표한 것도 위기의식이 발동된 것이라는 분석이 나오고 있다. 이들의 반감은 한국 연예인에 대한 험담이나 폄훼로 옮겨지고 있다. 최근 아시아 전역에서 각광을 받고 있는 걸그룹이 타깃으로 떠오르고 있다.

– 「열등감 발동? '혐한류' 왜 나오나…」, ≪스포츠한국≫, 2011.1.13.–

위의 뉴스 기사를 통해 여러 나라들이 한류에 반감을 갖는 이유를 알 수 있다. 자신들의 대중문화 시장이 한류에 정복당하지 않을까 우려하는 것이 주요 원인 중 하나이다. 일본의 경우에는 한국의 콘텐츠에서 종종 발견되는 자국과의 역사 인식 차이나 두 나라 간의 정치적 갈등 때문에 한류를 배척하기도 한다. 우수한 콘텐츠의 제작이 줄어들고 유사한 결과물들이 생산되고 있는 현실 역시 한류 열풍을 가로막는다. 긍정적인 한류의 모습을 유지해나가기 위해서는 이런 부분을 극복해 나가고자 하는 꾸준한 노력이 필요하다.

3. 빠르게 변화하는 생활양식

현재 대다수의 한국인들은 전통적인 생활양식보다는 간편하고 빠르며 현대적인 생활패턴에 익숙해져 있다. 한국은 6·25전쟁으로 폐허가 된 국토 위에 국가를 재건하며 급속한 산업화와 사회 변동을 겪었고, 경제 발전을 위해 선진국의 문화와 제도를 받아들이기에 급급했다. 그 결과 세계가 놀랄 만큼 빠른 경제 성장을 달성했지만 일상 속에서 전통적인 모습을 찾기가 굉장히 어려워졌다. 전통적인 것들을 대체한 우리 일상생활 속의 문화적 요소들은 무엇이 있으며, 어디에서 건너 온 것일까?

■ 백의민족에서 패션민족으로

'백의민족(白衣民族)'이라는 별명에서 알 수 있듯 우리의 조상들은 평소 눈부시게 흰옷을 선호하였다. 19세기 말 조선을 처음 찾았던 서양인들도 가장 인상적인 풍경 중 하나로 거리를 뒤덮은 흰 물결을 꼽았을 정도였다. 하지만 오늘날의 한국인들에게 전통 의상은 다소 멀게 느껴지는 존재이다. 공식적인 자리에서는 양복으로 대표되는 정장을, 일상생활에서는 티셔츠나 청바지 혹은 스커트 등 한국의 전통적인 의복과는 거리가 먼 옷들을 주로 입는다. 대부분 서양에서 들여온 옷들이다.

서양의 의복 문화는 서구 문화권 국가와 본격적으로 교류하기 시작한 19세기 말부터 한반도에 유입되었다. 전통 의상에 비해 실용적이라는 이유로 20세기에 들어서 더욱 널리 퍼졌다. 광복 이후 국가 간 교류의 규모가 커지고 산업화 사회에 접어들면서 이러한 움직임은 보다 빨라졌다.

1960년대에는 서양식 의복을 착용한 인구가 전통 의복을 착용한 인구를 눈에 띄게 넘어서기 시작했다. TV 프로그램이나 영화 속에서 외국의 배우들이 착용한 다양한 패션의 옷차림들이 유행하면서 서양식 의복은 생활 속 깊이 침투하였다. 1967년 가수 윤복희가 국내에서 유행시킨 미니스커트는

윤복희의 미니스커트 가수 윤복희는 국내에서 미니스커트를 유행시키며 60년대 패션의 아이콘으로 자리 잡았다.

당시 서양 패션 열풍의 상징과도 같은 존재가 되었다. 정부는 스커트의 길이가 지나치게 짧은 경우 단속을 하였지만 패션의 유행을 막을 수는 없었다.

1970년대 대학생들 사이에서 선풍적인 인기를 끌었던 옷으로 청바지를 빼놓을 수 없다. 본래 미국에서 탄광 노동자들의 작업복으로 만들어지기 시작했던 청바지는 청춘과 젊음의 상징으로 여겨지며 한국에서 큰 인기를 누렸다. 대학가에서는 장발 헤어스타일에 청바지를 입고 통기타를 둘러멘 학생들이 곳곳을 누볐다. 청바지는 미니스커트와 더불어 현재까지도 디자인이 지속적으로 변화하며 널리 사랑받고 있는 의복 중 하나이다.

오늘날 한국인들은 세계 각국의 최신 유행이 녹아 있는 다양한 패션을 통해 자신들의 개성을 표현한다. 많은 다국적 의류 기업들이 한국에 진출하여 소비자들을 유혹하고 있으며, 국내 기업들 역시 소비자들을 만족시키기 위한 상품들을 지속적으로 개발하고자 노력하고 있다. 국가 간 교류가 활발해진 현재, 사람들의 옷차림은 그 무엇보다 빠른 속도로 변화하는 중이다.

■ 각종 먹거리를 즐기는 한국인들

밥과 국, 반찬으로 구성된 전통적인 한식이 주를 이루었던 과거와 달리 오늘날 한국인의 밥상은 다양한 국가에서 건너 온 여러 메뉴들로 채워져 있다. 이 같은 사실은 통계자료를 살펴보면 더욱 명확하게 알 수 있다. 1979년 1인당 1일 평균 쌀 소비량은 371g이었

으나 2014년에는 178g으로 절반 이상 감소하였다.[4] 쌀밥 위주의 식사를 하던 한국인들의 음식 문화가 크게 변화한 것이다.

6·25전쟁이 끝난 1950년대 이후 미군이 한반도에 본격적으로 주둔하기 시작하면서 미국의 음식문화가 한국에 전파되기 시작했다. 미군들이 즐겨 먹던 전투식량이나 소시지, 빵, 초콜릿 등이 외부로 유출되면서 영양 부족에 시달리던 당시의 한국인들 사이에 널리 퍼져 나갔다. 현재 한국에서 큰 사랑을 받고 있는 프라이드치킨 역시 미군을 통해 처음 국내에 들어왔다. 삶거나 끓여서 만들던 닭 요리에 익숙해져 있던 한국인들에게 고소하고 바삭한 식감을 자랑하는 프라이드치킨은 색다른 맛을 선사해 주었다.

중국인들이 다수 정착했던 인천 지역에서 나타나기 시작한 짜장면도 한국인들이 선호하는 대표적인 음식이다. 중국식 된장인 춘장을 고기, 야채와 함께 볶아 만든 양념을 면에 뿌려 먹는 이 요리는 한국인의 입맛에 맞게 점차 변형되었다. 그 과정에서 중국의 정통 짜장면과는 맛과 모습이 많이 달라졌다. 이 '한국식 짜장면'은 처음 등장했던 시기부터 현재까지 많은 한국인들의 사랑을 받고 있다. 과거 입학식이나 졸업식 등 특별한 날에 빠지지 않았던 외식 메뉴가 바로 짜장면이었다.

국내 최초의 라면 '삼양라면' 1963년 국내에 처음 등장하여 개당 10원에 팔렸던 라면은 당시 굶주렸던 사람들의 배를 채워주며 큰 인기를 끌었다.

먹거리가 풍족하지 않았던 1960년대, 간단하면서 저렴한 가격으로 끼니를 때울 수 있는 대표적인 인스턴트식품인 라면이 등장하였다. 중국식 국수를 만들어 먹기 쉽도록 일본에서 변형시켜 만든 것이 라면의 시초이다. 바쁘게 살아가는 현대의 한국인들에게 라면은 필수품이 되었다. 현재 한국의 라면 제조 산업은 크게 성장하여 일본을 비롯한 세계 주요 라면 생산국들과 어깨를 나란히 하고 있다.

세계화의 흐름이 거세지면서 요식업을 주력으로 하는 다국적 기업들이 한국에 속속 진출하였다. 특히 경제가 고도로 성장하여 외식에 대한 부담감이 줄어들었던 1980년대 이후에 본격적으로 시작되었다. 맥도날드(Mcdonald's)나 버거킹(Burger King), 피자헛(Pizza Hut), KFC 등의 패스트푸드 업체들이 하나 둘 뿌리를 내렸으며 1990년대 이후에는 스타벅스(Starbucks)로 대표되는 커피 체인점들과 서양식 레스토랑들도 다수 생겨

4) 출처 : 통계청 DB '1인 1일당 양곡소비량'

났다. 한국인들이 피자나 햄버거, 파스타, 치킨, 커피 등을 접할 수 있는 기회는 꾸준히 증가하였다.

현재 길거리에는 한식 뿐 아니라 양식, 중식, 일식 등 다양한 요리를 취급하는 음식점들이 빼곡하게 들어서 있다. 과거에는 접하기 힘들었던 세계 각국의 음식들도 최근에는 어렵지 않게 맛볼 수 있다. 전통 음식에 다양한 세계의 요리를 합쳐서 만드는 퓨전 요리도 인기이다. 인터넷과 SNS가 발달하며 세계 여러 나라의 맛있는 음식에 대한 정보를 교환하고 탐구하고자 하는 사람들의 수도 점차 늘어나고 있는 추세이다. 현대인들에게 먹거리의 국경선은 더 이상 큰 의미가 없다.

■ 무엇을 접하고, 무엇을 즐길까?

광복 이후 미군정 시기 정식 교과목으로 채택된 영어는 해외 교류의 규모가 커지며 더욱 그 중요성을 더해 갔다. 1988년 서울 올림픽 개최가 확정된 1980년대에 국제화 바람이 불면서 영어 교육 열풍은 더욱 거세졌다. 1982년에 국내에 도입된 공인 영어 능력 시험인 토익(TOEIC)은 현재 취업을 준비하는 대학생들에게 가장 중요한 관문 중 하나가 되었으며, 많은 학생들은 어린 시절부터 한국어 못지않게 영어를 유창하게 구사하고자 열심히 공부하고 있다. 시내에서는 한국어로 된 간판보다 영어로 된 간판을 더 쉽게 찾아볼 수 있을 정도이다.

즐비한 영문 간판 오늘날 거리에서는 한글로 된 간판보다 영문으로 된 간판을 찾기가 훨씬 쉽다.

21세기에 본격적으로 발전하기 시작한 IT 및 스마트 기술은 현대인들의 삶과 문화를 송두리째 바꾸어 놓았다. 미국의 IT 기업인 구글(Google)과 애플(Apple), 마이크로소프트(Microsoft) 등을 중심으로 급속도로 발전한 스마트 기기와 IT 기술은 현대인들이 보다 많은 정보를 신속하게 교환할 수 있도록 하였고, 결과적으로 세계 각국의 다양한 문화가 서로 오고가는 데에도 큰 역할을 하였다. 한국은 초고속 인터넷을 사용할 수 있는 환경이 잘 갖추어졌을 뿐만 아니라 2014년을 기준으로 전체 인구의 70% 이상이 스마트폰을 사용하는 등 IT 선진국으로 자리매김하고 있다.

일상에 지친 현대인들이 스트레스를 푸는 방법도 과거보다 훨씬 다양해졌다. 축구와

농구, 야구 등 유럽이나 미국 등지에서 건너 온 스포츠들은 이미 대중들에게 널리 인기를 얻은 지 오래이다. 한·일 월드컵이 열렸던 2002년에는 수백만 명의 시민들이 길거리에서 한국대표팀을 응원했을 정도로 뜨거운 축구 열기를 보여주었다.

1990년대까지 국내의 게임 분야에서는 일본의 영향이 지배적이었으나 점차 미국에서 제작된 게임들이 인기를 끌기 시작했다. 미국의 게임 제작사 블리자드(Blizzard)에서 1998년 출시한 PC 게임 스타크래프트(Starcraft)는 선풍적인 인기를 얻었고, 이에 힘입어 2000년에 세계 최초로 국내에서 E스포츠 스타크래프트 리그가 정식으로 출범하기에 이르렀다. 1990년대 후반 인터넷 보급의 바람을 타고 전국에 생겨나기 시작한 PC방은 E스포츠의 열기를 부채질하며 하나의 문화 현상으로 자리매김하였다. 2010년대에는 스타크래프트의 뒤를 이어 미국의 게임 제작사 라이엇 게임즈(Riot games)의 리그 오브 레전드(League of Legend), 블리자드의 오버워치(Overwatch) 등이 국내에서 큰 인기를 얻고 있다.

전통적인 명절이나 국경일 외에 외국에서 건너 온 다양한 기념일들과 축제 문화도 한국인들의 일상 속에 뿌리 깊게 자리 잡았다. 크리스트교의 창시자 예수의 탄생을 기념하는 날인 성탄절(Christmas, 매년 12월 25일)은 종교의 차원을 넘어 가족 간, 연인 간 사랑을 확인하는 기념일로 인식되어 있다. 최근에는 아일랜드 켈트족의 풍습에서 유래된

핼러윈 데이의 상징 '잭 오랜턴(Jack O''Lantern)' 고대 켈트족의 풍습에서 유래된 핼러윈 데이에는 아이들이 괴물이나 마녀 등으로 분장한 채 이웃집을 찾아다니며 간식을 얻는 풍습이 있다. 성인들도 괴기스러운 분장을 하고 축제를 즐긴다.

서양의 기념일 핼러윈 데이(Halloween day, 매년 10월 31일)에 파티를 즐기는 한국인들의 수도 적지 않다. 그 외에 결혼을 앞둔 신부가 친구들과 함께 즐기는 브라이덜 샤워 파티(Bridal shower party) 등의 서구 파티 문화도 유행하고 있다.

경제의 급속한 발전과 더불어 다양한 국적의 생활 문화가 광범위하게 보급된 결과 여러 부분에서 삶이 다채롭고 효율적으로 변화하였다. 하지만 한편으로는 전통의 상실과 점차 개인주의화되고 있는 사회 모습에 대한 우려 섞인 시각도 존재하고 있다.

4. 세계로 나간 한국인 노동자, 한국으로 들어온 외국인 노동자

우리나라의 경제적 형편이 넉넉하지 않았던 시기에는 많은 한국인들이 외화 획득을 위해 해외로 진출하여 노동을 하였다. 이들이 땀방울의 대가로 벌어들인 자본은 우리나라의 빠른 경제 성장을 뒷받침해주는 훌륭한 밑거름이 되었다. 오늘날에는 적지 않은 수의 개발도상국 출신 외국인 노동자들이 우리나라에서 일을 하고 있다. 자국보다 더 많은 임금을 받을 수 있다는 이유로 국내에 입국하는 외국인들이 점차 늘어나면서 한국 사회의 모습은 점차 변화하고 있다.

■ 해외로 진출한 한국인 노동자들

우리나라가 한창 경제 성장을 위해 노력하던 시절, 국내보다 더 많은 임금을 받을 수 있다는 이유로 많은 한국인들이 해외에 진출하여 노동을 하였다. 가족과 국가를 위해 열심히 일한 결과 한국인들은 세계로부터 특유의 성실성과 적극성을 인정받았다. 광복 이후 이루어진 이러한 해외 노동 진출의 대표적인 사례로 1960년대부터 이루어졌던 독일로의 광부 및 간호사 파견과 1970년대에 본격화된 중동 지역 건설 진출을 들 수 있다.

1960년대 대한민국 정부는 경제 개발에 필요한 자금 확보를 위해 당시 노동력 부족에 시달리던 독일 정부와 협약을 맺고 광부와 간호사를 파견하기 시작하였다. 치열한 경쟁률을 뚫고 선발된 광부와 간호사들은 먼 타지에서 고향을 그리워 할 여유도 없이 주어진 업무에 부지런히 임하였다.

독일로 파견된 광부와 간호사들 어려운 상황에서도 굴하지 않고 최선을 다해 일한 파독 광부와 간호사들은 '부지런한 코리안'의 이미지를 독일인들에게 심어주었다.

열악한 노동 환경, 원활하지 않은 의사소통 등 쉽지 않은 여건에도 불구하고 파독 광부와 간호사들은 근면하게 일하였고 그 대가로 받은 외화를 국내에 송금하여 우리나라의 경제 성장에 큰 역할을 하였다. 이들 중 일부는 독일에 성공적으로 정착하여 한인 사회를 형성하였다. 경상남도 남해군에서는 귀국한 파독 노동자들의 국내 정착을 돕고 독일 문화를 체험할 수 있는 관광지를 개발하기 위해 2001년 남해군 삼동면에 독일마을을 조성하였다.

파독 노동자 외에 1970년대부터 중동 지역으로 파견되었던 건설 노동자들 역시 우리나라의 경제 발전에 큰 역할을 하였다. 1973년부터 본격화된 국제 원유 파동으로 인해 유가가 급등하면서 우리나라를 비롯한 세계 경제는 위기에 처했으나, 원유를 생산하던 중동 지역 국가들은 많은

사우디아라비아 쥬베일 산업항 사우디아라비아 동부 유전지대인 쥬베일에 당시 정부 예산액의 25%에 달하는 대규모의 신항만 건설공사가 이루어졌다.

외화를 벌어들였다. 당시 넘쳐나는 자본에 비해 도로, 상하수도, 항만 등 사회 기반시설이 제대로 갖추어지지 않았던 중동 국가들은 이 부분에 대한 집중적인 투자를 시작하였다.

국제 원유 파동으로 나타난 세계적인 경제 위기에 휩쓸린 우리나라가 내세울 수 있는 가장 큰 무기는 풍부하면서 값이 저렴하고 질이 좋은 노동력이었다. 이를 바탕으로 건설 부문에 대한 투자를 확대해 나가던 중동 지역에 공격적으로 진출하며 돌파구를 마련하였다. 정부의 지원 하에 시작된 중동 건설 진출 사업은 국제 원유 파동으로 인한 에너지 위기 극복은 물론 많은 외화를 우리나라에 안겨줌으로써 경제 발전에 큰 도움을 주었다.

여름철 낮 기온이 50도에 육박하는 살인적인 더위와 물 부족 등으로 인해 세계 여러 나라들은 중동에서 건설 사업을 추진하기를 망설였다. 하지만 한국인들은 특유의 근면성을 바탕으로 모두가 힘들 것이라 생각했던 일을 결국 해냈으며, 중동 국가들과 문화를 교류할 수 있는 기회도 넓혔다.

이 사업을 진행하는 과정에서 정부는 이슬람교를 신봉하는 중동 국가들과의 친목을 다지고 이슬람교 신자들의 종교적 자유를 보장하기 위해 1976년 이슬람 국가들의 지원을

받아 서울특별시 용산구에 이슬람교 사원을 건설하였다. 현재에는 이곳을 중심으로 이슬람 거리가 형성되어 있다.

■ 한국 땅을 찾아오는 외국인 노동자들

급속한 경제 성장과 함께 전반적인 교육수준과 삶의 질이 상승하면서 1980년대 후반부터 국내 제조업 및 건축업 분야 등에서 노동력이 부족해졌다. 이에 대한민국 정부는 노동력 부족 문제를 저임금의 개발도상국 출신 외국인 노동자를 통해 해결하려 하였다. 이 시기부터 외국인 이주 노동자의 수가 본격적으로 증가하였고, 우리나라는 노동자를 수출하는 나라에서 수입하는 나라로 점차 탈바꿈하였다.

2015년을 기준으로 국내 이주 노동자의 수는 50만 명 이상으로 집계되었다.[5] 출신 국적은 중국의 비중이 가장 크며, 그 외에 동남아시아나 중앙아시아 등지에서 온 이들도 다수 있다. 중국에서 오는 사람들 중 대부분은 중국 동포이다. 북한 출신의 새터민들 역시 이주 노동자의 범주에 넣기도 한다. 현재 국내에서 일하는 외국인 노동자들의 출신 국가 수는 대략 40여 개 이상으로 추정된다.

외국인 노동자들은 한국인들이 힘들다는 이유로 기피하는 업종에 주로 종사하고 있다. 그럼에도 불구하고 자신의 나라에서 일을 하는 것에 비해 많은 돈을 벌 수 있다는 점에서 이들에게 한국은 매력적인 일터이다. 하지만 외국인 노동자들이 국내에서 겪는 어려움도 상당히 많다. 정식 국적을 취득한 상황이 아니기에 무한정 머무를 수 없으며, 부당한 대우와 각종 차별 및 모욕을 당하기도 한다.

> "너무 부당한 대우를 받습니다. 저희들은 기숙사에서 생활했는데 사장님은 우리 때문에 수도세가 많이 나온다고 화를 냈어요. 수도비는 기숙사에서 세차하는 것 때문에 많이 나온다는 것을 다 알고 있고, 우리 중에 세차할 사람이 없다는 것을 사장님도 알고 있어요. 그러면서도 우리에게 소리 지르고 화를 냈죠. 한국인들은 오후 5시면 퇴근하지만 우리는 꼭 8시까지는 일해야 했어요. 물론 더 일하는 날도 많았어요. 한국인들은 두 시간 일하면 10분 정도 쉬는데 우리는 쉬면 안돼요. 잠깐이라도 쉬면 그걸 다 체크해서 월급에서 깎았어요. 휴일도 없이 열심히 일해도 월급은 늘 같아요. 지난달에 많이 받으면 이번달에는 월급을 깎아요. 그래서 결국 평균적으로는 같아지죠. 사장님이 일부러 그렇게 조정을 해요."
>
> – 「이주노동자 5인이 털어놓은 '한국살이 고충'」, ≪경향신문≫, 2007.11.12, 8면 –

5) 출처 : 통계청 DB '한국국적을 가지지 않은 자–외국인 근로자'

9장

해방이후

정부의 정책 변화와 각종 지원 단체들의 활동 등으로 인해 과거에 비하면 외국인 이주 노동자들의 지위가 안정되었고 생활수준도 나아진 것이 사실이다. 그러나 대다수의 외국인 이주 노동자의 삶은 위의 신문 기사에서 엿볼 수 있듯이 여전히 어려운 조건에 놓여 있다. 불법 체류자의 비중이 적지 않아 임금을 지급받지 못하거나 작업 도중 다쳐도 법적으로 보호받지 못하는 경우가 많으며, 근로 환경도 대부분 쾌적하지 못하다. 관습과 종교의 차이로 인한 문화적인 마찰도 존재한다. 이러한 부분들은 다문화 사회로 진입하고 있는 우리나라가 해결해 나가야 할 주요 문제 중 일부이다.

다문화 돋보기 한국 속의 외국, 다문화 명소를 찾아서

① 인천 차이나타운
조선 말 중국인들이 다수 정착하면서 형성된 가장 역사가 오래된 다문화 명소이다. 중국풍의 붉은 건물들과 여러 중국 음식점들이 인상적이다.

② 대림동 중국인 거리
일자리를 찾아 입국한 중국인들이 2000년대부터 본격적으로 모여 살기 시작하면서 형성된 이곳은 한국 속의 중국을 느끼기에 부족함이 없다.

③ 이촌동 일본인 마을
'리틀 도쿄'라는 별명을 가진 이곳은 일본인들의 집단 거주지이며, 일본인을 대상으로 한 시설과 각종 일본풍의 상점들이 위치하고 있다.

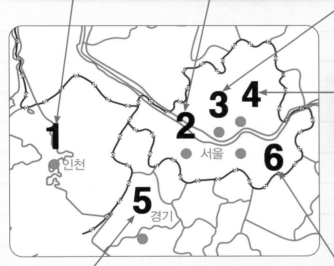

④ 한남동 이슬람 거리
1976년 이슬람교 사원이 들어서며 형성된 이 거리에서는 중동의 이국적인 분위기를 듬뿍 느낄 수 있다.

⑤ 안산 국경 없는 마을
여러 국가 출신의 외국인 노동자들이 모여 사는 이곳은 다문화 특구로 지정된 바 있다. 다양한 국가들의 문화를 체험할 수 있는 장소이다.

⑥ 반포동 서래마을
주한프랑스학교가 자리 잡으면서 프랑스인들의 집단 거주지가 된 서래마을은 각종 레스토랑과 카페들이 들어서며 데이트 코스로도 사랑받고 있다.

9장

해방이후

183

한국사회와 다문화

1. 다문화 사회로의 이행

글로벌 시대의 범지구적인 자본과 인력의 이동으로 외국인 이민자가 증가함에 따라 자국민과 이주민 간의 사회적 통합을 고민해야 하는 국가들이 점점 늘어나고 있다. 이에 따라 적지 않은 나라들이 새로운 국가적 정체성을 수립해야 할 상황에 직면하고 있다. 지난 2007년 국내 거주 외국인의 숫자가 100만 명을 돌파하면서 한국 사회는 본격적으로 다문화 사회로 접어들기 시작하였다. 여기에서는 한국 사회에 유입된 이주민의 유형을 외국인 노동자, 국제결혼 여성과 다문화 가정, 북한을 이탈하여 한국에 입국한 새터민으로 구분하여 살펴보기로 하자.

■ 국내거주 외국인의 증가

1990년대 이후 외국인 산업연수생 도입을 시작으로 국제결혼 여성, 외국인 노동자, 유학생, 상사 주재원 등 국내 거주 외국인의 숫자가 급격하게 증가하기 시작하였다. 외국인 노동자 증가현상의 이면에는 국내 산업현장에서 내국인 노동자의 3D업종 기피와 저임금 노동력에 기초한 중소기업들의 극심한 인력난, 노동생산성 저하와 고비용의 노동 인건비 등이 자리 잡고 있었다. 한국에서 거주하는 외국인들 중 가장 큰 비중을 차지하는 이들은 미숙련 이주노동자들이다. 그러나 최근 들어 그 외에 여러 목적으로 한국 땅에 입국하는 외국인들의 수도 늘어나고 있다. 한류 열풍으로 인해 한국에 대한 세계인의 관심이 증가하면서 한국을 찾는 외국인들의 수도 계속 증가하는 추세이다.

국내에 거주하는 외국인들 중 일부는 집단 거주지를 형성하기도 하였다. 경기도 안산시의 외국인 노동자 거주지인 '국경없는 마을'이 대표적인 사례이다. 그 외에 영등포구 대림동을 중심으로 한 조선족 동포 거주지, 인천광역시 중구의 '차이나타운', 서울특별시 용산구의 일본인 거주지, 서울특별시 서초구에 위치한 프랑스인 집단 거주지 '서래마을' 등도 있다.

국내의 많은 외국인들은 쉽지 않은 생활여건 속에서도 한국의 문화를 적극 받아들이고자 하며 자신들의 문화도 지켜 나가기 위해 노력하고 있다. 최근에는 이들의 상황이 TV나 인터넷 등의 매체를 통해 다양하게 소개되기도 하면서 외국인을 향한 한국인의 낯선 시선을 누그러뜨리는 데 큰 역할을 하고 있다. 그러나 한편으로는 국내 체류 외국인의 비중이 늘어나면서 대두하고 있는 사회적 문제, 한국 문화의 정체성 상실 등을 우려하는 시각도 존재한다.

■ 국제결혼과 다문화 가정

1990년대에 접어들어 외국인의 유입이 증가함에 따라 국제결혼의 유형이 다양해지고 그 비중이 커지기 시작했다. 2014년 기준으로 국내 결혼 중 국제결혼의 비중은 약 8%이다. 현재 국제결혼은 대부분 한국인 남성과 외국인 이주 여성 사이에 이루어지고 있다. 미혼 여성의 비중이 적은 농촌 지역에 거주하는 남성이 개발도상국 출신의 여성과 혼인하는 경우가 대표적이다.

이러한 유형의 국제결혼은 혼인율을 높인다는 점에서 사회에 긍정적인 영향을 주지만 한편으로는 여러 문제점들도 존재한다. 결혼이주 여성들은 한국인과 혼인하여 가정을 꾸리고 아이까지 낳았음에도 외국 출신이라는 이유로 여전히 낯선 존재라는 꼬리표를 달고 지내는 경우가 대부분이다. 한국 특유의 가부장적 풍토로 인해 남편 혹은 시댁과 마찰이 일어나기도 한다.

결혼이 지나치게 성급하게 추진되면서 또 다른 문제들이 생기기도 한다. 몇몇 국제결혼 중개업체들이 제대로 된 역할을 하지 않아 문제가 발생하기도 한다.

> 필리핀 출신인 자넷 씨는 결혼 1년 4개월 만에 파경을 맞았습니다. 임신 7개월의 몸으로 쫓겨 나와 지금은 갓난아기와 함께 이주 여성의 집에서 살고 있습니다. 남편이 착하고 좋은 직장에 다닌다던 중매업소의 말은 거짓말. 걸핏하면 폭언에 주먹을 휘둘렀습니다.
> – 「'엉터리 중매' 난립에 국제결혼 파경 급증」, ≪SBS≫, 2006.5.3.–

위와 같은 상황이 초래되는 가장 큰 이유는 국제결혼을 중개하는 업소들이 돈벌이에 급급한 나머지 결혼 성공률을 높이고자 잘못된 정보를 제공한 데에 있다. 이럴 경우 결국 피해는 고스란히 결혼 당사자에게 돌아가게 된다.

혼혈인에 대한 사회적 인식 역시 개선되어야 할 부분이 많다. '튀기'라는 비아냥거림을

KBS에서 방영한 '러브 인 아시아' 다문화 가정에 대한 편견을 없애고 다양한 사례들을 소개하기 위해 KBS에서 방영했던 TV 프로그램이다.

받았던 과거보다는 나아졌지만 여전히 이들은 완전한 한국인으로 환영받지 못하는 경우가 종종 있다. 다문화 가정이 많아질수록 혼혈인들의 비중 역시 커질 수밖에 없다. 외모가 다르다고 해서 편견을 갖고 이들을 대해야 할 이유는 전혀 없어 보인다.

국제결혼으로 형성된 다문화 가정의 비중은 커져가고 있지만 이들이 한국 사회에서 겪는 다양한 문제점들이 부각되면서 이를 해결하기 위한 정책적인 지원이 필요하다는 목소리도 높아지고 있다. 반면 단순한 정책적 차원의 지원은 오히려 일반 가정에 대한 역차별의 우려가 있으며, 다문화 가정에 대한 근본적인 한국사회의 인식 변화가 우선이라는 주장도 있다.

■ 북한이탈주민(새터민)의 증가와 한국사회 적응

1990년대 중반 북한의 극심한 경제난으로 인해 국내로 유입되는 탈북자들이 급격하

게 늘어나면서 이들을 보호하고 국내 정착을 지원하기 위하여 「북한이탈주민의 보호 및 정착지원에 관한 법률」이 제정되었다. 동 법률 제2조 제1항은 '북한이탈주민'을 북한에 주소, 직계가족, 배우자, 직장 등을 두고 있는 사람으로서 북한을 벗어난 후 외국 국적을 취득하지 않은 사람으로 정의하고 있다. 2005년부터는 탈북자에 대한 부정적인 이미지를 불식시키고 긍정적·미래지향적 이미지 제고를 위해 '새로운 터전에서 삶을 시작하는 사람'이라는 의미를 가진 '새터민'이라는 용어를 사용하였다. 현재는 공식적으로 법률용어인 '북한이탈주민'을 사용하되, 비공식적으로 '탈북자'를 대신하여 '새터민'을 상황에 맞게 사용하고 있는 상황이다.

지난 1997년부터 한국 정부는 북한이탈주민들이 한국사회의 일원으로 자립·자활 의지를 갖고 안정적으로 정착하도록 법률을 제정하여 다양한 정책적 지원을 시행해 오고 있다. 북한이탈주민에 대한 지원은 이들이 자유민주주의 사회에 정착하여 자립기반을 조성하고 자활능력을 갖추어 건전한 민주시민이 될 수 있는 방향으로 추진되고 있다. 이들에 대한 정착지원제도는 초기정착금 지급제도, 취업지원제도, 교육지원제도, 사회보장지원제도, 거주지보호제도 등 다각적으로 이루어지고 있으며, 민간영역에서도 다양한 관심 속에서 세부적인 프로그램들이 이들의 사회적응을 위하여 추진되고 있다.

최근에는 가족단위로 입국하는 북한이탈주민의 증가로 인해 새터민의 연령구조상 비생산연령계층의 증가와 가족 부양 부담이 늘어나고 있기 때문에 이들이 장기적으로 한국 사회에서 정착하고 자립할 수 있는 체계적이고 통합적인 취업정책이 요구된다. 또한 이들의 조기 정착 및 경제적 안정을 위해서는 이들이 정착하고 있는 지역사회의 공공영역과 민간영역간의 협력이 필요하다. 장차 통일 한국의 주춧돌이 될 북한이탈주민들이 한국 사회에 안정적으로 정착하고 함께 어울려 행복한 생활을 영위할 수 있도록 국민적 차원에서의 관심과 지원이 확대되어야 할 것이다.

아울러 북한이탈주민에 대한 한국 사회의 시각

2012년 새터민 문화체험교육 교육생 모집 포스터

은 '포용, 거부, 경계, 동정, 동포애, 보호' 등 다양하게 나타나고 있다. 이들에 대해 부정적으로 바라보는 시각은, 북한에 있는 가족을 버리고 혼자 살겠다고 탈북했다는 점, 탈북자가 간첩일지도 모르니 감시와 경계를 철저히 해야 한다는 점, 국민 세금으로 탈북자에 대한 경제적 지원을 한다는 점에 대한 거부감, 탈북자들로 인해 남한 사람들이 역차별을 받는다는 인식 등으로 나타나고 있다.

> "지금 이 순간에 오히려 국내 순수 대한민국 사람들이 역차별 받고 있습니다. 탈북자 전원 취업 좋죠. 그런데 그럼 취직 못하고 있는 우리나라 대한민국 사람은요? 문제 있는 거 아닐까요?"

> "탈북자들은 분명 우리가 보호해야 할 같은 민족이요 핏줄입니다. 북한의 굶어 죽어가는 동포도 우리가 돌아보아야 할 핏줄입니다."

북한이탈주민에 대한 부정적인 인식은 그들과의 직접적인 접촉의 기회를 가지고 그들의 입장에서 생각할 때 감소된다는 연구결과도 있듯이, 정부뿐만 아니라 민간차원에서의 관심과 소통을 위한 노력, 북한이탈주민 이미지 개선을 위한 미디어 캠페인 등을 통해 탈북자와의 접촉기회를 늘릴 수 있는 방안이 마련되어야 할 것이다.

북한이탈주민의 국내 유입 증가

　　국내로 유입되고 있는 북한이탈주민의 입국 규모는 1900년대 북한의 경제난으로 인하여 꾸준히 증가하고 있는 추세이다. 2007년 입국자수가 1만 명을 넘어섰고, 2015년 10월 현재 28,496명으로 집계되고 있다. 성별 비율을 살펴보면, 1993년 이후에 입국한 남녀비율이 5:5로 비슷한 양상이었으나 최근에 올수록 여성의 비율이 높아 2015년 현재 여성이 80%로 남성보다 압도적으로 많음을 알 수 있으며, 연령별로는 20에서 40대가 전체 북한이탈주민의 75%를 차지하고 있다.

〈표〉 북한이탈 주민 입국 현황(2015년 10월말 입국자 기준)

(단위: 명)

구분	2009	2010	2011	2012	2013	2014	2015	합계
남(명)	662	591	795	404	369	305	190	8442
여(명)	2,252	1,811	1911	1,098	1,145	1,092	787	20,054
합계(명)	2,914	2,402	2,706	1,502	1,514	1,397	977	28,496
여성비율	77%	75%	71%	73%	76%	78%	80%	70%

*통일부, 북한이탈주민 통계, 2015.

1) http://www.unikorea.go.kr/content.do?cmsid=3099

2. 다문화 정책과 법

1990년대 이후 국제결혼 여성과 다문화가정 자녀에 대한 사회적 관심은 관련 정책과 법제정으로 구체화되기 시작했다. 2007년 5월 〈재한외국인처우기본법〉 제정에 이어, 그 해 12월에는 〈결혼중개업의 관리에 관한 법률〉이 제정되었고, 2008년 다문화가족의 삶의 질 향상과 사회통합에 이바지함을 목적으로 〈다문화가족지원법〉이 제정되기에 이르렀는데, 여기에서는 한국의 다문화 정책과 관련 법제에 대하여 살펴보기로 하자.

■ 한국 정부의 다문화 정책

오랫동안 단일민족 국가의 명맥을 이어온 한국 사회는 1990년대 이후 다양한 외국인의 유입으로 급격하게 다문화 사회로 이행하고 있다. 농촌을 중심으로 한국 남성과 동남아시아 및 중국 조선족 출신 여성들과의 국제결혼으로 다문화가정 자녀들이 급속히 증가하면서 한국 사회의 인구구성과 사회관계가 급격하게 변화를 겪고 있다. 또한 한국의 다문화현상이 예상했던 것보다 훨씬 더 빠른 속도로 진행되어가면서 국내 노동시장의 불안정, 최저생계비의 하락, 국제결혼 가정의 이혼율 증가, 다문화가정 자녀들의 사회부적응, 외국인 기피현상 등 여러 가지 사회문제들을 야기하고 있다. 또한 출산율 저하와 노령화 현상으로 인한 노동가능인구의 감소현상, 3D 업종을 기피하는 한국인들을 대신할 외국인 노동자 수요는 앞으로도 계속 증가할 전망이며, 그에 따른 불법체류자, 외국인 범죄, 사회복지 예산의 증가도 불가피한 실정이다.

이에 따라 정부는 외국인 고용허가제, 방문 취업제, 결혼이민자 및 다문화가정과 관련된 정책을 통해 외국인 관리, 인권보호 및 사회통합에 매진하고 있다. 정부 부처별로 살펴보면, 고용허가제와 관련된 고용정책은 노동부가, 방문취업제는 법무부가 주관하고 있으며, 결혼이민자 지원센터 운영은 보건복지가족부가, 재한외국인 사회적응 및 생활편의 지원은 안전행정부가, 이주민 정책의 총괄은 법무부가 주관하고 있다. 사회통합을 위해 실질적으로 작용하는 다문화 관련 정책은 〈다문화가족지원법〉으로 주된 대상은 결혼이민자와 그 가족이다. 〈재한외국인처우기본법〉의 경우, 보호대상을 대한민국에 합법적으로 거주하는 외국인으로 한정하고 있으며, 그들의 권익보다는 규제에 초점을 맞추고 있다.

아직까지 한국 정부의 다문화 정책은 진정한 의미의 다문화가 부재된 외국인의 한국사회로의 통합에 초점이 맞추어져 있으며, 정책의 수혜대상이 제한적이고, 정책의 내용 또한 아직 빈약한 것이 현실이다. 더구나 다문화가족의 열악한 경제상황, 자녀교육문제, 가정폭력, 이혼증가, 인권침해 등의 문제는 매년 증가하는 추세에 있다.

■ 다문화 관련 법에는 어떤 것들이 있을까?

국내 체류 외국인의 증가와 체류 유형의 다양화에 따라 이들에 대한 적정한 처우를 도모하고, 한국사회 적응 문제를 해결하며, 그 동안 각 부처 간 개별적·단편적으로 외국인 정책을 추진함에 따른 정책의 충돌·중복·부재현상을 개선하고자 종합적·거시적 관점에서 추진체계를 정비하기 위해서 2007년 제정된 것이 〈재한외국인처우기본법〉이다. 그 내용으로, 법무부는 5년마다 외국인정책 기본계획을 수립하고, 중앙행정기관 및 지방 자치단체는 기본계획을 바탕으로 연도별 시행계획을 수립하여 시행하도록 규정하고 있다. 또한 기본계획 및 추진실적 등 외국인 정책에 관한 중요사항을 심의·조정하기 위해 국무총리를 위원장으로 하는 '외국인정책위원회'를 구성하여 결혼이민자 및 그 자녀, 영주권자, 난민인정을 받은 자 등 정주하는 외국인들의 사회적응 교육을 지원하도록 하고 있다. 아울러 이들에 대한 불합리한 차별방지와 인권옹호를 위해 정부는 교육·홍보 기타 필요한 노력을 하며, 국민과 재한외국인이 화합하는 환경조성을 규정하고 있다.

국제결혼이 늘어나면서 결혼중개업 역시 급격한 증가세를 보여왔다. 매매혼 형태의 중개로 대표되는 인권침해적 혼인중개의 양상 및 최근 늘어나는 인신매매성 위장결혼, 사기결혼 등의 문제점이 부각되면서 사회문제화 되자, 정부는 2007년 〈결혼중개업의 관리에 관한 법률〉을 제정하였다. 이 법은 결혼중개업을 건전하게 지도·육성하고 이용자를 보호함으로써 건전한 결혼문화 형성에 이바지함을 목적으로 하고 있다. 동 법률에 의하면, 국제결혼중개업자는 이용자와 상대방으로부터 혼인경력, 건강상태, 직업, 범죄경력 등에 대한 증빙서류를 제출받아 국제결혼 개인신상정보확인서를 작성한 후 당사자가 이해할 수 있는 언어로 번역하여 제공하고, 당사자가 신상정보 확인서를 확인한 후 쌍방이 모두 서면동의 한 경우에만 만남을 주선하도록 규정하고 있다. 그럼에도 불구하고 국제결혼이 가지고 있는 문제점들을 해소하기 위해서는 국제결혼에 대한 안내 프로그램 개발, 국제결혼 안내 전문강사 양성, 결혼중개업체에 관한 지속적 관리 및 한국인과 결혼하려는 현지인을 대상으로 한 한국에 대한 사전교육 등이 강구되어야 할 것이다.

국제결혼으로 인한 다문화가정과 그 자녀에 대한 정부적 차원의 관심과 지원은 〈다문화가족지원법〉으로 나타났다. 2008년 3월 21일 제정된 〈다문화가족지원법〉은 다문화가족 구성원이 안정적인 가족생활을 영위할 수 있도록 함으로써 이들의 삶의 질 향상과 사회통합에 이바지함을 목적으로 하고 있다. 법조문의 주요 내용으로는 다문화가정 지원을 위한 기본계획을 여성가족부 장관이 5년마다 수립하여야 하고(제3조 2항), 국가와 지방자치단체의 책무를 밝히고 있으며(제3조), 연도별 시행계획의 수립과 시행(제3조 3항), 다문화가족의 삶의 질 향상과 사회통합에 관한 중요 사항을 심의·조정하기 위하여 국무총리실 산하 다문화가족정책위원회의 수립(제3조 4항), 3년마다 다문화 가족에 대한 실태조사(제4조)를 벌여야 함을 규정하고 있다. 또한 다문화 가정 여성들과 자녀들에게 생활정보 제공 및 교육을 지원하고(제6조), 가정폭력피해자에 대한 보호와 지원(제8조), 의료 및 건강관리를 위한 지원과 아동보육과 교육에 대한 지원책(제10조), 다문화가족지원센터의 설치 및 운영 등(제12조)에 관한 규정을 두고 있다. 이에 따라 정부는 전국에 217개 다문화가족지원센터를 두고 한국어교육, 가족교육, 상담, 문화 프로그램 등을 제공하여 다문화가족이 안정적인 가정생활을 할 수 있도록 조력하고 있다.

다문화가족지원법

다문화가족지원법 [시행 2014.1.1.] [법률 제12079호, 2013.8.13., 일부개정]

제1조(목적) 이 법은 다문화가족 구성원이 안정적인 가족생활을 영위할 수 있도록 함으로써 이들의 삶의 질 향상과 사회통합에 이바지함을 목적으로 한다.

(중략)

제12조(다문화가족지원센터의 설치·운영 등)

① 국가와 지방자치단체는 다문화가족지원센터(이하 "지원센터"라 한다)를 설치·운영할 수 있다.

② 국가 또는 지방자치단체는 지원센터의 설치·운영을 대통령령으로 정하는 법인이나 단체에 위탁할 수 있다.

③ 국가 또는 지방자치단체 아닌 자가 지원센터를 설치·운영하고자 할 때에는 미리 시·도지사 또는 시장·군수·구청장(자치구의 구청장을 말한다. 이하 같다)의 지정을 받아야 한다.

④ 지원센터는 다음 각 호의 업무를 수행한다.

1. 다문화가족을 위한 교육·상담 등 지원사업의 실시

2. 결혼이민자 등에 대한 한국어교육

3. 다문화가족 지원서비스 정보제공 및 홍보

4. 다문화가족 지원 관련 기관·단체와의 서비스 연계

5. 일자리에 관한 정보제공 및 일자리의 알선

6. 다문화가족을 위한 통역·번역 지원사업

7. 그 밖에 다문화가족 지원을 위하여 필요한 사업

⑤ 지원센터에는 다문화가족에 대한 교육·상담 등의 업무를 수행하기 위하여 관련 분야에 대한 학식과 경험을 가진 전문인력을 두어야 한다.

(중략)

3. 다문화 사회의 문제점

한국 사회가 급격하게 다문화사회로 이행하면서 다양한 문제점들이 새롭게 제기되었다. 단군의 자손, 단일민족이라는 신화는 더 이상 설 자리를 잃게 되었고, 외국인 노동자의 급격한 증가는 한국 노동시장에 있어서 고용과 임금문제의 새로운 변수로 등장하였다. 국제결혼여성과 다문화가정의 증가는 이들에 대한 인권 및 기본처우에 관한 사회적 관심과 정책적 대안을 필요로 하고 있으며, 다문화가정 자녀의 교육문제 역시 범사회적 차원에서 다루어져야 할 현안으로 떠오르게 되었다.

■ 단일민족 신화를 넘어서

해방 이후 한국의 역사교육은 지속적으로 '반만년의 유구한 역사와 찬란한 문화를 가진 단일민족, 단군의 자손'이라는 점을 강조해 왔다. 이러한 역사교육은 민족적 자긍심과 애국심을 고취시킬 수 있지만, 반대로 편협한 자민족 중심주의나 국수주의에 치우칠 수 있는 위험성을 내포하고 있다. 유엔 인종차별철폐위원회(CERD)는 지난 2007년 한국사회의 단일민족 강조에 우려를 표명한 바 있다.

이처럼, 과도하다고 생각될 정도의 민족주의 역사교육은 한민족이 일제강점기와 분단을 겪으면서 강화되고 고착되어 왔다. 일제강점기 한민족의 지상과제는 일본 제국주의로부터 '민족의 독립'이었으며, 해방 이후 오늘날까지 이어지고 있는 분단시대의 지상과제는 '민족의 통일'이다. 지난 100여 년 동안 한국 현대사의 전개과정에서 한국 사회의 중심화두는 '민족'이었으며, 역사교육 역시 '민족주의'를 강화하는 방향으로 나아가게된 것이다. 그래서 단군의 자손이 강조되고 국난을 극복한 인물이 역사교육의 중심 화두가 될 수밖에 없었다. 그러나 다문화시대의 역사교육은 한국의 역사와 문화가 세계사와의 관계 속에서 전개되고 발전되어 왔음을 전제로 한국의 유구한 역사 속에 내재되어 있는 세계성을 찾아내고 이를 오늘날의 다문화 현실과 접목시킬 때 비로소 새로운 대안을 발견할 수 있을 것이다.

한국 재외동포재단의 통계에 의하면, 오늘날 외국 땅에서 살고 있는 재외동포는 약 720만 명에 이르고 있으며, 이는 남북한 인구의 약 10%에 해당하는 수치이다. 한국인의 해외 이주의 역사는 150여 년 전으로 거슬러 올라간다. 1860년대 기근과 부패한 관리의 폭정을 피해 고향을 떠난 조선인들은 만주와 연해주로 이주해 농사를 짓고 살았다. 1902년 하와이 사탕수수 농장 취업을 위해 떠난 이들이 국외 이주의 공식적인 첫 기록이며, 1905년 멕시코로 이주한 한국인들은 '애니깽(Henequen, 용설란)'이라 불렸다. 일제 강점기에도 간도나 만주·연해주로 대규모 이주가 이루어졌다. 1920년대 돈을 벌기 위해 일본으로 떠난 한국인들도 많았으며, 중국, 러시아, 일본으로 이주한 사람들은 각각 '조선족', '고려인', '재일코리안'[2]이라 불렸다. 해방 이후에도 해외 입양, 미국인과의 결혼, 유학 등이 주를 이루었으며, 주요 행선지는 미국과 캐나다였다. 1960년대부터는 유럽과 중남미로 이민을 떠나기 시작했으며, 브라질·아르헨티나·파라과이·볼리비아 등 남미로 떠나는 농업 이민자가 많았다. 1963년부터 1977년까지 한국 간호사·광부가 독일로 파견되었으며, 그 숫자는 약 19,000명에 이른다.

위와 같이, 한국 근·현대사의 흐름 속에서 보다 나은 삶을 찾아 외국으로 이주한 한국인들이 매우 많았으며, 이들은 주류 사회에 적응하면서 나름대로 재외 한민족 공동체를 발전시켜 왔다. 이와 관련하여 다문화 사회로 진입한 오늘날 한국사회의 중요한 과제는 국내 체류 외국인들을 우리 사회의 일원으로 받아들이고 소통과 공존을 위한 노력을 아끼지 말아야 한다는 점이다. 그럼에도 불구하고 외국인 노동자들을 비롯해 결혼이주자 및 그 자녀들을 대하는 태도는 임금체불과 직장 내 차별대우, 외국인 아내에 대한 폭력, 학교에서의 따돌림과 소외 등 개선되어야 할 여지가 많은 것이 사실이다.

■ 다문화 자녀의 증가

1990년대 농촌을 중심으로 한국 남성과 동남아시아 및 중국 조선족 출신 여성들의 국제결혼이 증가하면서 한국 사회의 인구구성이 빠르게 변화하고 있다. 국제결혼 이주여성과 한국인 배우자 사이에서 형성된 다문화가정과 그 자녀의 증가는 전통적 한국사회가 아직까지 겪어보지 못했던 미증유의 상황이다.

---

2) 일본에 거주하고 있는 한국인을 가리키는 용어로는, 재일교포, 재일동포, 재일한국인, 재일조선인, 재일코리안, 자이니치 등이 있다. 한국에서는 일반적으로 '재일교포' '재일동포'가 많이 사용된다.

다문화 가정의 자녀는 한국에서 출생한 경우와 중도 입국한 경우로 나누어 볼 수 있는데, 외모나 생김새 때문에 친구를 사귀기 어렵거나 생활습관 및 사고방식의 차이로 인해 오해를 불러일으키는 경우도 있다. 그렇지만 이들이 처한 가장 큰 문제점은 역시 언어 소통이라 하겠다. 한국 사회에서 적응하기 위한 필수적 조건은 한국어 사용 능력이며, 언어 소통에 문제가 생길 경우 오해와 갈등이 증폭이 될 수 있으며 한국에서 적응하는데 큰 걸림돌이 될 수 있다. 그리고 음식과 주거양식, 생활예절 등 문화적 차이, '가난한 나라 출신'이라는 심리적 차별 또한 다문화 가정 자녀들이 한국 생활에 적응하는데 지장을 초래할 수 있다.

또한 이들은 한국사회에서 한국인으로 인정을 받지 못하는데 따른 정체성의 혼란을 겪고 있다. 경제적 취약계층이 상당수인 이들 다문화가정 자녀들은 사회적 편견과 가정의 경제적 형편에 따라 학교에서 자신의 역량을 발휘하지 못하여 학업성취도나 상급학교 진학률이 상대적으로 떨어지는 경향을 보이고 있다. 이로 인해 부모의 빈곤이 대물림될 가능성이 크며, 이들이 사회에 나왔을 때 제대로 적응하지 못하면 사회적 문제가 될 것임은 자명한 사실이다. 이러한 문제를 개선하기 위하여 중앙 정부 및 지방 자치단체, 민간단체에서는 중도 입국자녀 한국어 교실, 이중 언어 능력 향상, 대학생 다문화 자녀 멘토, 다(多)그루 공부방 등 다양한 형태로 다문화가정 자녀들이 학교·가정·사회에 잘 적응할 수 있는 프로그램을 진행하고 있다.

무지개청소년센터는 청소년복지지원법 제18조에 따른 이주배경청소년(북한이탈·중도입국·다문화청소년)을 지원하고 더불어 살아가는 다문화 사회를 만들어가는 비영리 재단법인이다.

■ 다문화 교육의 중요성

다문화교육의 목표는 다문화가정 자녀, 새터민, 중도입국 자녀 등 사회적 소수자들을 주류 사회에 적응시키거나 동화시키기보다는 이들이 가지고 있는 문화적 정체성도 유지하면서 동등한 사회구성원으로서의 역할을 감당하고 권리를 누릴 수 있도록 교육하자는 것이다. 그러나 한국의 다문화교육 현실은 구체적인 내용이나 방향에 대한 사회적 논의를 거치기보다는 수요에 대한 임기응변식 대처로 이루어져 왔다. 이는 다문화교육 개념에 대한 혼란, 다문화 교육철학의 부재, 미진한 다문화 교과교육, 창의적 상상력의 부족 등에 기인한다. 또한 지금까지의 다문화교육은 보다 큰 틀에서 거시적인 청사진을 만들기보다는 다문화 프로그램의 나열에 그치고 있는 실정이다.

다문화교육의 대상에 대한 인식에 있어서도 변화가 요구된다. 다문화가정 자녀들만이 다문화교육의 대상이라는 고정관념을 버리고, 주류 사회의 다수를 차지하고 있는 내국인에 대한 문화다양성 교육이 우선되어야 할 것이다. 아울러 다문화 교육의 획일화를 경계하면서도, 다문화 교육의 실천 공간을 학교에만 한정하지 말고 가정과 지역사회가 연계하여 함께 논의하고 공조하는 협력체제의 구축이 필요하다.

장차 한국 다문화 사회의 미래가 어떤 모습으로 다가올 것인가는 현재 한국 사회에서 벌어지고 있는 다문화교육의 현실을 보면 짐작할 수 있다. 통계청이 발표한 〈2015 청소년통계〉 자료에 따르면, 2014년 다문화가정 학생 수가 7만 명에 육박하면서 처음으로 1%대를 넘어섰다. 이같이 다문화가정 학생들이 급증하고 있는 데 반하여 이들을 포용하려는 사회적·교육적 관심과 대책은 아직 부족한 실정이다. 진정한 다문화란 일방적으로 우리 것을 강요하는 것이 아니라 다양한 문화를 인정하고 공유하는 것이다. 하지만 우리는 다문화가정 학생들이 처한 상황에 대한 이해와 배려보다는 이들이 한국말도 유창하게 구사하고 한국의 문화에 익숙하게 행동하기를 기대한다. 우리 사회 주변에서는 엄마가 외국인이라서, 피부색깔이 달라서, 한국어 구사능력이 부족해서, 학업성취도가 낮아서 학교 친구들로부터 놀림을 받거나 따돌림을 당해 학교 및 사회생활에 적응하는데 어려움을 겪고 있는 다문화가정 자녀들을 어렵지 않게 찾아볼 수 있다. 이러한 상황에서 다문화가정 자녀들의 상급학교 진학률이 점점 낮아지고 사회적응력이 떨어진다면, 2000년대 중반 프랑스나 영국의 사례에서 볼 수 있듯이 가까운 미래에 심각한 사회문제가 야기될 수 있다. 그러한 문제를 사전에 예방하기 위해서는 범국가적 차원에서 바람직한 다문화교육의 방향에 대한 사회적 합의와 정책적 대안이 마련되어야 할 것이다.

다문화 돋보기   다문화 가정 학생 비율

2015년 통계청에서 산출한 〈청소년통계〉에 의하면, 2006년 전채 학생 대비 다문화 학생 비율이 0.1%인데 비하여 최근 다문화 학생 수는 계속 증가하여 2014년 67,806명으로 전체의 1.1%에 달한다. 또한 2014년 통계는 2013년 55,780명에 비해 다문화 학생 수가 21.6% 증가한 것을 알 수 있다.

	전체학생 (천명)	다문화 학생수	구성비	초등학교	구성비	중학교	구성비	고등학교	구성비
2006	7,776	9,389	0.1	7,910	84.2	1,139	12.1	340	3.6
2007	7,735	14,654	0.2	12,199	83.2	1,979	13.5	476	3.2
2008	7,618	20,180	0.3	16,785	83.2	2,527	12.5	868	4.3
2009	7,447	26,015	0.3	21,466	82.5	3,294	12.7	1,255	4.8
2010	7,236	31,788	0.4	24,701	77.7	5,260	16.5	1,827	5.7
2011	6,987	38,678	0.6	28,667	74.1	7,634	19.7	2,377	6.1
2012	6,732	46,954	0.7	33,792	72.0	9,647	20.5	3,515	7.5
2013	6,529	55,780	0.9	39,430	70.7	11,294	20.2	5,056	9.1
2014	6,334	67,806	1.1	48,297	71.2	12,525	18.5	6,984	10.3

4. 다문화 사회 통합

2007년 국내 거주 외국인의 숫자가 100만 명을 돌파하고, 2015년 현재 174만 명(전체 인구의 3.4%)으로 파악되고 있다. 이러한 추세로 가면 오는 2030년에는 국내 거주 외국인이 300만 명으로 증가하여 전체 인구의 6%에 이를 전망이다. 한국 사회는 이제 외국인과 함께 살아가야 하는 다인종·다문화 사회로 진입한 것이다. 2009년 이후의 교과서에서는 '단일민족'이라는 표현이 자취를 감추었으며, 다양한 인종적·문화적·종교적 배경을 가진 사람들이 더불어 살아가야 할 다문화 사회를 가르치고 있다. 바람직한 다문화 사회의 미래를 위하여 우리는 무엇을 준비해야 할까?

■ 다문화 사회 통합의 방향

오늘날 한국 사회에서 외국인 노동자, 결혼 이민자, 다문화가정 자녀, 새터민, 외국인 유학생 들과 마주치는 일은 더 이상 낯선 경험이 아니다. 음식점, 숙박시설, 건설현장, 병원, 농장이나 과수원에서도 외국인 노동자나 조선족 출신 이주민을 쉽게 찾아볼 수 있다. 지방은 물론이고 도시의 학교에서도 다문화가정 아이들을 만나는 것은 이제 일상적인 일이 되어 버렸다. TV 드라마는 물론이고 다큐, 교양, 오락 프로그램에서도 이들의 이야기를 종종 접할 수 있다.

한국사회의 다문화담론이 폭넓게 확산되면서 정부 각 부처 및 지방자치단체 등에서 다양한 다문화 정책을 적극적으로 제도화하고 있다. 그러나 부처별, 지자체별 논의들이 서로 조율되지 않아 제도적 혼선이 적지 않다. 아울러 한국의 다문화 정책은 정부 주도적이고 사회적 소수자들이 한국 사회에 통합되는 것에 초점을 맞추고 있어 정작 외국인 이주자들 자신의 목소리는 오히려 주변화 되는 양상을 초래하고 있다. 다문화가정 이혼율의 증가, 외국인 범죄, 불법 체류자의 증가와 관련된 언론 보도들도 이들에 대한 경계심과 반다문화적 정서를 확산시키는데 일조하고 있다.

결혼이주민 가정과 이주노동자에 대한 차별화된 지원과 사회보장 역시 한국 내에서 사회통합을 저해하는 요소로 작용할 여지가 다분하다. 외국인이기 때문에 받는 사회적 차별을 방지하고, 국제사회가 규정하는 외국인 및 내국인 노동자의 동등한 권리보장 외에도 이들의 가족까지 최대한 사회적 보장이 약속되고 내국인과 동등한 혜택을 받을 수 있도록 제도적 개선이 이루어져야 할 것이다.

이상적인 다문화사회는 사회적 소수자들을 일방적으로 주류 사회에 동화시키려는 것이 아니라 주류 사회가 이들의 문화적 정체성을 존중하고 수용하는 쌍방향적인 상호 작용 속에서 이루어져야 한다. 또한 차이와 다양성을 인정하고 관용하고 포용할 수 있는 성숙한 민주시민 의식도 필요하다. 이런 점에서 비추어 볼 때 한국의 다문화 사회통합 정책은 아직 해결해야 할 과제가 많음을 알 수 있다.

■ 다문화 사회의 미래

출산율 저하와 인구의 노령화 현상으로 노동 가능인구가 감소하고, 3D 업종에 종사하려는 국내 인력이 턱없이 부족해 외국인 노동자 수요는 앞으로도 계속 증가할 전망이다. UN은 다가올 2050년에는 한국 전체 인구의 20%가 외국인일 것으로 예측하고 있다. 오늘날 한국 사회는 유사 이래 처음으로 급격하게 다인종·다문화 상황을 맞이하고 있는 것이다. 한국과 같이 통일된 소속감과 단일민족이라는 정체성을 근간으로 하는 국가가 다문화사회로 전환되는 것은 결코 쉽지 않은 일이지만, 한국사회가 나아가야 할 길이 다문화 사회라면 적극적으로 그에 대한 대안을 준비해야 한다.

2015 이태원 지구촌 축제 포스터

이러한 시점에서 한국 사회가 해결해야 할 시급한 과제는 첫째, 불법 체류자들에 대한 엄격한 법률 적용과 대처, 둘째, 합법적 외국인 노동자에 대한 사회적·법적 지위 부여, 셋째, 다문화 가정의 문제에 대한 국가적 차원의 관심과 지원, 넷째, 다문화가정 자녀의 사회적응 지원과 교육에 있어서 기회 균등의 보장 등이다. 그러나 이는 지금까지 국내 거주 외국인들에 대한 '관리'및 '통제'의 차원에서 행해지고 있는 과시성 정책이나 이벤트가 아니라, 그들이 더 이상 정책의 대상이 아닌 정책의 주체로 참여하고 그들의 목소리가 정책에 반영되는 방향으로 전환되어야 할 것이다. 다문화 사회가 추구하고 있는 차별과 배제를 지양하고 차이와 다름을 인정하는 자세, 편견이나 고정관념이 아니라 서로 이해하고 관용하는 자세, 소통과 배려를 통한 상호 존중이라는 이상은 말하기는 쉽지만, 실천하기에는 많은 노력이 요구된다. 장차 한국 다문화 사회의 미래는 그러한 이상을 실천하려는 우리 사회 구성원 각자의 의지와 노력 여하에 따라 그 모습이 결정될 것이다.

한국사회와 반다문화 담론

1. 반다문화 담론의 출현

한국사회에서 다문화주의(Multiculturalism)는 유령과 같은 존재였다. 소문은 무성하지만 어느 누구도 그 실체는 맞닥뜨린 적이 없는 무엇이었다. 다문화주의는 소리 없이 다가와서는 어느새 한국인들의 삶 구석구석에 스며들었고, 심지어는 일상의 일부가 되었다. 그 사이 다문화주의는 '이주의 시대'를 대표하는 이념으로까지 간주되었다. 하지만 다문화 담론의 유행에도 불구하고 비판의 목소리는 존재했었다. 반다문화주의 담론이 그것이다. 반다문화 담론은 처음에는 인터넷 등 일부 온라인 공간에서 활동했지만 점차 시민단체와 학계 등으로 확대되었다. 여기서는 현재 한국사회에서 나타나고 있는 반다문화주의의 구체적인 모습에 대해 살펴보기로 하자.

■ 다문화를 반대하는 인터넷 모임 등장

2011년 7월 22일. 전 세계는 '다문화 정책 폐기'를 전면에 내걸고 90여 명을 학살한 브레이빅(Anders Behring Breivik, 32세)의 범죄에 경악을 금치 못했다. 캠프에 참가한 청소년을 향해 무차별적으로 총격을 가한 것은 말할 것도 없거니와 그가 밝힌 범행 동기-유럽의 이슬람화를 막기 위해 다문화 정책을 폐기하고 이민을 금지해야 한다-는 세계인의 공분을 불러일으키기에 충분했다. 그런데 브레이빅의 범죄가 국내에 알려지면서 인터넷 공간에서는 엉뚱한 논쟁이 촉발되었다. 일부 네티즌들이 그의 행위를 옹호하고 나섰던 것이다. 논쟁은 비록 그의 행위가 테러지만 그 주장이 정당하기에 마냥 비난할 수만은 없다는 데서 촉발되었다. 브레이빅의 범죄에서 시작된 논란은 테러 행위의 정당성 여부로 넘어간 이후부터는 다문화주의에 대한 찬반으로 갈리면서 더욱 치열하게 전개되었다.

일견 상식과 비상식의 논쟁처럼 결론이 뻔해 보였던 이 논쟁이 인터넷 공간에서 사회적 반향을 불러일으켰던 것은 정부의 다문화 정책을 반대하던 네티즌들이 브레이빅의 행위를 적극적으로 옹호했기 때문이었다. 자신들이 속해 있던 특정 온라인 단체만을 중심으로 고립, 분산적으로 활동을 해왔던 이들은 브레이빅 사건을 계기로 연대활동을 모색하기 시작한 것이다. 반다문화 단체들이 언제부터 활동을 시작했는지는 정확하지 않다. 하지만 이들의 활동이 정부의 외국인 정책이 다문화 정책으로 기울기 시작하면서부터 본격화되었다는 점을 감안한다면, 적어도 2007년 이전으로 추측된다.

대표적인 반다문화 인터넷 모임으로는 '다문화바로보기 실천연대', '외국인노동자대책 시민연대', '다문화 정책반대' 등이 있다. 이들 단체들은 다문화주의와 정부의 다문화 정책을 반대한다는 점에서 공통성을 지닌다. 하지만 구체적인 조직의 운영형태나 활동방식, 그리고 지향점 등에서 매우 다르다.

가령, '다문화바로보기실천연대(2003.10.결성)'처럼 잘못된 다문화 정책을 타파하고 바로잡기 위해 저항 활동을 하는 것을 명시한 단체가 있는가 하면, '다문화 정책반대'(2008.6.24.결성)와 같이 인터넷 공간에서 만들어진 반다문화 주장들의 공유를 통해 반다문화 담론을 확산하는 데 치중하는 단체들도 있다. 또한 외국인 노동자에 대한 혐오를 거침없이 드러냄으로써 언론으로부터 인종주의 사이트로 분류된 단체들도 생겨나고 있는 실정이다.

현재 인터넷 공간의 반다문화 단체들은 그들만의 독특한 논리구조 -인종혐오, 음모론, 공포심 유발 등-를 통해 세력을 확대해 나가고 있다.

▨ 다문화 정책을 반대하는 시위

다문화 반대 시위는 다문화를 반대하는 활동이 온라인에서 벗어나 오프라인으로까지 확장된 것이다. '다문화바로보기실천연대'가 내세운 실천 방안을 보면 다문화 반대 시위가 매우 조직적이라는 사실을 알 수 있다. '다문화바로보기실천연대'는 7가지를 실천 활동으로 제시하고 있다. ① 언론, 정당, 지자체, 학계, 시민단체의 다문화 관련 정책을 항시 감시, ② 정치인과 정당 사무실 방문 또는 전화, ③ 각 게시판이나 포털을 통한 지속적 온라인 홍보활동, ④ 주변 지인들을 중심으로 지속적 오프 홍보활동, ⑤ 정부부처에 지속적인 정책제안과 민원활동, ⑥ 사회 각계 저명인사 영입 및 오프 활동과 연계의 지속적 확장, ⑦ 외국인 범죄에 대한 적극적인 대처가 그것이다.

이 단체의 일부 회원들은 위의 실천 방침에 따라 다문화 관련 부서나 관공서의 '국민신문고'란에 정부의 다문화 정책에 대한 공격과 반대 의견을 올리고 있다.

> 다문화를 지원하고 부추기는 정책을 폐기하라고 말씀하셨습니다. 다시 똑같은 답변을 드릴 수밖에 없겠습니다. 다문화가족 지원정책은 다문화를 조장하고 부추기는 정책이 아니라, 우리 사회가 다문화사회로 변했기 때문에 발생하는 수많은 사회문제를 최소화하고자 하는 불가피한 정책인 것입니다.(서울시의 답변 내용 중 일부)

다문화 정책 폐기를 목표로 '다문화바로보기실천연대'가 벌인 이른바 '국민신문고' 투쟁에 대한 서울시 답변의 일부이다. '다시 똑같은 답변을 드릴 수밖에 없겠습니다'라는 언급에서 이 같은 일들이 자주 진행되었음 알 수 있다. 이 단체의 게시판에는 공공기관과 지자체의 국민신문고란에 반복적으로 민원을 넣어 관련 공무원들을 놀려주거나 일방적으로 훈계한 '투쟁보고서'가 자주 등장한다. 이것은 이들의 행위가 개인적인 행동을 넘어 집단화 되고 있다는 것을 의미한다. 다시 말해 이들은 집단적·반복적인 행동을 통해 행정부서에는 정책 수행의 부담감을, 담당 공무원에게는 업무 피로감을 가중시킴으로써 다문화에 대한 피로감을 키우고 있다.

반다문화 시위는 다문화에 반대하는 이들이 온라인 공간에서 벗어나 직접 국민들을 상대로 자신들의 주장을 펼치기 시작했다는 점에서 주목을 요한다. 주로 정부의 다문화 정책을 반대하는 1인 시위 형식으로 시작된 반다문화 시위는 점차 외국인 범죄에 대한 규탄과 불법체류 외국인 노동자에 대한 추방 등을 내세운 집단 시위로 변모하면서 내용과 형식 등에서 변화를 맞고 있다.

다문화 정책을 반대하는 시위 모습

■ 반다문화 전면 광고의 등장과 다문화 입법 활동 저지

반다문화주의자들이 유독 강조하는 부분 중 하나가 홍보 활동이다. 이들은 포털은 물론이고 인터넷 카페나 블로그, 또는 각종 게시판 등을 통해 지속적으로 다문화주의에 반대하는 활동을 전개하고 있다. 다문화를 반대하는 홍보 활동은 게시물 작성과 댓글 등 주로 익명 속에서 은밀하게 진행되는 방식이었다. 하지만 2015년 1월19일 〈동아일보〉와 〈중앙일보〉에 게재되었던 '대한민국의 자살'이란 전면광고는 이들의 홍보 활동이 익명에서 벗어나고 있음을 보여주는 생생한 사례이다. '대한민국의 자살'이란 광고는 유력 정치인의 실명과 함께 "유럽에서 부도난 다문화 정책을 중단해주세요!"라는 문구를 부제로 달고 있다.

광고의 요지는 다문화와 관련한 국회의 입법 활동과 정부 정책은 잘못이고, 이미 유럽에서 파산을 선언한 다문화 정책을 왜 한국이 따라하냐는 것이다. 이 광고는 겉으로 드러난 의미보다는 광고를 둘러싼 문맥(context) 속에 감추어진 이야기가 훨씬 중요하다. 이 광고는 반다문화 운동 진영이 사회를 향해 던지는 일종의 경고이자 자기선언이다. 이자스민과 임수경 의원, 그리고 박원순 서울 시장에 대한 공격은 반다문화 운동이 이미 정치투쟁으로까지 확장되고 있음을 보여준다.

신문에 게재된 반다문화 전면광고

그런데 이 광고는 상당부분이 허위와 과장, 왜곡으로 이루어져 있다. 광고는 이자스민 의원이 대표 발의한 '이주아동권리보장기본법안'을 직접 거론하면서 이 법안이 '불법체류자를 양산하고, 3세계 빈곤층을 끌어들이며, 전지구적인 무상복지법안'이라고 비판한다. 한마디로 외국인들이 한국을 이용하는 법안이지, 한국을 위한 법안은 아니라는 것이

한국사회와 반다문화 담론

11장

207

다. 덧붙여 이 법안이 통과되면 계량화 할 수 없을 만큼 많은 세금이 낭비될 것이라고 겁을 주기까지 한다. 매우 선정적이고 자극적이기까지 한 이 광고는 사실에 근거하기보다는 거짓과 바꿔치기 등으로 만들어졌다는 점에서 심각한 문제점을 지니고 있다. 구체적인 예를 들어보자. 광고는 이자스민 의원에 의해 발의된 「이주아동권리보장기본법안」(이하 법안)의 문제점을 「이주노동자와 그 가족의 권리보호에 관한 국제협약」(이하 국제협약)을 근거로 들면서 비판한다. 이들의 논리에 따르면 이자스민 의원은 '국제협약'을 근거로 법안을 마련하였는데, 정작 그 '국제협약'에는 불법체류노동자와 가족과 이들의 고용기업을 정부가 단속할 수 있다는 것이다. 사실 왜곡이자 명백한 오류이다. 왜냐하면 이자스민 의원이 참조한 법안은 「아동의 권리에 관한 협약」(이하 협약)이었고, 이 '협약' 어디에도 이들이 비판하고 있는 내용은 존재하지 않는다.

그런데 이러한 바꿔치기 방식은 임수경 의원이 발의한 '국적법 일부개정법률안'에서도 동일하게 반복된다. 이것은 바꿔치기가 단순한 실수나 착각이 아니라, 담론 구성 전략의 하나라는 것을 보여준다. 광고는 임수경 의원이 발의한 국적법 개정안을 한국 남성과 결혼하는 13세 이상의 미성년 소녀들에게 한국 국적을 주자는 내용이라고 몰아 세우고 있는데, 이것은 명백히 사실과 다르다. 임수경 의원이 발의한 법률안 그 어디에도 이와 같은 내용은 포함되어 있지 않다. 이들은 국민들이 국회의원이 발의한 법률들을 직접 찾아보지 않는다는 점을 악용하여, 동일한 기간에 임수경 의원이 발의한 '출입국 관리법 일부개정법률안'의 내용 중 일부를 교묘하게 짜깁기 하여 '국적법 일부개정법률안'으로 둔갑시키고 있는 것이다.

반다문화 전면 광고가 겨냥하는 것은 이자스민 의원이 대표 발의해 입법예고를 마친 (2015.1.5.) '이주아동권리보장기본법안'의 폐기이다. '차별금지법'이 입법예고가 끝난 후에도 무수한 반대에 부딪혀 폐기된 사례에 비추어 보면, '이주아동권리보장기본법안'도 그 전철을 따를 가능성이 높다. 국회의 입법예고 시스템에는 '이주아동권리보장기본법안'에 대한 국민의견이 대략 14,193(2015.1.5.현재)건이나 올라와 있다. 국민의견의 대부분은 "절대 반대", "반대", "결사 반대" 등 극단적인 반대 의견들이다. 이러한 사실은 반다문화 활동이 이미 국회의 입법 활동까지 영향을 미치고 있다는 사실을 증명한다.

[1913120] 이주아동권리보장기본법안 (이자스민의원 등 23인)

발의자	제안일	소관위원회	회부일	입법예고기간	문서
이자스민의원 등 23인	2014-12-18	법제사법위원회	2014-12-19	2014-12-22 ~ 2015-01-05	법률안원문

▶ 제안이유 및 주요내용

제안이유

법무부 통계에 의하면 2013년 2월 기준으로 합법체류 기간 만료로 인해 미등록 신분으로 전락한 19세 미만의 아동 수가 6천여 명에 이르며, 통계로 잡히지 않는 미등록 아동을 포함하면 현재 우리나라의 미등록 이주아동은 2만 명이 넘는 것으로 추산됨.
혈통주의 채택하고 있는 현행 국적법에 따르면 이주아동은 대한민국에서 태어났다 하더라도 한국 국적을 취득하는 것이 불가능하며, 출생등록조차 되지 않아 부득이하게 합법적인 체류자격을 취득하지 못하거나 상실한 경우에는 불법체류 상태로 전락하게 되어 보육서비스, 학생으로서의 권리, 건강보험 혜택 등 삶을 영위하기 위해 필요한 기본적인 권리조차도 전혀 보장받지 못하는 인권의 사각지대에 방치되고 있음.
이에 이주아동이 평균생활 수준의 생활을 누릴 수 있는 기본적 권리를 보장하고 인권을 보호할 수 있는 제도의 확립을 통해 이주아동의 교육권, 건강권, 보육권 등이 적극적으로 보장될 수 있도록 하려는 것임.

주요내용

가. 「아동의 권리에 관한 협약」에 따라 대한민국에 거주하는 이주아동의 기본적 인권을 보호하고 차별 없는 생활을 보장함을 목적으로 함(안 제1조).
나. 모든 이주아동은 존중 받으며, 헌법과 「아동의 권리에 관한 협약」 등 기타 관계 법령에서 금지하는 어떠한 종류의 차별도 받지 아니하고, 국내에서 거주하는 동안 교육적 신체적·사회적·정서적·도덕적으로 건강하고 안전하게 성장하는 데 필요한 평균 수준의 생활을 누릴 권리가 있는 것을 이 법의 기본이념으로 함(안 제3조).
다. 국가와 지방자치단체는 이주아동의 건강과 안전 그리고 복지증진을 위한 지원 정책 등을 수립·시행하도록 함(안 제4조).
라. 법무부장관은 관계 중앙행정기관의 장과 협의하여 5년마다 이주아동정책에 관한 기본계획을 수립하도록 함(안 제5조).
마. 법무부장관은 5년마다 이주아동의 양육 및 생활환경, 이주아동의 정서적?신체적 건강, 이주아동학대 등 이주아동의 종합실태를 조사하여 그 결과를 공표하고, 이를 기본계획과 시행계획에 반영하도록 함(안 제8조).
바. 이주아동은 출생 등록할 권리를 가지며, 출생 사실을 신고·증명할 수 있도록 함(안 제9조).
사. 법무부장관은 이주아동이 대한민국에 체류하여야 할 특별한 사정이 있다고 인정되는 경우에는 「출입국관리법」의 규정에도 불구하고 이주아동이 계속하여 체류할 수 있도록 특별체류자격을 부여할 수 있도록 함(안 제10조).
아. 법무부장관은 이주아동의 부모가 강제퇴거 대상자에 해당하는 경우라도 이주아동이 특별체류자격을 부여 받은 경우에는 이주아동의 특별체류기간 종료 시까지 이주아동·부모의 강제퇴거를 유예하는 등 필요한 조치를 취하도록 함(안 제12조).
자. 국가 및 지방자치단체는 이주아동이 교육권, 건강권, 보호?양육권 등을 누릴 수 있도록 필요한 지원을 하도록 함(안 제14조부터 제20조까지).

▶ 의견제출 방법

서울시 영등포구 의사당대로 1 (여의도동) 법제사법위원회

목록보기

번호	제목	작성자	의견제출기관	등록일
14193	절대 반대합니다.	이*원		2015-01-05
14192	반대	이*원		2015-01-05
14191	죽써서 불체자 주냐	정*길		2015-01-05
14190	반대반대	심*		2015-01-05
14189	결사 반대합니다	김*경		2015-01-05
14188	반대	이*원		2015-01-05
14187	반대합니다	김*영		2015-01-05
14186	결사 반대합니다	김*경		2015-01-05
14185	결사 반대합니다	김*경		2015-01-05
14184	반대	이*원		2015-01-05

입법예고 된 '이주아동권리보장기본법안'에 대한 반대의견들

다문화 톺아보기

아동의 권리에 관한 협약
(United Nations Convention on the Rights of the Child)

(소개)

　아동의 권리에 관한 협약(UNCRC)은 전 세계 아동의 경제, 사회, 문화에 대한 권리를 규정하는 국제 협약이다. 1989년 11월 20일 유엔 총회에서 채택되었으며, 1990년 9월 2일 발효되었다. 한국은 1991년 12월 20일 이 협약을 비준하여 조약당사국이 되었다.

　전문과 54개의 조문으로 이루어진 협약은 아동을 '보호 대상'이 아닌 '권리의 주체'로 규정하면서 국제인권 규약에서 인정하고 있는 제반의 권리를 아동의 권리로 규정하고, 거기에 추가하여 의견표명권, 놀이·여가의 권리 등 아동에게 필요한 인권을 확보하기 위한 구체적인 사항을 규정하고 있다.

(아동의 권리에 관한 협약 조문)

제1조

이 협약의 목적상, "아동"이라함은 아동에게 적용되는 법에 의하여 보다 조기에 성인 연령에 달하지 아니하는 한 18세미만의 모든 사람을 말한다.

제2조

1. 당사국은 자국의 관할권안에서 아동 또는 그의 부모나 후견인의 인종, 피부색, 성별, 언어, 종교, 정치적 또는 기타의 의견, 민족적, 인종적 또는 사회적 출신, 재산, 무능력, 출생 또는 기타의 신분에 관계없이 그리고 어떠한 종류의 차별을 함이 없이 이 협약에 규정된 권리를 존중하고, 각 아동에게 보장하여야 한다.

2. 당사국은 아동이 그의 부모나 후견인 또는 가족 구성원의 신분, 활동, 표명된 의견 또는 신념을 이유로 하는 모든 형태의 차별이나 처벌로부터 보호되도록 보장하는 모든 적절한 조치를 취하여야 한다.

(중략)

제6조

1. 당사국은 모든 아동이 생명에 관한 고유의 권리를 가지고 있음을 인정한다.

2. 당사국은 가능한 한 최대한도로 아동의 생존과 발전을 보장하여야 한다.

제7조

1. 아동은 출생 후 즉시 등록되어야 하며, 출생시부터 성명권과 국적취득권을 가지며, 가능한 한 자신의 부모를 알고 부모에 의하여 양육받을 권리를 가진다.

2. 당사국은 이 분야의 국내법 및 관련국제문서상의 의무에 따라 이러한 권리가 실행되도록 보장하여야 하며, 권리가 실행되지 아니하여 아동이 무국적으로 되는 경우에는 특히 그러하다.

(이하 생략)

2. 반다문화주의 담론의 주요 내용

현재 한국사회에서 제기되고 있는 반다문화 담론은 매우 다양하고 복잡하지만, 이를 유형화하면 다음과 같다. ① 글로벌 기업의 이윤 확대 정책으로서의 다문화 정책에 대한 반대, ② 국민적 합의 없이 일방적으로 진행된 정부의 다문화 정책에 대한 반대, ③ 국민들의 정체성과 가치관의 혼란을 불러일으키는 다문화주의에 대한 비판 등이 그것이다. 여기서는 반다문화주의 진영의 주장을 구체적으로 살펴보도록 하자.

■ 대기업의 이윤 추구 정책으로서의 다문화 정책

반다문화주의 진영에서 가장 빈번하고 강력하게 제시하는 의제가 다문화주의를 대기업의 이윤확대 정책으로 보는 견해이다. 이 주장의 핵심은 정부의 다문화 정책을 글로벌 자본의 이윤추구 정책으로 파악한다는 점이다.

> 서민들을 더욱 통치하기 쉽게 하기 위해, 가장 강력한 임금억제책으로 이용하기 위해 기득권과 서민들의 격차를 더욱더 한없이 벌리고 우민화를 진행시키며 지배계층에 절대로 반항할 수 없는 하층민을 양산하기 위해 다문화를 추진하고 있습니다.(「다문화는 오직 서민용」중에서)

인터넷을 중심으로 상당한 동조를 얻고 있는 논리이다. 정부의 다문화 정책으로 유입된 외국인 노동자들이 직접적으로는 일용직 등 3D 업종에서 한국인들의 일자리를 빼앗고, 간접적으로는 한국인들의 저임금·비정규직화에 기여한다는 주장이다. 더 나아가서는 다문화주의를 파편화된 인간을 대량으로 양산해 분할통치하기 쉬운 사회를 만들어 종국에는 자신들의 이익을 극대화하기 위한 대기업의 착취논리로까지 바라본다. 이들은 한국을 대표하는 민간 경제연구소인 삼성경제연구소가 발간한 「다문화사회 정착과 이민정책」이란 보고서를 근거로 제시한다. 이 보고서는 다문화사회의 경제적 효과를 세 가지로 정리하고 있다. 첫째, 이민으로 노동공급이 증가하면 국내산업의 인력난 해소와 자본수익률 제고로 국내 총생산이 증가하고 둘째, 해외 노동인력의 유입으로 새로운 일자리가 창출되고 경제규모가 확대되며, 셋째는 이민을 통한 인구증가는 조세기반을 확대하고 내수를 촉진하여 경제의 충격을 완화하는 역할을 수행한다는 것이다

반다문화 진영은 정부의 다문화 정책은 인구 감소로 인한 생산력 하락에 직면한 국내 기업들이 외국인의 안정적인 유입을 통해 이윤을 극대화 하려는 발상에서 비롯된 것으로 파악한다. 실상이 이러함에도 다문화주의자들은 이 같은 사실을 외면하거나 심지어는 투자비용 대비 이익 산출의 크기를 의미하는 '편익'이라는 논리로 다문화주의를 선동하고 있다고 비판한다.

또한 투자비용 대비 이익 산출의 크기를 의미하는 '편익'이란 논리는 터무니없는 거짓이라고 주장한다. 왜냐하면 다문화정책으로 인해 발생한 실업의 증가와 불안전 고용은 투자 대비 이익만을 수치로 따지는 '편익'이란 관점에서 바라보기에는 그 피해의 정도나 정치·사회적 함의가 너무 크기 때문이다. 이들은 대표적인 피해 사례로 중국동포에 의해 일자리를 잠식당한 저소득층 한국인들을 내세운다. 그런데 이들의 주장은 최근 사회적 자원의 분배를 놓고 갈등하고 있는 중국동포와 한국인들의 상황에 비추어 보면 어느 정도 설득력을 지니고 있는 것도 사실이다.

현재 국내에는 약 40만 명으로 추산되는 중국동포들이 건설현장과 식당 및 숙박업 등의 분야에 종사하고 있다. 중국 동포의 진출은 '한국인 중·장년층이 맡을 수 있는 일자리를 잠식'하는 것으로써, 다문화사회가 부담해야 할 사회적 비용이 단순한 경제적 수치 이상의 것임을 보여준다는 것이다. 이들의 주장에 의하면 낮은 임금을 앞세운 중국 동포들과의 경쟁에서 밀려난 일부 저소득층 노동자들은 눈높이를 낮추어 취업을 하려고 하지만 이것마저도 이미 포화상태에 있는 외국인 노동자들로 인해 가로막혀 있는 실정이다. 그 결과 실업 상태에 놓인 일부 저소득층은 경제적 궁핍으로 인한 가족간의 끈끈한 유대의 단절과 정치적 소외, 그리고 무관심 등을 보인다. 게다가 외국인 혐오와 같은 각종 병리적인 모습으로 공동체의 자원을 소모하기까지 한다. 이와 같이 중국동포에 대한 한국인 저소득층들이 보이는 사회적 거리감과 이른바 '차오-포비아'의 증가는 '다문화주의 편익'만으로 다문화주의에 접근할 경우 상당한 어려움이 따를 수 있음을 보여준다.

경제적인 이유로 다문화를 반대하는 이들은 다문화로 이익을 보는 것은 오직 재벌과 자본가뿐이고, 그 피해는 서민들에게 전가되기에 다문화 정책은 마땅히 폐기되어야 한다고 주장한다.

■ 비민주적인 독선적 다문화 정책

다문화 정책에 대한 정부 당국의 일방주의와 비민주적인 의사결정 또한 반다문화 담론의 주요 이유 중 하나이다. 반다문화 진영에서는 정부의 다문화 정책이 한국사회가 다문화사회로 변하는 것은 거스를 수 없는 추세라는 전제 아래에서 출발하고 있는데 그것은 누구도 장담할 수 없는 추론에 불과하다고 주장한다. 다문화 정책은 국가와 국민의 성격을 근본적으로 바꾸는 매우 중요한 국가의제이다. 따라서 장기간의 안목에서 긴 호흡을 가지고 국민적 토론과 동의 절차 등을 통해 신중하게 가부를 결정하는 절차가 필요했지만 정부는 마치 단기간에 성과를 내야만 하는 '기획상품'처럼 밀어붙이고 있다는 것이다.

그 결과 정부의 다문화 정책은 유례를 찾아볼 수 없을 정도로 급진성을 띠게 되었고, 국민들 또한 정체성과 가치관의 혼란에 빠져들고 있다는 것이다. 반다문화 진영은 그 예로 개념상의 혼란을 들고 있다. 정부의 일방적인 다문화 정책이 '다문화'나 '다문화주의'에 대해 그릇된 이해를 가져왔고, '민족'이나 '순혈주의', '혼혈인', '결혼이민자', '외국인 노동자', '살색'에 대한 인식에 심각한 혼란을 초래했다는 주장이다.

먼저 '다문화'에 대한 그릇된 이해부터 살펴보자. 다문화를 반대하는 이들에 의하면 정부의 다문화 정책은 "다'민족'화 또는 다인종화"정책이다. 하지만 정부와 다문화 찬성론자들은 그 같은 상황을 외면한 채 일부러 '다문화'라는 정치적 올바름(Political Correctness)의 용어를 사용함으로써 '다민족/다인종'으로 인한 갈등 상황—인종 갈등, 외국인 혐오증과 배척 운동, 그리고 테러 등 사회적 불안의 증가—을 은폐하고 있는 것으로 본다. 즉 다문화라는 PC가 국민들로 하여금 그 명칭 뒤에 숨어 있는 갈등 상황을 바로 보지 못하게 하고 있다는 것이다.

살색은 어디까지나 살색이라는 이른바 '살색 논쟁'은 설득하는 절차없이 독선적으로 진행된 다문화 정책으로 인한 개념상의 혼란에 대한 반다문화 진영의 인식을 명확하게 보여주는 대표적인 사례이다.

말도 잘못하면 바로 인종차별이라고 매도당한다. "살색"이라고 사용해오던 언어습관도 인종차별이라며 언어습관마저 간섭을 받고 있다. 수천 년간 사용해오던 언어습관마저 간섭받는 것은 일종의 문화적 간섭이자 내정간섭인 것이다.

기술표준원이 한국산업규격(KS)을 개정토록 권고(2002.8.1.)한 것에 대한 반다문화 진영의 반응이다. 기술표준원은 크레파스와 물감 등에서 특정한 색깔을 '살색'이라고 명명한 것이 한국인과는 다른 피부색을 지닌 인종에 대해 평등권을 침해할 수 있다는 국가 인권위원회의 권고를 받아들였다. 그리고는 그동안 사용해 왔던 '살색' 대신에 '살구색'을 쓰기로 결정하였다. 이같은 결정에 대한 반다문화 진영은 언어관습에까지 관여하는 것으로써 일종의 문화적 내정간섭이라고 비판하였다. 이것은 반다문화 진영이 다문화 정책으로 인한 국민들의 인식의 변화를 그만큼 두려워하고 있음을 보여준다.

살색 폐지와 관련한 공익 광고

정치적 올바름(Political Correctness)

정치적 올바름(PC)은 '사람이 사용하는 언어는 그 사람의 사고의 흔적이고 세계관의 표현'이라는 사피어–워프의 가설에 근거하고 있다. 통상 '검둥이(Negro)'이나 '병신', 또는 '외노자', '공순이', '청소부' 등 사회적인 약자나 문화적 소수자에게 모멸감을 주는 부정적인 언어들 대신에 '아프리카계 미국인(African American)'이나 '장애인', '이주노동자', '여성노동자', '환경미화원'과 같은 중립적이거나 긍정적인 뉘앙스를 지닌 말을 쓰는 것이 올바르다고 생각하는 것을 말한다. 물론 이름을 바꾸어 부른다고 해서 사회적 소수자에 대한 차별이 사라지는 것은 아니다. 사람들이 '공순이'를 '여성노동자'로 '청소부'를 '환경미화원'으로 부른다고 하여 그들에 대한 사회적 인식이 한순간에 달라지지는 않기 때문이다. 또한 새로 만들어진 단어에는 금방 예전에 사용하던 이미지가 달라붙기도 한다. 그렇기 때문에 일부 진보적인 지식인들은 정치, 경제, 사회, 문화적인 차별에 대한 철폐 없이 단순히 PC만을 추구하는 것은 속임수라고 비판한다.

■ 대한민국을 말살하는 다문화 정책

다문화주의가 한민족을 말살하려는 정책이란 주장도 반다문화담론의 주요 논거이다. 한국사회에서 진행되고 있는 다문화주의는 다문화를 하자는 것이 아니라 다민족사회를 만들자는 것이고, 다문화의 궁극적 목적은 탈민족과 반민족, 그리고 민족해체라는 것이다.

반다문화주의자들은 다문화 진영에서 제기하고 있는 단일민족주의 대한 비판을 '한민족의 정신과 정체성을 지키면서 다양한 민족들을 포용해 왔던 한민족의 오랜 전통을 부정하는 행위라고 규정한다. 게다가 정당한 국가 권력의 집행마저 방해하는 것으로 이해한다. 모든 주권국가는 외국인을 혐오할 권리를 법적으로 갖고 있기에 외국인들의 불법행위에 대해서는 엄격한 처벌과 추방이 뒤따라야 하는데, 다문화주의자들은 이 권리를 부정하면서 어떤 경우에도 외국인들을 혐오하지 말아야 한다고 주장하고 있다고 비판한다.

국적법 개정 또한 민족을 말살하기 위한 다문화 진영의 계략으로 파악한다. 다문화 정책으로 인해 국적법이 개정됨으로써 자격 미달의 외국인들에게 무분별하게 국적을 남발하게 되었고 이로 인해 국가 안보가 심각하게 위협받고 있다는 것이다. 특히 '간이귀화절차'에 대해 비판적이다. 간이귀화자들은 국가에 대한 공헌은 커녕 출신국과 한국 사이의 관계가 불편하거나 적대관계가 형성될 경우, 한국의 기밀을 적국에 누설하는 등 이적행위를 할 가능성이 농후한 사람들이라는 것이다. 그 대표적인 예로 무슬림을 들고 있다. 무슬림들은 수가 적을 때는 우리 사회의 소수자로 살지만 그 수가 많아지고 세력을 형성하게 되면 분리 독립을 주장하는 집단이라는 것이다. 심지어는 목적을 위해 자살폭탄테러와 요인암살, 폭동, 내란 등을 획책함에도 무슬림들의 유입을 방치하고 있다는 것이다. 이같은 상황은 모두 다문화 정책 때문이라는 것이 이들 주장의 핵심이다.

이 논리를 제기하는 이들은 자신들이 다문화주의를 반대하는 것은 현재 정부에 의해 추진되고 있는 다문화 정책이 한민족 말살을 통해 다인종·다언어 국가를 이루려는 다문화주의자들의 계략임을 알리기 위해서라고 주장한다. 즉, 인권과 관용 또는 포용 등의 아름다운 말들에 사회 전체가 속고 있다는 것이다.

3. 반다문화주의 담론의 구성방식과 그 문제점

다문화주의를 반대하는 이유는 다양하지만 정리하면 다음과 같다. ① 다문화 자체에 대한 생래적인 거부감 ② 경제적인 측면에서의 소외감 ③ 혼혈을 비롯한 다인종에 대한 거부감 ④ 미구에 도래할 다인종 · 다문화 사회에 대한 공포 등이다. 여기서는 반다문화주의 담론의 구성방식과 그 문제점에 관해 살펴보도록 하자. 왜냐하면 올바른 다문화 사회로 나아가기 위해서는 반다문화 담론 또한 가치 없는 것으로 치부하여 폄하하기 보다는 이해와 소통의 대상이 되어야 하기 때문이다.

■ 다문화사회에 대한 공포심 유발

다문화사회에 대한 공포는 반다문화주의 이론의 중요한 근거 중 하나이다. 이들은 다문화사회에서 발생할 수 있는 혼란들을 과장하고 왜곡하는 방식으로 대중들의 공포심을 불러 일으킨다. 대표적인 논의로는 '다문화=내전'과 '다문화=인종학살'과 같은 것이다. 즉, 다문화는 필연적으로 인종갈등을 유발하고 사회적 혼란과 갈등을 불러오기에 절대로 수용해서는 안 된다는 주장이 여기에 속한다.

> 다문화는 곧 다인종화이고 다인종화 된 나라는 예외 없이 내전이나 분리 독립 시도가 일어난다는 걸 인류의 역사가 말해주고 있기 때문이다. 인종 간, 문화 간의 내전과 분리 독립 시도. 그게 수만, 수백만의 사람들을 학살하는 마당이 된다는 건 누구나 다 알 것이다. 그런 인종 간의 학살이 얼마나 잔인한가는 인류의 역사가 말해 준다.

'다문화=학살'이라는 논리 구성을 통해 사람들에게 공포를 불러일으키고 있다. 좀 더 논리를 따라가 보자. 이들은 다문화가 관용이란 아름다운 말로 포장되어 있지만 실상은 관용이나 상호이해, 그리고 소통보다는 내전이나 학살과 같은 갈등이 일반적이라고 주장한다. 그러면서 자신들 주장의 정당성을 증명하기 위해 인종갈등을 경험한 옛 유고슬라비아의 인종갈등—세르비아, 보스니아 등—과 수단 정부에 의해 자행된 인종청소, 그리

한국사회와 반다문화 담론

11장

고 르완다의 내전 등을 끌어들이고 있다.

무자비한 인종 학살과 내전 등을 '인류사'라는 보편적 개념으로 환치시키는 이들의 논리는 캐나다 등 객관적으로 존재하는 다인종 국가의 경험은 말할 것도 없고 역사적 사실과도 모순된다. 이들의 주장에 의하면 다양한 인종이 공존하는 미국과 캐나다 같은 나라들은 지구상에 존재할 수 없다. 왜냐하면 이들 나라는 다양한 인종들로 구성되어 있기에 응당 분리 독립이나 내전에 휩싸여 붕괴되어야 하기 때문이다. 게다가 그들이 근거로 들고 있는 유고연방과 르완다에서 일어난 인종학살은 '다문화주의'와는 무관하다. 이들 나라의 인종갈등은 다문화로 인해 초래된 것이 아니라 제국주의 시대의 세계 지배 전략과 냉전의 결과인 것이다.

부정확한 정보를 과장하고 사실을 왜곡하는 방식을 통해 공포심을 유발하는 것은 이슬람을 바라보는 시선에서도 동일하게 반복되고 있다. 즉 이슬람을 방치하면 테러에 시달릴 것이고, 사회 곳곳에서 명예살인과 일부다처제 등이 생겨날 것처럼 공포심을 자극하여 다문화에 대한 열린 시각을 방해한다.

반다문화 담론은 인종과 문화, 그리고 종교적 갈등의 원인을 다문화로 떠넘기고 있는데, 여기에는 갈등 상황을 극대화하여 공포심을 유포하려는 전략이 숨어 있다.

보스니아 내전 희생자 합동 장례식, 2012.

■ 자기중심적 해석과 현실 왜곡

반다문화주의자들은 각종 통계 자료를 자신의 논거로 삼고 있다. 그런데 이들이 제시한 통계들은 대부분이 출처가 정확하지 않다. 또한 출처가 분명한 자료들에 대해서는 자기중심적이거나 인과적으로 추론하여 해석하는 경향이 있어 실제와는 달리 왜곡된 경우가 많다.

대표적인 사례가 외국인 범죄와 이른바 '다문화 퍼주기' 논란, 그리고 외국인 노동자에 대한 인식이다. 반다문화주의자들은 다문화 정책을 폐지해야 하는 중요한 근거로 외국인 범죄를 든다. 이들은 사회적으로 커다란 충격과 물의를 불러일으킨 이른바 '오춘원 사건' 등을 예로 들면서 외국인들의 강력범죄 비율이 한국인들에 비해 3배에 달한다거나 전년도에 비해 약 30%가 증가했다는 식의 주장을 편다.

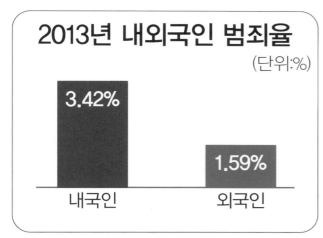

2013년 내·외국인 범죄율 통계 자료(경찰청)

하지만 이들의 주장은 객관적 자료를 통해 검증할 수 없다. 비슷한 논리는 '다문화 퍼주기'에서도 반복된다. 죽음에 내몰린 10만 한국인 노인 VS 예산 3조 7천 억 원의 18만 다문화가정과 같은 주장이 여기에 해당한다. 다문화정책을 반대하는 사람들은 '독거노인과 소년소녀 가장 가정, 기초생활수급자 등 어려운 이웃들에게 돌아가야 할 돈이 엉뚱하게 다문화가정에 올인되고 있다고 주장함으로써 저소득층의 경제적 빈곤이 마치 정부가 다문화 정책을 추진하고 있기 때문인 것처럼 호도한다.

외국인 노동자들을 '국부 유출자'나 '잠재적 범죄자', 그리고 한국인의 일자리를 잠식하는 '약탈자' 등으로 규정하는 것도 비슷한 논리구조라 할 수 있다. 그런데 이러한 주장은

한국사회와 반다문화 담론

외국인 노동자들이 한국이 안고 있는 왜곡된 노동시장의 수급문제를 단기적으로 해결해주는 해결사이자 지원군의 역할도 하고 있다는 사실을 부정하는 것이다. 또한, 신자유주의 체제가 강요한 사회적 불만을 외국인 노동자에게 전가하는 전형적인 희생양 만들기 전략이다.

　따라서 현재 사회 곳곳에서 제기되고 있는 반다문화 담론은 사실에 근거하기보다는 논자들의 주관적 신념에 의지하고 있기에 언제든지 도그마(dogma)로 전락할 수 있는 위험성을 안고 있다.

3 부

보론

서울 속 지구촌, 이태원의 어제와 오늘

1. 이태원의 역사

다문화사회 도래 이후 전국적으로 형성되기 시작한 한국의 다문화 공간으로는 경기도 안산시 원곡동 '국경없는 마을'과 사할린 동포의 '고향마을', 인천의 '차이나타운', 동부 이촌동의 '리틀도쿄', 대림동을 중심으로 한 조선족 거주지, 서초구 반포동에 위치한 '서래마을', 경남 남해군 '독일마을', 서울 용산에 위치한 이태원 등이 있다. 특히, 서울특별시 용산구 이태원동 일대는 주한 미군을 비롯한 외국인, 외국 상품, 외국 문화의 집결지로서, 이곳을 보면 우리 사회 다문화의 현주소를 알 수 있을 정도이다. 그렇다면 이 지역이 언제부터 이태원으로 불렸는지, 그리고 언제부터 이태원에 외국인들이 모여 살게 되었는지 살펴보자.

■ 조선시대의 역원

이태원은 조선시대 교통·통신제도인 역원제에서 비롯되지만, 이태원이 언제 처음 세워졌는지는 확실하지 않다. 다만, 이미 고려시대에도 개경에서 영남으로 가는 길목으로 이용되었을 것으로 추정된다. 이태원에 언제부터 사람들이 살기 시작했는지도 정확히 알 수 없지만, 단종 2년(1454)에 발간된『세종실록지리지』의 기록을 참고할 때, 조선 초에 이르러 마을이 형성되었음을 알 수 있다. 그렇지만 이태원 역시 성에서 10여리 떨어진 곳에 속해 있었기 때문에 마을은 그다지 발달하지는 않았던 것으로 여겨진다. 그러나 조선 중기 이후에는 경강지역의 운수업과 상업이 발달하면서 인구가 증가하고 마을이 발달하게 되었다. 원(院)은 관에서 모든 것을 관리했던 역과 달리 가옥의 시설 및 사무는 민간에서 담당하였기 때문에 시설을 관리하고 사무를 보는 종사자들이 거주하는 마을도 이태원에 있었으며, 조선 초부터 빈민들이 몰려들었던 지역으로 조정에서는 진제장을 설치하여 빈민들의 구휼을 담당하기도 하였다.

■ 지명으로 알아보는 이태원의 역사

한글학회에서 발간한『한국지명총감』에 따르면 '이태원'이라는 지명에는 크게 두 가지 유래가 있다. 먼저 이태원이라는 역원에서 유래되었다는 설이 있다. 역원이란 조선 시대 지방을 오가는 관리들을 위해 국가에서 운영하던 숙박 시설이다. 이태원은 한양에서 영남으로 향하는 길에 있는 첫 번째 역원이었다. 이태원을 한자로 쓰면 배 리(梨), 클 태(泰), 집 원(院)이다. 조선 초기에는 이태원의 한자 표기 방식이 조금씩 달랐는데, 효종 때 이르러 배나무가 많다 하여 배 리(梨) 자를 쓰게 되었다.

한양 도성과 서강, 마포, 용산 간의 취락분포를 확인할 수 있는 도성도

〈여지도〉의 이태원동 일대

----

1) 흉년이 들어 백성이 굶주렸을 때 곡식를 내어 주거나 죽을 쑤어 주던 장소.

한편 이방인이 사는 동네라는 뜻에서 이태원이라 불렀다는 설도 있다. 임진왜란 때 왜군이 이태원의 운종사라는 절에 주둔한 적이 있었다. 왜군은 운종사를 떠날 때 절을 불태워버렸으며, 왜군에게 치욕을 당한 여승들은 갈 곳이 없어 따로 토막을 짓고 살았다. 그 중에는 왜군의 아이를 낳은 여승도 있었다. 이에 사람들은 여승들이 살던 집을 다를 이(異), 태아 태(胎), 집 원(院) 글자를 써서 이태원이라 불렀다고 한다. 이태원에는 조선인과 왜군의 혼혈인 뿐만 아니라 귀화한 일본인들도 모여 살았다.

그 전에도 이태원에 이방인이 머물러 살았던 기록이 있다. 『용재총화』[2]에 따르면 이태원 사람들이 다료(茶蓼)를 잘 심어 홍아(紅芽)[3]를 만든다고 쓰여 있다. 다료와 홍아는 귀화한 거란족과 여진족이 주로 재배하던 작물이었다. 이들은 고려 말부터 남경(한양)에 집단으로 정착한 것으로 보인다.

이처럼 지명의 유래에 대해 약간 차이는 있지만 이태원은 역사적으로 이방인들이 모여 살던 곳이다. 또한 한강과 인접해서 오가는 사람들이 많았다. 조선 후기에 이르러 경강[4] 상인이 활약하고 상업이 발달하면서 마을이 번성하였다.

■ 외국 군대가 주둔하다

이태원은 현재 서울특별시 용산구에 속해 있다. 용산 일대는 한강을 품고 있어 교통이 편리하고 군사적으로도 중요하였다. 이에 외국 군대가 주둔하곤 하였다. 고려 후기 원간섭기에는 용산에 몽골군의 병참기지가 있었고, 임진왜란 때에는 왜군의 보급 기지가 설치되었다. 임오군란(1882) 당시 청나라 군대가 둔지산과 남대문 밖 현재 용산고등학교

청일전쟁 당시 일본 군대의 모습

일제강점기 사진엽서(용산 일본군 사단사령부)

2) 고려~조선 성종 시기까지 있었던 민간 풍속이나 문물제도에 대해 조선 중종 시기 학자인 성현이 펴낸 수필집이다.
3) '대극(大戟)' 또는 '버들옷'이라는 약재로 봄에 붉은 싹이 나오기 때문에 한방에서는 흔히 '홍아'라고 불리며 식용한다.
4) 서울 뚝섬에서 양화진에 이르는 한강 일대를 이르던 말. 경강상인은 한강을 끼고 경기, 충청도 일대에서도 활약하였다.

남쪽에 주둔하였다. 이후 청·일 전쟁과 러·일 전쟁에서 승리한 일본은 1906년부터 용산에 군사기지를 설치하였다. 일본의 용산기지 공사는 1913년에 끝났다. 이어 군인 관사와 일반 집들이 지금의 이태원 시장 뒤편과 용산구청 자리에 들어섰고, 이태원 주변의 큰 과수원들은 거의 일본인이 차지하였다.

　1945년 8월 15일 광복을 계기로 일본군은 물러갔으나 미군이 기존 일본군의 병영을 이용하면서 이태원 부근에 자리 잡았다. 1949년 미군은 군사고문단 500여 명만 남기고 철수했으나 6.25 전쟁을 계기로 다시 용산 기지를 사용하였다. 휴전 직후인 1953년 8월 15일에는 미8군 사령부가 용산으로 이전하였다. 이에 오랜 기간 용산에 대규모 미군 병력이 주둔하게 되었다.

2. 서울 속의 지구촌

　매년 가을이면 이태원에서 세계 문화가 한 자리에 펼쳐지는 지구촌 축제가 열린다. 지구촌 축제는 2008년에 처음 개최되었으며 다채로운 매력으로 세계인의 발길을 끌고 있다. 축제가 열리는 기간 동안 지구촌 퍼레이드, 세계 민속의상 패션쇼, 군악대와 의장대의 공연, 지구촌 DJ 페스티벌 등 다채로운 행사가 펼쳐진다. 아울러 세계음식과 한국음식을 골고루 맛볼 수 있는 먹거리 장터가 운영되어 관람객들의 입맛을 사로잡는다. 여러 나라의 공예품 전시나 문화 체험을 위한 세계 풍물관도 인기가 높다. 이태원 지구촌 축제는 누구나 즐길 수 있는 세계인의 행사이다. 한편 축제 기간이 아니더라도 이태원을 거닐다 보면 마치 외국에 와 있는 기분이 든다. 이태원에 다양한 인종·종교·문화가 모여 있기 때문이다. 이처럼 이태원이 다문화 공간이 된 배경은 무엇일까?

■ 해방 후 이태원과 용산 미군 기지

해방과 6.25 전쟁을 거치는 동안 타지에서 상경한 사람들로 인해 서울의 인구가 급증하였다. 특히 북쪽에서 내려온 실향민들이 이태원 일대에 정착하면서, 문화촌·해방촌이라는 동네가 형성되었다. 좁은 골목에 판자집이 대부분이었지만 이곳은 외로운 타지인들의 보금자리였다. 주민들은 작은 가내 공장이나 가게를 운영하며 생계를 꾸려나갔다.

한편 용산 미군 기지를 중심으로 한 상권도 형성되었다. 이에 서양인 체격에 맞는 큰 옷, 큰 신발 시장이 형성되었다. 특히 미군의 외박과 외출이 허용된 1957년부터 이태원에는 미군을 주 고객으로 삼은 유흥업소가 하나 둘 생겨났다. 이에 재즈 음악을 즐길 수 있는 재즈바가 첫선을 보였고, 클럽도 등장하기 시작하였다. 이태원은 미국 현지 문화를 접할 수 있는 대표적인 장소였다. 또한 미군 PX(군부대 매점) 물품을 구할 수 있는 통로이기도 하였다. 영양가가 풍부한 미군의 전투식량인 씨레이션(C-ration)은 물론 초콜렛, 카라멜, 커피, 담배도 인기상품이었다. 이러한 상품들은 중개 상인의 손을 거쳐 국내 시장에서 판매되었다. 이태원에서 미군은 주요 고객이었고 미군 기지는 탐나는 물건이 가득한 곳이었다.

하지만 이태원에도 그늘이 있었다. 우선 흑인과 백인의 인종 갈등 문제가 있었다. 이태원에서 삼각지 쪽은 흑인이 주로 다녔고, 해방촌은 백인이 드나들었다. 이러한 거리에는 미군을 상대로 한 유흥 업소가 밀집되어 있었다. 이곳에서 일하는 여성들은 대개 지방에서 올라온 가난한 집 딸들이었다. 이들은 미군으로부터 달러를 벌어들였지만 고달픈 일상과 주변의 따가운 눈총에 시달렸다. 또한 때때로 미군 범죄의 피해자가 되기도 하였다. 이처럼 해방 후 이태원은 용산 미군 기지와 더불어 독특한 환경을 지닌 공간이 되었다.

■ 다양한 외국인이 모여 들다

이태원에는 고향을 떠난 사람들의 손으로 일군 달동네와는 대조적으로 한국 정부가 건설한 고급 외국인 주택 단지도 있었다. 1960년대 이후 한국에 들어온 각국의 대사관이 이태원에 입주하자 그 영향으로 1970년대까지 계속 고급 주택 단지가 조성되었다. 아울러 해밀턴 호텔과 이태원 시장을 따라 쇼핑지구가 형성되었다. 당시 자원이 부족했던 한국은 가공무역⁵⁾에 주력하였다. 특히 정부가 보세제품⁶⁾ 수출정책을 추진하면서 이태원 일대에는 미군을 고객으로 하는 양복점, 신발가게, 구둣방, 가죽 제품 가게 등이 생겨났고, 뒷골목에는 수출용 가내 공장들이 들어서게 되었다. 품질은 좋으면서 가격은 비교적 저렴한 보세상품은 1980년대까지 이태원이 국제적인 쇼핑 지역으로 성장하는데 큰 영향을 미쳤다. 이태원 상가는 1986 아시안 게임, 1988 서울 올림픽 등 국제 행사를 거치며 유명한 쇼핑 거리로 소문이 났다.

하지만 1990년대에 접어들면서 이태원 상권은 다소 위축되었다. 올림픽 이후 관광객이 줄었고 서울시가 퇴폐업소 단속을 강화하면서 미군도 이태원 외출을 삼가는 분위기가 형성되었다. 반면 신촌, 홍대입구, 강남 등 새로운 장소가 젊은이들에게 인기를 끌었다. 대신 다양한 외국인들이 이태원에 들어왔다.

1976년 이슬람성원이 한남동에 건립된 이래, 상대적으로 저렴한 땅 값 때문에 무슬림들이 근처에 정착하였다. 1990년대 후반부터 산업연수생이나 이주노동자로서 파키스탄, 방글라데시, 인도네시아 등 이슬람국가나 아프리카에서 온 사람들이 늘어났다. 이에 이태원에는 이슬람 거리, 아프리카 거리 등 특색 있는 골목이 형성되었다. 무슬림에게 종교는 생활 그 자체였으므로 이슬람 거리에는 이슬람식으로 도축된 고기만 판매하는 할랄(Halal) 식품점과 히잡 가게, 이슬람 전문 서점 등이 자리 잡았다. 이슬람 중앙성원을 중심으로 한 이 거리는 무슬림들에게 신앙의 장소이면서 자신들의 문화를 이어갈 수 있는 바탕이 되었

이태원 거리 풍경

이태원 이슬람교 서울중앙성원

5) 외국 물품을 수입하여 국내에서 가공, 정제한 후 다시 수출하는 무역이다.
6) 관세 부과가 유보된 상태에서 거래되는 수입상품이다.

다. 아프리카 거리에도 흑인의 곱슬머리를 전문적으로 다듬는 미용실 등 여러 가게가 영업 중이다. 지방에서 거주하는 흑인들도 이 거리에 와서 필요한 물건을 구입할 정도로 흑인 관련 상권이 형성되어 있다. 그 밖에 이태원에는 총 80개국 출신의 다양한 외국인들이 거주하고 있다. 이들은 일시적인 방문객부터 한국 국적을 취득한 이민자까지 그 양상이 다양하다.

■ 서울 최초의 관광특구, 이태원

해방 이후 이태원은 미군 중심의 거리에서 전통과 현대, 세계적인 것과 한국적인 것이 융합하고 공존하는 '퓨전' 장소로 변화하였다. 해밀턴 호텔 뒤편에는 약 300m 넘는 구간에 영국, 프랑스, 독일, 멕시코, 이란, 이탈리아, 인도, 불가리아, 브라질 등 여러 나라의 음식을 맛볼 수 있는 세계음식문화 거리가 조성되어 있다. 그밖에 고풍스러운 가구를 파는 앤티크 거리, 아기자기한 기념품을 파는 가게들도 있어 관광객들의 발길을 끌고 있다. 이에 서울시는 관광 명소의 가치를 인정하여 1997년 서울 최초로 이태원을 관광특구로 지정하였다. 이태원 관광특구는 지하철 6호선 녹사평역에서 한강진역에 이르는 1.4㎞ 구간이다. 관광특구 지정에 따라 매년 5월과 10월에는 이태원 그랜드 세일축제(Itaewon Grand Sale)와 이태원지구촌축제(Itaewon Global Village Festival)가 열리고 있다.

이태원 지구촌 축제 세계 민속 의상 패션쇼(2014)

이태원 지구촌 다문화 축제

서울 속 지구촌, 이태원의 어제와 오늘

보론

231

■ 이태원에서 찾는 공존의 길

이태원이라는 공간을 아우르는 키워드는 다문화주의다. 다문화주의의 핵심은 관용과 다양성의 존중이다. 즉 서로 다른 종교·국적·인종·민족·풍습, 나아가 성적 취향의 차이도 인정하는 마음가짐이 중요한 것이다. 이는 인권 문제와도 관련이 있다.

이태원은 1990년대 후반 이후 일본·홍콩·중국·동남아·아프리카·중동지역 관광객들과 이주 노동자가 증가하면서 미군 중심의 거리에서 세계인의 관광특구로서 전통과 현대, 세계적인 것과 한국적인 것이 혼재하는 '퓨전'의 장소로 변모하고 있다. 그리고 급격하게 다문화 사회로 진입하고 있는 오늘날 한국 사회에서, 이태원은 한국의 수도 서울이라는 일정한 도시 공간 내의 다양한 인종·종교·문화가 혼재되어 있으면서도 각각의 문화영토들을 한 조각씩이라도 확보하고 유지하고 있다.

위와 같이 역사적으로 살펴 본 한국의 다문화 공간 이태원은 강요된 개항, 청나라 군대 및 일본 군대 등 외국 군대의 주둔, 서양문물의 유입, 일제강점기, 해방과 분단, 6.25 전쟁, 주한미군의 주둔 등 제국주의와 냉전시대의 명암이 교차되는 특징을 가지고 있다. 아울러 탈냉전과 다문화 시대의 도래로 말미암아 외국인 노동자의 유입, 관광객의 증가, 재외국민의 귀환(중국 조선족, 중앙아시아 고려인, 사할린 한인 교포, 새터민 등)으로 이태원은 다양한 문화가 공존하고 융합되어 새로운 문화적 토대가 형성되는 가운데 한국 사회가 마주치게 될 '먼저 온 미래의 공간', '다문화 공존의 실험 공간'으로 자리매김하고 있다.

한국의 귀화성씨와 다문화

1. 나의 뿌리는 어디에서 시작되었을까?

"너는 성씨가 뭐야?
"너는 본관이 어디니?"

이런 물음에 한 번쯤 답해 본 경험이 있을 것이다. '성씨(姓氏)'는 이름 앞에 붙어 출생의 혈통을 나타내는 것이고 '본관(本貫)'은 본향(本鄕), 관향(貫鄕), 선향(先鄕), 관적(貫籍) 과도 같은 말로 시조의 출생지나 정착지로 본(本)을 삼은 곳을 의미한다. 동일한 성이라고 할지라도 본관과 함께 사용하여 혈연관계를 구별할 수 있다. 오늘날 한국인이라면 누구나 이와 같은 본, 성, 이름을 가지고 있다. 한국 통계청에서 2003년 1월 성씨 및 본관을 집계하였을 때 발표된 성씨는 모두 286개, 본관은 4,179개에 달하였다. 그런데 과연 이처럼 다양한 성씨와 본관들이 한국에서만 시작된 것일까? 한국사의 전개과정 속에서 외부로부터 유입된 귀화 성씨들이 분명 존재한다. 삼국시대, 고려시대, 조선시대를 거쳐 유입되어 온 귀화 성씨들을 살펴보고 오늘날 한국 다문화 사회에서의 역사적 의미를 살펴보자.

■ 삼국시대의 귀화 성씨

한반도에 귀화인들이 등장한 것은 삼국시대 이전부터로 볼 수 있다. 그 예로 고조선 때 가장 오래된 귀화 성씨인 기자(箕子)씨를 든다. 기자는 중국 은나라 말기 중국에서 한반도로 넘어온 인물로 보기 때문에 귀화인이라 할 수 있다. 기자가 이끄는 유민들이 고조선으로 유입되었다면 이는 최초의 귀화집단인 셈이다. 기자를 시조로 하는 성씨는 행주 기씨, 태원 선우씨, 청주 한씨 등이다.

삼국시대에 접어들어서는 신라 왕족 중의 석씨(昔氏)일족, 제주도의 개척자 고·부·양(高·夫·良) 3성(三姓)의 배필이었던 일본의 세 처녀의 경우를 들 수 있다. 또한, 한국사에 기록된 최초의 국제결혼인 가야의 시조 김수로왕과 혼인한 인도 아유타국[1]의 허황옥(許黃玉)은 김해 허씨(金海 許氏)의 시조이다. 김수로왕과 허황옥의 결혼은 고려시대 승려 일연이 쓴 《삼국유사》에도 다음과 같이 묘사되어 있다.

> 후한(後漢) 광무제 건무(建武 18년: A.D. 42년) 3월 어느 날 하늘로부터 황금알 여섯 개가 든 황금상자가 구지봉(龜旨峰)에 내려왔다. 다음날 새벽 이 알들은 사내아이로 변하였고, 그 중 하나가 김해지방에 나라를 세웠다. 가락국의 시조 수로왕이다. 6년이 흐른 후 인도 아유타국의 공주인 허황옥이 바다를 건너오니, 그를 왕비로 맞았다. 허황후는 후한 영제 중평(中平) 6년(A.D. 189년) 3월 1일 157세의 나이로 세상을 뜨고, 수로왕은 후한 헌제 건안(建安) 4년(A.D. 199년) 3월 23일에 158세를 일기로 세상을 떠났다.

기록에 의하면 A.D 48년 배를 타고 바다를 건너온 허황옥은 아들 10명을 낳았는데, 맏아들은 김씨(金氏)로 정통을 잇게 하고, 두 아들은 자신의 뜻을 이어 허씨(許氏)로 하였으며 나머지 일곱 아들은 불가에 귀의하였다고 한다. 허황옥의 아들 중 일부가 김해 허씨가 된 것이기 때문에 수로왕을 시조로 하는 김해 김씨와는 같은 연원을 갖는 셈이다. 따라서 양 성씨는 동족으로 서로 혼인하지 않는다.

가야가 몰락하자 허씨의 자손들은 흩어졌는데 김해에 남은 김해 허씨, 하양으로 이주한 하양 허씨, 양천 허씨, 태인 허씨, 그리고 태인 허씨에게서 갈라져 나온 인천 이씨가 있다.

또한, 신라에 귀화한 대표적인 중국계 귀화 성씨로는 안동 장씨(安東 張氏)와 함안 조

---

1) 아유타국의 위치에 대해서는 인도, 태국, 중국, 일본 등 여러 가지 설이 있지만 인도 아요디아라고 알려진 것이 가장 유력하다. 그 연유는 수로왕릉 정문 대들보에 새겨진 두 마리의 물고기가 인도 아요디아 지방의 건축 양식에서 볼 수 있는 문양이기 때문이다.

씨(咸安 趙氏)가 있다. 안동 장씨의 시조는 충헌공(忠獻公) 장정필(張貞弼)이다. 930년(고려 태조 13)에 왕건을 도와 견훤의 군대를 물리친 공을 인정받아 고창(古昌)의 군수로 임명되었다. 이 때 태조는 고창군(古昌郡)을 안동부(安東府)로 승격하였고 본관을 안동으로 한 안동 장씨가 생겨나게 되었다. 덕수 장씨(德水 張氏)와 절강 장씨(浙江 張氏)를 제외한 나머지 장씨는 모두 안동 장씨의 장정필을 시조로 한다. 그리고 함안 조씨의 시조는 신라 말에 중국 후당(後唐)에서 들어와 정착한 조정(趙鼎)이다. 조정 또한 왕건을 도와 견훤군을 크게 물리쳤으며 고려 건국에도 큰 공을 세워 개국공신으로 대장군(大將軍)에 임명되었다. 후손들이 함안(咸安)을 본관으로 하여 시조로 삼고 있다.

신라 경주에는 서역인들도 정착하여 살고 있었다. 이들이 신라에 정착하여 살았다는 기록이 한국에는 없지만 아랍권에는 지금까지 남아 있다. 그리고 경주 외동면 괘릉리에 위치하고 있는 괘릉(신라 38대 원성왕의 무덤)과 흥덕왕릉의 무인석에서도 그 증거를 찾을 수 있다. 우람한 체격, 오뚝하고 큰 코, 곱슬머리에 크게 부릅뜬 눈, 튀어나온 광대뼈, 귀밑부터 흘러내린 길고 숱 많은 곱슬 수염, 머리에 쓴 아랍식 터번 등이 아랍인의 형상과 일치한다. 신라 42대 흥덕왕릉의 무인석도 이와 공통점을 지니고 있다. 그 뿐 아니라 《삼국유사》에 기록된 처용(處容) 역시 서역인으로 추정된다.

그 외에도 《삼국사기》에서도 한반도로 귀화된 사람들의 흔적을 찾을 수 있다.

서역인의 모습을 하고 있는 신라 흥덕왕릉 무인석상

신라 유리이사금(儒理尼師今) 14년
고구려의 대무신왕이 낙랑을 쳐서 멸망시키자 그 나라 사람 오천 명이 신라에 내투(來投)하여 육부(六部)에 나누어 살게 하였다

고구려 고국천왕 19년(서기 197년)
중국이 크게 어지러워 한인(漢人)들이 피난해 오는 자가 매우 많았다.

고구려 산상왕(山上王) 21년(서기 217년)
한의 평주사람 하요(夏瑤)가 백성 천 여명을 데리고 내투(來投)하므로 왕은 이들을 거두어 책성(柵城)에 살게 하였다.

이러한 기록들을 살펴볼 때 삼국시대 중국에서 귀화한 이들은 대체로 정치적 혼란이나 전쟁을 피해 한반도로 유입되었음을 알 수 있다.

■ 고려시대의 귀화 성씨

고려 태조 왕건이 개국 공신들과 지방 세력들을 통합하여 다스리기 위하여 전국의 군·현을 개편하고 성을 하사하면서 우리나라 성씨의 체계가 확립되었다. 귀족 관료들은 고려 초기부터 성을 사용했지만 고려 문종 9년(1055년)에 성이 없는 사람은 과거에 응시할 수 없다는 법령을 내린 것을 보면 그때까지도 성을 쓰지 않는 사람이 많았다는 것을 알 수 있다. 이 법령 이후 우리나라의 성이 보편화되어 일반 민중들도 성을 쓰게 되는 계기가 되었다.

부계 홍씨(缶溪 洪氏)의 시조 홍유, 경주 배씨(慶州 裵氏)의 시조 배현경, 평산 신씨(平山 申氏)의 시조 신숭겸, 면천 복씨(沔川 卜氏)의 시조 복지겸 등도 처음에는 성이 없었다. 고려의 개국공신으로 공을 세운 후 성을 하사받아 각 성의 시조가 되었다. 그 뒤, 고려 중엽부터는 일반에서도 성(姓)을 널리 사용하게 된 것으로 보인다.

또한 고려 초기에는 문신들이 절대적으로 부족해서 고려 조정은 중국계 지식인들을 적극적으로 기용했다. 그 중 한명이 광종을 도운 중국 후주사람 쌍기(雙冀)다. 광종은 그의 건의에 따라 처음으로 과거제를 도입했으며, 쌍기는 과거제를 총괄하는 지공거(知貢擧)의 벼슬에 임명되었다. 이처럼 고려전기에는 고려에 필요한 우수한 인력을 중심으로 중국에서 귀화한 사람들을 등용하고 귀화인에게 성을 하사하는 일이 활발하게 나타났다.

신라 말기 강릉을 관장하던 명주장군(溟州將軍) 순식(順式)이 고려 태조때에 귀순하여 왕씨 성을 받았고, 발해의 태자 대광현(大光顯)도 귀순한 뒤 왕씨 성을 받았다. 신라 사람 김행(金幸)은 고려 태조를 보필하여 권씨 성을 받아 안동 권씨의 시조가 되었다. 충렬왕비인 제국공주(齊國公主)를 따라와서 귀화한 몽골인 후라타이는 인후(印侯), 위구르인 삼가(三哥)는 장순룡(張舜龍)이라는 성명을 함께 받아, 인후는 연안 인씨(延安 印氏), 장순룡은 덕수 장씨(德水 張氏)의 시조가 되었다.

특히 귀화 정책이 가장 개방적이었던 고려 초, 100년 동안 무려 20만명 가까이 귀화했다.[2] 당시 고려 인구가 210만이었으니 약 10%에 달하는 적지 않은 숫자다. 고려는 외국

2) 고려시대에 접어들어 태조 왕건은 북진정책 내지는 북방안전책에 따라 발해(渤海)의 유민을 포섭하는 한편, 여진족(女眞族)의 내복(來服)을

의 문화와 사람을 받아들임에 있어서 적극적인 태도를 보였다. 중국과 접해 있어 중국으로부터 들어온 성씨들이 많았고, 일본, 몽골, 여진, 위구르, 베트남 등 다양했다. 이러한 귀화인들로 인하여 고려는 다문화적이면서도 역동적인 사회가 될 수 있었다.

고려시대의 대표적 중국계 귀화 성씨로는 거창 신씨의 예를 들 수 있다. 시조는 신수(愼脩)이며 원래 중국 송나라 카이펑부(開封府)출생이다. 고려 문종 때 귀화한 그는 학식이 풍부하고 의술에 능하였으며 그의 후손들 중에서 많은 이름난 사람들이 배출되었다. 몽골계 귀화 성씨로는 인후(印侯)를 시조로 하는 연안 인씨(延安 印氏)가 있다. 인후의 원 이름은 후라타이(忽剌歹)다. 충렬왕의 왕비이자 원나라 황녀였던 제국공주의 시종으로 고려에 귀화하여 벼슬을 받았다. 여진계 귀화 성씨로는 청해 이씨가 있다. 시조는 이지란(李之蘭)이며 원래 여진사람으로 성은 퉁(佟), 이름은 쿠룬투란 티무르(古倫豆蘭帖木兒)이다. 고려 공민왕 때 부하 100명을 이끌고 귀화하여 이씨 성과 청해의 본관을 하사받았다. 고려 때 귀화하였으나 일찍이 이성계의 휘하로 조선 개국공신에 임명된 인물이기에 '조선시대의 귀화 성씨'에서 더 구체적으로 살펴 볼 것이다.

1270년 고려가 몽골에 항복한 후 원나라의 정치적 간섭이 시작되자 위구르인들은 본격적으로 한반도에 진출하게 되었다. 몽골 제국은 중국의 한인(漢人)을 효과적으로 지배하기 위해 중앙아시아의 투르크족, 특히 위구르인을 대거 행정에 기용했다. 때문에 고려가 원의 정치적 간섭을 받으면서 수많은 위구르인들이 사신이나 관리, 역관, 근위병 등의 명목으로 고려에 들어오게 된 것이다. 당시 중국 북부 지역의 교역을 독점하고 있던 위구르 상인들은 개경에서 대규모의 거주 집단을 이루기도 하였다. 특히 고려와 원나라 왕실의 혼인 정책에 따라 고려 왕비가 된 몽골 공주는 대규모 수행원을 이끌고 고려에 왔는데 이때 수행한 시종들 대부분이 위구르인들이다. 삼가(三哥)와 민보(閔甫)등이 대표적이다. 이들을 통해 이슬람교를 비롯한 위구르의 문자와 제도, 문화가 고려 사회에 널리 퍼지기도 하였다. 원 간섭기에 한반도에 정착한 위구인들은 개경을 중심으로 집단 공동체를 형성하며 조선 초기까지 자신들의 고유한 문화와 종교, 언어를 유지해 갔다. 특히 위구르 문자가 몽골 제국에서 공식 문자로 사용되면서 위구르 언어와 문자는 고려 지배층에서도 널리 사용되었다.

위구르계 귀화 성씨로는 경주 설씨(慶州 偰氏)와 덕수 장씨(德水 張氏)가 대표적이다.

적극 장려하고 또 한인(漢人)의 귀화를 장려하여 그들을 우대하는 정책을 펼쳤다.

경주 설씨의 시조는 설손(偰遜)이다. 그는 위구르 사람으로 원나라에서 벼슬하였으나 홍건적의 난을 피해 공민왕 때 고려로 귀화하였다. 공민왕은 부원의 땅과 함께 부원후(富原侯)의 벼슬을 주었는데 호를 근사재(近思齋)로 하여 시인으로 활약하였다. 덕수 장씨의 시조는 원나라 제국공주를 시종하여 고려에 들어와 귀화한 장순룡이다. 후에 장군에 오르고 첨의참리(僉議參理)의 벼슬을 받았다. 베트남계 귀화 성씨로는 화산 이씨(花山李氏)가 있다. 시조는 이용상(李龍祥)으로 안남 이씨 왕조의 제8대 왕 혜종의 숙부이다. 1226년 고려로 귀화한 이용상은 몽골군의 잦은 침입에 맞서 전투를 지휘하였는데 고려 고종은 그 공을 크게 인정해 본관을 화산으로 하는 이씨 성을 하사하고, 고려의 위기를 막아낸 명장으로 화산 이씨의 시조가 되었다.[3]

■ 조선시대의 귀화 성씨

조선시대에 들어와서도 귀화인 우대정책은 일관되게 유지되었는데, 이는 여진족에 대한 포용, 결혼정책, 강제이주 등으로 주로 북방 경계를 지켜내기 위한 목적으로 이루어졌다. 조선시대 대표적인 귀화 성씨로는 여진인 이지란과 일본인 사야가(沙也可)를 들 수 있다.[4]

태조 이성계를 도와 조선건국에 많은 공을 세운 여진인 이지란은 청해 이씨의 시조이다. 함경도 북청에 거주하면서 이성계와 친밀하게 지냈다. 이성계 휘하에서 공을 세워 개국공신 1등에 책록되었으며 후에 명나라를 도와 건주위(建州衛) 정벌에 공

여진계 귀화 성씨: 청해 이씨(淸海 李氏) 이지란(李之蘭)

을 세우기도 하였다. 또한 제1차 왕자의 난을 수습하고 정사공신 2등이 되었다. 1400년 제2차 왕자의 난 때 재차 공을 세워 좌명공신(佐命功臣) 3등이 되고, 좌찬성(左贊成)에 오른 인물이다.

---

3) 화산 이씨(花山 李氏)의 시조 이용상(李龍祥)은 안남(安南: 베트남)국왕 이용한(李龍翰)의 동생이다. ≪정묘보(丁卯譜)≫에는 그가 안남국의 시조인 교지군왕(交趾君王) 이공온(李公蘊)의 7세손이며, 안남왕 이천조(李天祚)의 둘째 아들로 전한다. 따라서 그의 후손들은 이공온을 시조로 삼고, 이용상을 중조로 하여 화산을 관향으로 삼아 세계를 이어왔다. ≪화산이씨정사세보(花山李氏丁巳世譜)≫에 의하면 시조 이용상은 고려 고종 때 본국의 변란을 피해 바다를 건너 동래하여 황해도 옹진(甕津)의 속진(屬鎭)인 화산(花山)에 정착하였다. 이 사실을 전해들은 고종(高宗)은 1226년(고종 13) 그를 화산군(花山君)에 봉하고 그 지역의 땅을 식읍(食邑)으로 하사하였다. 옹진에 정착한 이용상은 북면(北面) 봉소리(鳳所里) 동쪽 원추형 산위에 쌓은 화산성(花山城)에 올라가 망국단(望國壇)을 만들고 고국을 그리다가 일생을 마쳤다고 한다
4) 조선 인조 5년(1627년) 네덜란드인 벨테브레가 제주도에 표착하여 이후 조선에 귀화한 사실이 있다. 그는 이후 이름을 박연으로 바꾸었으며 조선에 귀화한 최초의 서양인이다.

일본계 귀화 성씨로는 사성 김해 김씨가 대표적으로 시조는 왜장 사야가(沙也可)로 귀화명은 김충선이다. 그는 임진왜란때 한국에 내침하였으나 조선의 문물과 인정, 풍속을 흠모하여 귀화하였다. 귀순한 사야가는 경주, 울산 등지

일본계 귀화 성씨: 사성(賜姓) 김해 김씨 김충선(金忠善)

에서 일본군의 침공을 막아내고, 조총과 화약 제조법을 조선군에게 전수하였다. 그는 임진왜란 시기 많은 무공을 세워 선조로부터 가선대부의 품계와 관복 및 청포 3천 필을 하사 받았으며, 1593년에는 자헌대부의 벼슬을 받기도 했다.

또한 조선 시대 위구르계 귀화인의 후손 중 대표적 인물로는 조선 인조 때 장유가 있다. 그는 이정구(李廷龜), 신흠(申欽), 이식(李植)과 더불어 조선시대 한문학의 4대가로 일컬어진다. 위구르인들은 궁정 행사에도 참가할 정도로 사회적 지위를 인정받았다. 조선 전기인 15세기까지도 위구르어는 역관 시험의 공식 과목으로 지정되어 있었을 정도였다. 《조선왕조실록》에 따르면 이들은 조정에 나와 왕을 알현하고 왕의 만수무강과 국가의 안녕을 기원하며 코란을 낭송하기도 하였다. 하지만 이들이 자신들의 복장과 관습, 종교를 고집하는 것에 대한 우려와 반발이 높아지자 세종은 1427년 예조의 건의를 받아들여 조선의 백성으로 한반도에 거주하는 한 이질적인 풍습을 금지하라는 명을 내렸다. 이로써 한반도에 정착한 위구르인들의 종교적·민족적 일체감은 급속히 와해되었고 이후 점차 조선사회에 동화되었다.

2. 다문화 시대, 귀화인에 대한 포용과 공존

■ 귀화 외국인의 창성창본

귀화 외국인이 늘어나면서 한국식 성과 본을 따라 스스로 시조가 되는 창성창본(創性創本) 또한 활발해지면서 귀화 성씨도 늘어나는 추세다. 한국 귀화인에 관련하여 빼놓을 수 없는 사실은 한국인의 성씨 중에 외국인 귀화족이 상당히 많다는 점이다. 귀화족을 민족적으로 대별하면, 중국계, 몽골계, 여진계, 위구르계, 아랍계, 베트남계, 일본계 등이며, 이를 시대별로 살펴보면 삼국시대에는 중국인, 고려시대에는 중국인 외에 여진·베트남·몽골·위구르·아랍인, 조선시대에는 중국인과 일본인 등이 대표적이다.

한국 성씨의 수는 조선 중종(재위 1506~1544) 때인 1530년에 간행된 〈신증동국여지승람〉에 277가지로 기록되어 있고, 고종(高宗) 때인 1903년에 보수되어 간행된 〈증보문헌비고〉에는 496가지로 기록되어 있는데, 이는 고문헌에 있는 모든 성(姓)을 넣은 숫자이다. 1960년의 인구조사에서는 258가지의 성(姓)이, 1975년에는 249가지, 1985년의 인구 및 주택 센서스에서는 모두 274가지의 성(姓)이 사용되고 있는 것으로 조사되었다.

2000년 인구 및 주택 센서스에서 한국의 성씨는 총 286개로 파악되었다. 이는 외국인들이 귀화하여 새로 만들어진 성씨들은 제외한 숫자인데, 한국인으로 귀화하면서 새로 만들어진 외국인의 성(姓)이 토착 한국인 성씨보다 1.5배 많은 442개인 것으로 집계된다. 그리고 귀화 성씨 중 130여 성씨가 중국에서 온 귀화 성씨이다.

이렇게 급격하게 외국인의 숫자가 증가하고 귀화 성씨가 증가하기 시작한 것은 외국인 산업연수생 및 외국인 노동자의 대거 유입과 농촌지역 미혼 남성들의 외국인 여성(중국, 필리핀, 몽골, 베트남, 태국 등)들과의 국제결혼이 늘어났기 때문이라 할 수 있다. 또한, 교통과 통신기술 발전으로 인하여 시간적·물리적 거리가 줄어든 세계화 시대에 진입하면서 인적 교류 또한 활발해졌기 때문이다.

■ 현대 사회의 귀화 외국인들

현재 한국은 몽골 김씨, 태국 태씨, 대마도 윤씨, 길림 사씨, 왕장 박씨, 런던 박씨, 뉴욕 김씨 등 귀화 외국인들이 늘어남에 따라 낯선 본관이 많이 생겼다. 그 외에 평소에 듣지도 보지도 못한 희귀 성씨도 많고 특히 새로운 성씨의 시조가 되는 사람들이 많아지고 있다.

미국인 로버트 할리씨는 한국에서 변호사 및 방송인으로 활동하다가 1997년 한국에 귀화하여 그가 처음 한국에 들어와 살던 부산 영도지역의 지명을 딴 영도 하씨의 시조가 되었다. 또한 러시아인으로 프로축구단 성남 일화의 골키퍼였던 신의손 발레리 사리체프는 구리 신씨의 시조다. 그리고 한국관광공사 사장을 역임한 바 있는 독일인 이참씨는 독일 이씨의 시조다. 방송 연예인 프랑스의 이다도시씨는 도시씨의 시조다. 그 외에도 즙씨, 누씨, 묘씨, 내씨, 삼씨, 초씨, 망절씨, 어금씨, 소봉씨 같은 희귀성이 갈수록 늘고 있다. 일본인 아버지와 한국인 어머니 사이에서 태어난 즙간부씨는 1954년 어머니를 따라 한국으로 귀화하면서 국내 '즙'씨의 시조가 되었다. 하지만, 희귀한 귀화 성씨는 불편과 사회적 차별을 부르기도 한다. 특히, 학령기 자녀들의 경우 그들의 귀화한 성씨 때문에 학교에서 친구들의 놀림감이 되기도 한다. 귀화 외국인들이 지속적으로 유입되고 있고 오히려 그 수가 늘어났음에도 불구하고 이에 대한 인식의 개선은 많이 이루어지지 못하고 있는 상황이다.

■ 다문화 시대 포용과 공존의 가치

단일민족, 단군의 자손이라는 한국인의 일반적 관념과 달리 한국인의 정체성 속에는 다양한 민족적·문화적 요소가 포함되어 있고, 현실적으로도 한국인의 순혈주의와 단일민족의 신화는 변화하고 있다. 한국인의 자긍심은 단일민족이라는 믿음보다는 한국사 속에서 지금까지 이루어 놓은 조화와 포용, 공존이라는 정신적 유산이 있는 것이다.

삼국시대부터 조선시대를 거치는 동안 많은 외국인들이 한반도에 귀화하여 정착했음을 알 수 있다. 그럼에도 한국사 속에 면면히 흐르고 있는 이러한 다문화적 성격에 대해서는 지금까지 소홀하게 취급되어 왔다. 일제 강점기, 해방과 분단, 6·25전쟁 등으로 인한 한국사의 특수성으로 인하여 해방 이후 민족의식과 순혈주의를 고취하고 한민족이 단일민족임을 강조하는 역사교육이 강조된 까닭이다.

우리 선조들은 귀화인들을 통해서 다양한 문화체험을 하였고, 외국의 문화를 창의적으로 수용하여 토착화 시켰다. 즉 새로운 집단이 한반도에 새로운 문물을 전해주고 새로운 역사를 쓰는데 도움을 주었다는 것이다. 현대 사회에서도 역시 외국과의 다양한 문화교류로 인한 발전이 지속되고 있다. 더욱이 글로벌화를 지향하는 다문화사회이기에 공동체 구성원들 간의 공존을 모색하여야 할 필요성이 높아지고 있다.

이와 같은 상황에서, 한국사회가 21세기에 접어들어서 진정한 다문화 사회를 지향한다면, "우리는 한겨레"라는 말처럼 단일민족이라는 공동체 의식의 감옥에 갇혀버려서는 안 된다. 오히려 기나긴 역사의 흐름 속에서 우리 안에 이미 내재되어 있는 다문화 유전자를 되새기며 조상들의 '다문화성'에 대해 배우는 것이 우선일 것이다.

(단위: 명)

국적 · 지역	통계	귀화 소개	일반 귀화	간이 귀화	특별 귀화	수반 취득
총 계	32,837	10,924	323	7,584	2,778	239
아 시 아 주 계	12,747	10,762	315	7,472	2,747	228
아프가니스탄	1	1	1	0	0	0
방 글 라 데 시	18	15	7	5	2	1
미 얀 마	6	6	0	3	3	0
캄 보 디 아	436	406	0	405	1	0
스 리 랑 카	3	3	0	3	0	0
중 국	1,684	1,537	38	881	504	114
한국계중국인	5,177	4,940	187	2,688	1,993	72
타 이 완	527	427	56	275	74	22
홍 콩	3	1	0	0	1	0
인 도	6	6	1	3	2	0
인 도 네 시 아	33	1	0	1	0	0
이 란	29	6	0	3	1	2
이 스 라 엘	2	0	0	0	0	0
일 본	912	44	0	13	30	1
요 르 단	5	5	0	0	5	0
카 자 흐 스 탄	6	5	0	4	1	0
키 르 기 스 스 탄	36	29	1	22	6	0
라 오 스	6	2	0	2	0	0
말 레 이 시 아	3	0	0	0	0	0
몽 골	134	101	7	75	14	5
네 팔	71	70	0	67	3	0
파 키 스 탄	25	24	6	9	5	4
필 리 핀	421	280	0	258	20	2
싱 가 포 르	33	0	0	0	0	0
시 리 아	1	1	0	1	0	0
타 지 키 스 탄	1	0	0	0	0	0
타 이	92	45	0	41	4	0
터 키	5	3	0	3	0	0
우 즈 베 키 스 탄	147	81	3	64	10	4
베 트 남	2,923	2,722	8	2,645	68	1
예 멘 공 화 국	1	1	0	1	0	0
북아메리카주계	16,930	11	2	1	5	3
캐 나 다	3,904	5	0	1	1	3
미 국	13,026	6	2	0	4	0
				7	0	0

※자료

『續日本紀』

『唐會要』

『慵齋 叢話』

『東國餘地備考』

『新增東國輿地勝覽』

『練藜室記述』

『世宗實錄地理志』

『韓國地名總攬』

『朝鮮王朝實錄』

『KBS역사스페셜(1-5)』, 효형출판, 2000~2008.

『고등학교 한국사 7종』, 2014.

『국립경주박물관-고고관(도록)』, 국립경주박물관, 2005.

『국립공주박물관 도록』, 국립공주박물관, 2004.

『국립중앙박물관 도록』, 국립중앙박물관, 2007.

『신라의 사자 도록』, 국립경주박물관, 2006.

『양동리, 가야를 보다(국립김해박물관 기획특별전 도록)』, 국립김해박물관, 2012.

『중학교 역사(상)』, 비상, 천재, 지학사, 두산동아, 대교, 2011.

『중학교 역사1』, 신사고, 2014.

『히스토리카 한국사(고구려+백제)』, 이끌리오, 2007.

『히스토리카 한국사(신라+가야)』, 이끌리오, 2009.

※단행본

Eunsook Lee Zeilfelder 저, 평택대학교 다문화가족센터 편, 『한국사회와 다문화가족』, 양서원, 2007.

KBS 역사스페셜 제작팀, 『HD 역사스페셜−한국사, 신화를 깨고 숨을 쉬다』, 효형출판사, 2006.

KBS 역사스페셜 제작팀, 『우리역사, 세계와 통하다』, 가디언, 2011.

강봉룡, 『바다에 새겨진 한국사』, 한얼미디어, 2006.

강봉룡 외, 『뿌리 깊은 한국사 샘이 깊은 이야기』, 솔, 2002.

강종훈 외, 『미래를 여는 한국의 역사』, 웅진지식하우스, 2011.

강준만, 『한국 근대사 산책 3−5』, 인물과 사상사, 2008.

강진구 외, 『한국사회와 다문화』, 도서출판 경진, 2012.

강혜경, 『용산 속의 외국문화』, 용산문화원, 2006.

건설부 국립지리원, 『韓國地名要覽』, 국립지리원, 1983.

경기도 다문화교육센터 편, 『다문화교육의 이론과 실제』, 양서원, 2019.

경성부, 『京城都市計劃資料調查書』, 경성부, 1927.

고려대학교 한국사연구소 고려답사회편, 『한국 문화유산 산책』, 새문사, 2012.

고종석, 『고종석의 문장』, 알마, 2014.

국사편찬위원회 역주, 『중국정사조선전 2』, 국사편찬위원회, 1990.

국사편찬위원회, 『한국사 8−삼국의 문화』, 국사편찬위원회, 2003.

권주현, 『가야인의 삶과 문화(개정판)』, 혜안, 2009.

김광언, 『민속놀이(개정판)』, 대원사, 2001.

김광일, 『발길 따라 배우는 우리 근현대사』, 살림FRIENDS, 2011.

김민호 외 12인, 『지역사회와 다문화교육』, 학지사, 2011.

김병모, 『한국인의 발자취』, 정음사, 1985.

김병모, 『김병모의 고고학 여행 1』, 고래실, 2006.

김병모, 『허황옥 루트, 인도에서 가야까지』, 역사의아침, 2008.

김병조 · 김복수 · 서호철 · 오만석 · 은기수 · 정미량 · 정재기 · 조동기, 『한국의 다문화 상황과 사회 통합』, 한국학중앙연구원 출판부, 2011.

김부식 · 고전연구실 역, 『신편 삼국사기(상 · 하)』, 신서원, 2000.

김원 외 지음, 『한국의 다문화주의: 가족, 교육 그리고 정책』, 이매진, 2011.

김인덕, 『한국 미의 재발견』, 솔, 2005.

김육훈, 『살아 있는 한국 근현대사 교과서』, 휴머니스트, 2007.

김재근, 『우리의 배』, 서울대학교출판부, 1996.

김정현, 『우리겨레 성씨이야기』, 지식산업사, 2009.

김진영, 『다문화 콘텐츠 기획: 다문화 시대를 여는 미래전략』, 한국외국어대학교 출판부,
        2012.

김호석, 『한국의 바위그림』, 문학동네, 2008.

김태수, 『꽃가치 피어 매혹케 하라』, 황소자리, 2005.

노태돈 외, 『한국사 10』권 발해, 국사편찬위원회, 2013.

다문화교육방법연구회, 『교실 속 다문화교육』, 학이시습, 2010.

단국대학교 동양학연구원, 『동아시아의 철기문화와 고조선』, 학연문화사, 2013.

동아일보, 『철저해부 주한미군』, 동아일보사, 1990.

류시현 외 4인, 『미래를 여는 한구의 역사 5』, 웅진 지식하우스, 2011.

문광립, 『이태원에서 세계를 만나다』, 중앙Books, 2009.

문정창, 『가야사』, 백문당, 1978.

민병훈, 『실크로드와 경주』, 통천문화사, 2015.

박경룡, 『서울사화(史話)』, 정음문화사, 1986.

박기현, 『우리 역사를 바꾼 귀화 성씨』, 역사의 아침, 2007.

박숙희, 『반드시 바꿔 써야 할 우리말 속 일본말』, 한울림, 1996.

박옥걸, 『고려시대의 귀화인 연구』, 국학자료원, 1996.

박정근, 『역사가 좋아하지는 한국사 이야기-선사 · 고대편』, 다른세상, 2012.

박종기, 고려사의 재발견, 휴머니스트, 2015.

박천홍, 『매혹의 질주, 근대의 횡단』, 산처럼, 2003

변광현, 『고인돌과 거석문화 1 · 2』, 미리내, 2001.

사계절 편집부, 『한국생활사박물관 11』, 사계절, 2009.

사람으로 읽는 한국사 기획위원회, 『이미 우리가 된 이방인들』, 들녘, 2007.

사토 요오이치로 저, 김치영 역, 『쌀의 세계사』, 좋은책만들기, 2014.

서   긍, 『고려도경』, 서해문집, 2015.

서울역사박물관 편, 『이태원: 공간과 삶』, 서울역사박물관, 2010.

서울특별시, 『서울통계자료집: 일제강점기편』, 서울특별시, 1993.

서울특별시시사편찬위원회, 『서울 2천년사 25』, 서울특별시시사편찬위원회, 2014.

손소연 · 이륜, 『살아있는 다문화교육 이야기』, 즐거운학교, 2013.

송치중, 『술술 한국사4』, 주니어김영사 2015.

신동준, 『개화파 열전』, 푸른역사, 2009.

신복룡 역주, 『하멜표류기』, 집문당, 2005.

스즈끼 히데오 · 요시이 아끼라 편저, 전국역사교사모임 역, 『일본의 역사 선생님이 쓴 한국 · 일본 두 나라 역사 이야기』, 역사넷, 2004.

안경식 외 6인 공저, 『다문화교육의 현황과 과제』, 학지사, 2008.

안휘준 외, 『한국의 미, 최고의 예술품을 찾아서 1,2』, 돌베개, 2007.

엄한진, 『다문화 사회론』, 소화, 2011.

역사교과서연구회 · 역사교육연구회, 『한일 교류의 역사』, 혜안, 2007.

오경석 외 지음, 『한국에서의 다문화주의』, 한울 아카데미, 2007.

오구마 에이지, 『일본 단일민족 신화의 기원』, 소명출판, 2003.

오영찬, 『낙랑군 연구 −고조선계와 한계의 종족 융합을 통한 낙랑인의 형성』, 사계절, 2006.

오은순 외, 『다문화 교육을 위한 범교과 교수 · 학습 프로그램 개발 연구』, 한국여성정책연구원/한국교육과정평가원, 2008.

요시노 마코토 저, 한철호 역, 『동아시아 속의 한일 2천년사』, 책과함께, 2005.

용산구 편, 『龍山區誌』, 용산구, 1992.

용산구, 『2009 용산구정백서』, 용산구, 2008.

용산구, 『2009 용산통계연보』, 용산구, 2009.

유국치, 『실화 서울 이태원: 여기 사랑에는 국경이 있습니다』, 풀잎, 1992.

유금와당박물관 동양복식연구회, 『아름다운 여인들』, 미술문화, 2010.

유네스코 아시아 · 태평양 국제이해교육원, 『다문화 사회의 이해』, 동녘, 2008.

윤명철, 『해모수』, 송산출판사, 1988.

윤명철, 『바닷길은 문화의 고속도로였다』, 사계절, 2000.

윤명철, 『한국 해양사』, 학연사, 2014.

윤인진 외, 『한국 다문화주의의 성찰과 전망』, 아연출판부, 2014.

이강한, 『고려와 원제국의 교역의 역사』, 창비, 2013.

이강혁, 『라틴아메리카 역사 다이제스트 100』, 가람기획, 2008.

이건무, 『한국 미의 재발견−선사 유물과 유적』, 솔, 2003.

이경재, 『서울정도 600년 3』, 서울신문사, 1994.

이병희, 『뿌리깊은 한국사 샘이 깊은 이야기−고려편』, 솔, 2008.

이상각, 『조선역관열전 , 서해문집』, 2011

이성미, 『다문화 코드: 코리언 드림 해법 찾기』, 생각의 나무, 2010.

이수열, 『우리가 정말 알아야 할 우리말 바로쓰기』, 현암사, 1999.

이순우, 『정동과 각국 공사관』, 하늘재, 2012.

이승우, 『한국인의 성씨』, 창조사, 1977.

이승원, 『세계로 떠난 조선의 지식인들』, 휴머니스트, 2009.

이영문, 『고인돌, 역사가 되다』, 학연문화사, 2014.

이영문 · 신경숙 『고인돌, 세상과 소통하다』, 지성사, 2014.

이영훈 · 신광섭, 『한국 미의 재발견−고분미술』, 솔, 2005.

이윤섭, 『역동적 고려사』, 필맥, 2004.

이윤옥, 『사쿠라 훈민정음』, 인물과사상사, 2010.

이이화, 『이이화 한국사 이야기 시리즈 22 − 빼앗긴 들에 부는 근대화 바람』, 한길사, 2004.

이재범 외, 『한반도의 외국군 주둔사』, 중심, 2001.

이종일, 『다문화사회와 타자이해』, 교육과학사, 2014.

이중섭, 『이중섭 1916−1956 편지와 그림들』, 다빈치, 2011.

이찬욱 · 강진구 · 노자은 공저, 『한국사회와 다문화』, 도서출판 경진, 2012.

이한우, 『고려사로 고려를 읽다』, 21세기북스, 2012.

이효석, 『메밀꽃 필 무렵−이효석 단편전집 1』, 애플북스, 2014.

이희근, 『주제로 보는 한국사(고대편)』, 고즈윈, 2005.

이희근, 『우리 안의 그들 역사의 이방인−섞임과 넘나듦 그 공존의 민족사』, 너머북스, 2008.

이희수, 『이슬람과 한국문화』, 청아출판사 , 2012.

일연 · 김원중 역, 『삼국유사』, 을유문화사, 2002.

장윤수 · 김영필 공저, 『한국 다문화사회와 교육』, 양서원, 2012.

전국역 사교사모임, 『살아있는 한국사 교과서 2권─20세기를 넘어 새로운 미래로』, 휴머니
스트, 2002.

전국역사교사모임, 『살아있는 세계사 교과서 1』, 휴머니스트, 2005.

전국역사교사모임 · 역사교육자협의회, 『마주 보는 한일사』1, 사계절, 2006.

전영선, 『한국교통 3천년사(상)』, 자동차생활, 2009.

전호태, 『벽화여, 고구려를 말하라』, 사계절, 2004.

전호태, 『고구려 고분벽화 연구여행』, 푸른역사, 2012.

정 광, 『조선시대의 외국어교육』, 김영사, 2014

정병호 · 송도영 엮음, 『한국의 다문화 공간: 우리 사회 다문화 이주민들의 삶의 공간을 찾
아서』, 현암사, 2012.

정성화 엮음, 『박정희 시대와 파독 한인들』, 도서출판 선인, 2013.

정성화 엮음, 『박정희 시대와 중동건설』, 도서출판 선인, 2014.

정수일, 『고대문명교류사』, 사계절, 2001.

정수일, 『문명교류사 연구』, 사계절, 2002.

정수일, 『한국 속의 세계(상 · 하)』, 창비, 2005.

정수일, 『실크로드 사전』, 창비, 2013.

정숭교, 『미래를 여는 한국의 역사 4』, 웅진지식하우스, 2011.

정운현, 『친일파는 살아 있다』, 책으로보는세상, 2011.

정은주 외, 『비단길에서 만난 세계사』, 창비, 2005.

조용진, 『얼굴, 한국인의 낯』, 사계절, 2003.

조용진, 『미인』, 사계절, 2007.

조재곤, 『그래서 나는 김옥균을 쏘았다』, 푸른역사, 2005.

조현설, 『동아시아 건국 신화의 역사와 논리』, 문학과지성사, 2003.

조혜영 · 이창호 · 권순희 · 서덕희 · 이은하, 『다문화가족 자녀의 학교생활 실태와 교사학
생의 수용성 연구』, 한국여성정책연구원/한국정소년정책연구원, 2007.

조효순, 『복식』, 대원사, 1989.

조흥국, 『한국과 동남아시아의 교류사』, 소나무, 2009.

주영하, 『음식인문학』, 휴머니스트, 2011.

중구문화원, 『명동변천사』, 서울특별시 중구문화원, 2003.

지배선, 『유럽 문명의 아버지 고선지 평전』, 청아출판사, 2002.

최규진, 『근대를 보는 창 20』 서해문집, 2007.

최용규 · 민윤 · 이향아 · 이광원, 『다문화 시대의 어린이 역사교육』, 대교, 2011.

최충옥 외 9인, 『다문화 교육의 이해』, 양서원, 2010.

최태성 · 박광일, 『교과서 밖으로 나온 한국사』, 씨앤아이북스, 2012.

최형철, 『박물관 속의 한국사』, 휴머니스트, 2007.

추병완, 『다문화 사회에서의 반편견 교수 전략』, 도서출판 하우, 2012.

한국생활사박물관 편찬위원회, 『한국생활사박물관 1』, 사계절, 2006.

한국역사연구회, 『개경의 생활사』, 휴머니스트, 2007.

한국역사역구회 고대사분과, 『고대로부터의 통신』, 푸른역사, 2004.

한국역사역구회 고대사분과, 『문답으로 엮은 한국고대사 산책』, 역사비평사, 1994.

한국역사연구회, 『삼국시대 사람들은 어떻게 살았을까(개정판)』, 청년사, 2005.

한국역사연구회, 『조선시대 사람들은 어떻게 살았을까』, 청년사, 2005.

한철호, 『고등학교 한국사 교과서』, 미래엔, 2014.

한흥섭, 『악기로 본 삼국시대 음악문화』, 책세상, 2000.

한희숙, 『용산 속의 전쟁사와 군사문화』, 용산문화원, 2001.

홍나영 외, 『동아시아 복식의 역사』, 교문사, 2011.

홍성철, 『유곽의 역사』, 페이퍼로드, 2007.

황의숙 외, 『아름다운 한국복식』, 수학사, 2010.

황정미 · 김이선 · 이명진 · 최현 · 이동주, 『한국사회의 다민족 · 다문화 지향성에 대한 조사연구』, 한국여성정책연구원, 2007.

※논문

강기정 · 박수선, 「다문화시대 사회통합 관점에서의 다문화가족정책 및 전달체계에 관한 전 문가 의견 조사 : 다문화가족지원 사업을 중심으로」, 『한국가족복지학』 19권 4호, 2014.

강은해, 「한국 귀화 베트남 왕자의 역사와 전설 : 고려 옹진현의 이용상 왕자」, 『동북아 문화연구』 26, 2011.

강일국, 「다문화 대안학교 "새날학교" 연구: 농어촌 다문화가정 교육지원을 위한 기초연구」, 『교육과정연구』 28권 4호, 2010.

강진구, 「한국사회의 반다문화 담론 고찰: 인터넷 공간을 중심으로」, 『인문과학연구』 32집, 2012.

강진구, 「한국사회의 반다문화 담론에 대한 비판적 고찰」, 『다문화콘텐츠연구』 17권, 2014.

강현두, 「한국문화와 미국의 대중문화」, 『철학과현실』 21, 1996.

고민경, 「초국가적 장소의 형성-이태원을 중심으로 바라본 서울의 세계화」, 서울대학교 석사학위 논문, 2009.

공은숙, 「다문화 정책인가 동화정책인가 -한국에서의 다문화 개념에 대한 반성적 고찰-」, 『건지인문학』 2권, 2009.

곽효문, 「조선조 귀화정책의 사회복지적 의미에 관한 연구」, 『한국행정사학지』 30권, 2012.

금장태, 「조선서학의 전개와 과제」, 『신학과 철학』 제20호, 2012.

김 균, 「미국의 대외 문화정책을 통해 본 미군정 문화정책」, 『한국언론학보』 44, 2000.

김경록, 「조선초기 귀화정책(歸化政策)과 조명관계(朝明關係)」, 『역사와현실』 83, 2012.

김권정, 「'同化'와 '抵抗'의 記憶 – 식민지 조선의 일어」, 『한국민족운동사연구』 제45집, 2005.

김기흥, 「신라 왕실 삼성(三姓)의 연원」, 『한국고대사연구』 64, 2011.

김미영, 「일제강점기 내선연애(결혼)소설에 나타난 일본여성에 관한 표상 연구」, 『우리말 글』 41, 2007.

김봉모, 「우리말에 들어온 일본식 외래어 분석」, 『한국민족문화』 11, 1998.

김상학, 「소수자 집단에 대한 태도와 사회적 거리감」, 『사회연구』 7호, 2004.

김선정, 「다문화가정 자녀 실태 및 다문화교육의 추진 방향 」, 『외국어교육연구』, 24권 1호, 2010.

김선희, 「북한이탈주민 사회적은의 철학 상담 치료적 접근 - 일방적 소통에서 상호 통섭적 소통으로의 소통 패러다임의 전환」, 『다문화콘텐츠연구』 제3호(통권8호), 2010.

김성윤, 「새터민 정착과 지원정책에 관한 연구」, 『한국동북아논총』 50권, 2009.

김양선, 「인효양조 난인의 표도와 한중일국의 외교관계」, 『향토서울』 30호, 1967.

김영란, 「독일과 한국의 다문화가족 정책에 대한 고찰」, 『다문화콘텐츠연구』 제13집, 2012.

김영명, 「한국의 다문화 담론에 대한 비판적 고찰」, 『한국정치외교사논총』 35권 1호, 2013.

김영숙·우정한, 「다문화 가정의 실태와 지원정책 개선방안에 대한 고찰」, 『다문화콘텐츠 연구』 제13집, 2012.

김영찬·김종희, 「1960년대 후반 여성지를 통해 본 근대적 패션과 소비문화에 관한 연구」, 『커뮤니케이션이론』 8, 2012.

김은규, 「다문화미디어교육의 운영 현황 점검과 방향성 모색: 다문화가족지원센터와 시민미디어센터의 다문화미디어교육 사례를 중심으로」, 『언론과학연구』 15권 1호, 2015.

김은실, 「지구화시대 근대의 탈영토화된 공간으로서 이태원에 대한민족지적 연구」, 『변화하는 여성문화 움직이는 지구촌』, 푸른사상, 2004.

김재승, 「고구마의 조선전래」, 『동서사학』 제8집, 2001.

김종철, 「한국의 교육제도와 교육행정에 미친 미국문화의 영향」, 『아세아연구』 26, 1967.

김진웅, 「최근 주한미군에 대한 한국인들의 인식」, 『역사교육논집』 32, 2004.

김태영, 「서울의 외인주택단지」, 『대한건설학회지』 35권 2호, 1991.

김판준, 「저출산,고령화사회에 대비한 다문화 정책의 과제」, 『다문화와 평화』 6권 2호, 2012.

노대환, 「조선후기의 서학유입과 서기수용론」, 『진단학보』 83, 1997.

노대환, 「조선후기 실학자들의 서학서 읽기」, 『한국사 시민강좌』 제37집, 2005.

노성환, 「조선통신사와 고구마의 전래」, 『동북아문화연구제』 23집, 2010.

리종일·안화춘, 「중국에서 동래귀화한 조선인의 성씨」, 『중국조선어문』 86, 1996.

민지선·김두섭, 「거주지역의 외국인 비중이 외국인에 대한 사회적 거리감에 미치는 영향」, 『한국인구학』 36권 4호, 2013.

민현경, 「한국사회의 다문화주의에 대한 부정적 인식 유형 연구」, 공주대학교 석사학위논문, 2015.

박경하, 「이태원의 다문화적 성격에 대한 역사적 접근」, 『중앙사론』 제38집, 2013.

박광국·채경진, 「다문화 정책에서의 네트워크 분석: 부처별 기능비교를 통한 효율적 다문화 정책 체계구축」, 『한국행정학회 동계학술발표 논문집』, 한국행정학회, 2011.

박미경, 「다문화사회와 이주노동자 사회통합 정책과 과제: 미등록 이주노동자 권리보장을 중심으로」, 『다문화와 평화』 4권 2호, 2010.

박성혁·곽한영, 「다문화교육정책 국제비교를 통한 우리나라 다문화 교육정책의 방향 모색」, 『시민교육연구』, 41권 2호, 2009.

박영미, 「19세기 조선인의 서구관: 서양 기물의 수용과 그 영향을 중심으로」, 『한문학논집』 제32집, 2011.

박옥걸, 「고려시대 귀화인의 역할과 영향」, 『백산학보』 70, 2004.

박옥걸, 「高麗時代 歸化人의 居住地域에 대하여」, 『한중인문학연구』 제7집, 2001.

박옥걸, 「高麗時代 歸化人의 技術·文化的 역할과 영향」, 『제8회 중한인문과학 학술연토회 논문집』, 2002.

박옥걸, 「고려의 귀화인 동화책: 특히 거주지와 귀화 성씨의 관향을 중심으로」, 『강원사학』 17권 1호, 2002.

박재영, 「유럽 다문화 사회의 문화충돌 : 영국·프랑스·독일을 중심으로」, 『다문화연구』 창간호, 2008.

박재영, 「전통사회와 외래종교의 문화충돌: '이재수의 난'을 중심으로」, 『경주사학』 36, 2012.

박재영, 「파독 간호사광부의 독일정착과 삼각이민 연구」, 『다문화콘텐츠연구』 제15집, 2013.

박정애, 「여성, 이주(移住)와 정주(定住) 사이: 2000년대 한국 소설에서 "다문화가족"의 성별적 재현 양상 연구」, 『여성문학연구』 22권, 2009.

박정윤, 「다문화가족지원센터의 다문화가정을 위한 지원서비스 – 현황과 발전방향에 관한 연구 –」, 『다문화콘텐츠연구』 제2호(통권7호), 2009.

박현규, 「위그르족 귀화인 설손의 작품 세계」, 『중어중문학』 20권, 1997.

백옥경, 「조선 전기 향화인에 대한 혼인 규정과 여성」, 『역사학연구』 제34집, 2009.

서대정, 「미국 대중문화가 한국인의 가치관에 끼친 연구」, 『현대영화연구』 4, 2007.

서운석, 「한국인의 국내 거주 다문화 집단에 대한 수용적 인정에 관한 영향요인 분석」, 『다문화와 평화』 5권 2호, 2011.

서운석, 「한국인의 다문화 인식 현황: 연령별 비교를 중심으로」, 『다문화와 평화』 4권 1호, 2010.

손은하, 「다문화사회에서 이주민의 타자화: 재현된 영상물을 중심으로」, 『다문화와 평화』 7권 1호, 2013.

손정숙, 「일제시기 백화점과 일상소비문화」, 『동양고전연구』 제25집, 2006.

송도영, 「도시 다문화 구역의 형성과 소통의 전개방식 −서울 이태원의 사례−」, 『담론 201』 제14권 제4호, 2011.

송도영, 「종교와 음식을 통한 도시공간의 문화적 네트워크 : 이태원 이슬람 음식점들의 사례」, 『비교문화연구』 13집 1호, 2007.

송재웅, 「朝鮮初期의 向化倭人」, 『중앙사론』 15집, 2001.

신동규, 「네덜란드 동인도회사(VOC)의 조선무역 시도와 조·일 근대화문제」, 『하멜표류 340주년 기념국제 학술대회 발표자료집』, 2003.

신만섭, 「정치적 관점에서 본 한국 다문화현상의 문제점」, 『2012 중앙대학교 문화콘텐츠기술연구원 전국학술대회 발표자료집』, 2012.

신주백, 「용산과 일본군 용산기지의 변화(1884−1945)」, 『서울학연구』 제29호, 2007.

심미경, 「다문화가정 이혼 남성 사례 연구 」, 『다문화와 평화』 제9권 제1호. 2015.

안창모, 「한국 근대도시 주거의 형성과 성격」, 『대중서사연구』 제17권 제1호, 2011.

안혜영, 「새터민의 자립정착을 위한 취업정책 모형개발 연구」, 『통일정책연구』 제14권 제2호, 2005.

여석기, 「한국의 대중문화와 미국의 영향」, 『아세아연구』 26, 1967.

여혜경, 「다문화 교육을 위한 역사교육 방안 : 한국사의 '대외관계 및 교류'를 중심으로」, 『역사와교육』 5, 2011.

염정섭, 「조선 후기 고구마의 도입과 재배법의 정리과정」, 『한국사연구』 134, 2006.

오상학, 「조선시대 세계지도와 중화적 세계인식」, 『한국고지도연구』 제1권 1호, 2009.

오상학, 「조선시대의 세계지도와 세계 인식」, 『지리학논집』 43, 2001.

오상학, 「조선후기 세계 지리지에 대한 시론적 고찰」, 『규장각』 제43집, 2013.

오세민 · 박정훈 · 홍성휘, 「기초자치단체의 다문화가족지원 조례 제정현황과 내용에 관한 분석: 경기도 내 시 · 군을 중심으로」, 『다문화와 평화』 제8권 제1호, 2014.

오영숙, 「탈냉전기 미국주의의 굴절과 영화표상」, 『한국문학연구』 46, 2014.

우 윤, 「IMF시대에 찾아보는 역사속의 인물: 귀화인 쌍기」, 『통일한국』 제17권 제10호, 1999.

우경섭, 「조선후기 귀화 한인과 황조유민 의식」, 『한국학연구』 제27집, 2012.

우양호 · 안미정, 「다문화 가족의 지역사회 정착과 삶의 기억: 이민자 공생의 새로운 해법 찾기를 위한 학제적 접근」, 『지방정부연구』 제19권 제2호, 2015.

원재연, 「18세기 후반 북경 천주당을 통한 천주교 서적의 조선 전래와 신앙공동체의 성립 – 이승훈의 역할을 중심으로」, 『동양한문학연구』 제30집, 2010.

원창애, 「향화인의 조선 정착 사례 연구 –여진 향화인을 중심으로」, 『동양고전연구』 제37집, 2009.

유보전, 「한류의 경쟁력과 한계 분석: 중국 내 한류 전파를 중심으로」, 『한중인문학연구』 43, 2014.

유영봉, 「왕조교체기(王朝交替期)의 "귀화시인(歸化詩人)" 설손(偰遜)과 설장수(偰長壽) 부자(父子)」, 『한문학보』 23권, 2010.

윤상우, 「외환위기 이후 한국의 발전주의적 신자유주의화: 국가의 성격변화와 정책대응을 중심으로」, 『경제와 사회』 83집, 2009.

윤용혁, 「鄭仁卿家의 고려 정착과 서산: 고려시대 외국인의 귀화 정착 사례」, 『역사와 담론』 48, 2007.

윤태진, 「한일 대중문화와 인터넷」, 『한국언론학회 학술대회 발표논문집』, 2005.

윤향희 · 전세경, 「다문화가족 지원정책 전달기관의 정책수행 실태 및 개선방안에 관한 연구 –대전광역시를 중심으로–」, 『다문화콘텐츠연구』 제18집, 2015.

이경아 · 전봉희, 「1920~30년대 경성부의 문화주택지개발에 대한 연구」, 『대한건축학회지』 제 22권 제3호, 2006.

이경진 · 김창수 · 류주환, 「e스포츠 비즈니스의 주요 성공요인과 이용에 관한 실증연구」, 『전자상거래학회지』 11, 2010.

이수환 · 이병훈, 「조선후기 귀화(歸化) 중국인(中國人)에 대한 정책과 강릉 류씨(江陵劉

氏) 가경(嘉慶) 2년 첩문(帖文)」,『민족문화논총』제43권, 2009.

이용욱, 「한국 노동현장의 다문화현상과 문제점 및 개선방안」, 『현대사회와다문화』제2권 제2호, 2012.

이용재, 「다문화사회 갈등 해소를 위한 다문화개념의 전환: 분기하는 다양성과 동의형식의 문화개념」, 『사회과학연구』, 19권 제2호, 2011.

이원택, 「조선 전기의 귀화와 그 성격」, 『서울국제법연구』제8권 제2호, 2001.

이응진·최현숙, 「우리나라 외식산업 변화와 식생활 외부화 패턴에 관한 연구」, 『호텔경영학연구』14, 2005.

이재곤, 「서울지방의 전래동명고」, 『향토서울』제48호, 1989.

이정환·이성용, 「외국인 노동자의 이주 특성과 연구동향」, 『한국인구학』30, 2007.

이지홍·박현숙, 「다문화 관점에서 본 중학교 〈역사(상)〉교과서의 '귀화인' 서술과 인식」, 『교과교육연구』4권 2호, 2011.

이춘희, 「혜초『왕오천축국전』구법행로 연구」, 동국대학교 석사학위논문, 2009.

임선빈, 「조선초기 歸化人의 賜鄕과 특징」, 『동양고전연구』37집, 2009.

임형백, 「선택적 포용과 배제를 통한 한국인의 정체성 형성」, 『동서양 역사 속의 다문화적 전개 양상』, 도서출판 경진, 2012.

임형백, 「한국인의 정체성의 다문화적 요소: 역사-인류학적 해석」, 『다문화와 평화』4권 2호, 2010.

임형백·이성우·강동우, 「한국농촌의 다문화사회의 특징」, 『농촌지도와 개발』16권 4호, 2009.

장갑수, 「국제결혼 이주여성의 임신출산과 자녀양육」, 『다문화콘텐츠연구』제14집, 2013.

장경남, 「18세기 한글본 연행록에 서술된 천주당 견문기」, 『숭실어문』제22집, 2006.

장의관, 「소유적 문화집단주의와 무인의 정치?: 다문화주의의 비판적 고찰」, 『한국정치학회보』제42권 제2호, 2008.

전국한자교육추진총연합회 편, 「귀화인·외국인의 눈으로 본 한자 혼용; 한국어를 잘하려면 한자공부는 필수 -귀화인 이한우(李韓祐) 박사를 찾아」, 『한글한자문화』3권, 1999.

전영준, 「고려시대 異民族의 귀화 유형과 諸정책」, 『동서양 역사 속의 다문화적 전개 양상』, 도서출판 경진, 2012.

전영준, 「한국의 다문화연구 현황」, 『다문화콘텐츠연구』 제6권, 2009.

정기선, 「혜초 왕오천축국전 소고」, 『한국의 철학』 제28호, 2000.

정상기, 「다문화가족 지원사업의 효과적 운영방안 −다문화가족지원센터를 중심으로−」, 『한국행정학회 동계학술발표논문집』, 2009.

정용교 · 유명철, 「다문화 시민사회의 실태와 방향 −다문화이주여성의 사회적응을 중심으로−」, 『대한정치학회보』 제20권 제2호, 2012.

정응수, 「18세기 동아시아 주변 문화권의 문화적 자각과 중화사상의 쇠퇴」, 『일본문화학보』 제3호, 1996.

정현욱, 「조선족 귀화여성들에 관한 연구: 유입배경, 수용환경 그리고 부적응에 관한 고찰」, 『한국행정학회 하계학술발표논문집』, 1999.

조 광, 「조선후기 서학서의 수용과 보급」, 『민족문화연구』 제44호, 2006.

조동환, 「한국정부의 다문화 정책과 민족말살」, 『2012 중앙대학교 문화콘텐츠기술연구원 전국 학술대회 자료집』, 2012.

조진기, 「내선일체의 실천과 내선결혼소설」, 『한민족어문학』 50, 2007.

조희진, 「'몸뻬'를 통해 본 의생활의 전통과 외래문화」, 『실천민속학연구』 제4호, 2002.

주 정, 「다문화가족서비스 전달체계의 전망과 과제 −다문화가족지원센터를 중심으로− 」, 『사회복지경영연구』, 제1권 제2호, 2014.

지명숙, 「하멜 일행의 한국 체류, 적응 및 이해」, 『동방학지』 제122집, 2003.

초등우리교육 편집부, 「특집/우리말 사랑 한마당−우리말로 바꾼 일본어투 용어와 외래어」, 『초등우리교육』 10월호, 1995.

최경봉, 「일제의 일본어 상용 정책과 조선어학회」, 『내일을 여는 역사』 32, 2008.

최덕교, 「새천년에 생각해 보는 한국인의 성씨: 동음이성이 60%를 넘고, 귀화성씨가 많아진다」, 『한글한자문화』 제11권, 2000.

최선혜, 「조선 사회의 문화적 소수자, 향화인」, 『인간연구』 제12호, 2007.

최소자, 「조선후기 대청관계와 도입된 서학의 성격」, 『이대사원』 제33 · 34합집, 2001.

최용기, 「다문화 사회의 한국어 교육 정책 현황과 과제」, 『다문화와 평화』 제5권 제1호, 2011.

최윤형 · 김수연, 「대한민국은 우릴 받아줬지만, 한국인들은 탈북자를 받아준 적이 없어요」, 『한국광고홍보학보』 15권 3호, 2013.

최인학, 「일제강점기의 식문화 지속과 변용」, 『남도민속연구』 제20집, 2010.

최장근, 「근세일본의 조선침략과 영토화장 −항왜 사야가의 실체에 관한 고찰」, 『조선사연구』 제10권, 2001.

최종일, 「이태원에 나타난 ‘아메리카나이제이션’에 관한 연구」, 서울대학교 석사학위논문, 2003.

최창모, 「혼일강리역대국도지도의 제작 목적 및 정치−사회적 배경에 관한 연구」, 『한국이슬람학회 논총』 제23−1집, 2013.

최홍 · 이동원 · 박준, 「다문화사회 정착과 이민정책」, 『CEO Information』 제176호, 2010.

한건수, 「국내 아프리카 이주노동자의 유입과정과 실태」, 『아프리카학회지』 제21집, 2003.

한건수, 「한국사회의 다문화주의 혐오증과 실패론: 어떤 다문화주의인가?」, 『다문화와 인간』 제1권 제1호. 2012.

한 모니까 , 「1948년 대한민국 정부 수립과 주한미군의 정권 이양 과정 및 의미」, 『동방학지』 164, 2013.

한문종, 「임진란 시기 항왜의 투항 배경과 역할」, 『인문학과학연구』 제36집, 2013.

한문종, 「조선 초기의 향화왜인과 이예」, 『한일관계사연구』 28권, 2007.

허 은, 「1950년대 ‘주한 미공보원’(USIS)의 역할과 문화전파 지향」, 『한국사학보』 15, 2003.

허 은, 「미 점령군 통치하 ‘문명과 야만’의 교차」, 『한국근현대사연구』 42, 2007.

홍기원, 「한국 다문화 정책의 현황과 과제처」, 『다문화와 평화』 3권 1호. 2009.

홍민표, 「한국어 속에서 사용되는 일본어에 대한 사회언어학적 연구」, 『일본문화연구』 17, 2006.

홍승표, 「종교를 매개로 형성된 한남동 이슬람거리와 외국인 무슬림 커뮤니티의 문화적 피난처 역할」, 서울대학교 석사학위논문, 2008.

홍준길, 「외국인 임대주택사업에 관한연구」, 건국대학교 석사학위논문, 2003.

황교익, 「임진왜란 때 귀화한 왜장 후손들이 사는 대구 우록동: 한 일본 무사의 유토피아/우록동」, 『지방행정』 제51권, 2002.

황달기 · 후지무라 가요코, 「한국의 일본대중문화 수용」, 『계명대학교 · 도산학원대학국제

학술세미나 자료집』9, 2010.

황순희, 「한국은 앞으로 일본의 대중문화를 어떻게 받아들여야 하는가」, 『일본문화연구』4, 2001.

황정미, 「'이주의 여성화' 현상과 한국 내 결혼이주에 대한 이론적 고찰」, 『페미니즘연구』 제9권 제2호, 2009.

※신문기사

경향신문, "[한국사 미스터리(10)] 제천 황석리 고인돌", 2003.06.30.

경향신문, "[고고학자 조유전과 떠나는 한국사 여행(11)] 강원도 정선 아우라지 청동기마을" 2008.08.29.

경향신문, "[여적]인도말과 한국말", 2015.05.20.

뉴 스 핌, "[유투브 핫클릭] 한국어 드라비다어 타밀어는 동일어족, 1300여개 단어 발음 비슷 '같은 민족'?", 2014.12.29.

법보신문, "(연재) 신대현의 테마로 읽는 사찰 문화재", 2014.11.03.

아시아엔, "우리는 3천 년 전부터 다민족국가였다", 2013.08.13.

연합뉴스, "아우라지 청동기시대 인골 '백인'추정", 2006.12.05.

경향신문, "[한국사 바로보기 17] 복식을 통해보는 여권 신장의 의미", 2004.09.08.

한국일보, "[채널선택] 한반도 첫 인류 열쇠 가덕도 인골", 2014.09.10.

※영상자료

EBS, 〈우리말 우리글- 바꿔 써야 할 일본말 잔재〉, 2004.03.06.

KBS 역사스페셜, 〈2000년 전 늑도는 국제 무역항이었다〉, 2000.01.28.

KBS 역사스페셜, 〈역사의 수레바퀴를 움직여 온 귀화성씨〉, 2010.07.17.

KBS, 역사스페셜 〈풍납토성, 백제사 미스터리를 푼다〉, 2005.06.17.

KBS, 역사스페셜 〈신라 건국의 수수께끼, 나정〉, 2005.06.24.

KBS, 역사스페셜 〈고구려 고분벽화, 세계를 그리다〉, 2005.07.15.

KBS, 역사스페셜 〈가야에 여전사가 있었다〉, 2005.09.16.

KBS, 역사스페셜 〈제4의 제국 대가야, 백두대간을 넘다〉, 2005.09.19.

KBS, 역사스페셜 〈최초의 한류, 구다라 열풍〉, 2005.09.16.

KBS, 역사스페셜 〈신라산 양탄자는 일본 최고의 인기상품이었다〉, 2009.07.11.

KBS, 역사스페셜 〈가야고분의 미스터리, 가야인은 어디서 왔나〉, 2012.10.18.

KBS 파노라마, 〈코리안 이브-1편 가덕도, 7천년의 수수께끼〉, 2014.10.16.

KBS 파노라마, 〈코리안 이브-2편 비밀의 열쇠, 순다랜드〉, 2014. 10.17.

KBS, 역사추적 〈신라의 미켈란젤로, 양지〉, 2009.06.22.

KBS, 역사추적 〈문무왕릉비의 비밀 1 · 2〉, 2008.11.22./29.

KBS, 역사추적 〈17세 가야 소녀는 왜 순장 당했나?〉, 2009.04.27.

KBS, 〈한국인 의 밥상 - 일제강점기, 그 때 그 밥상 그리고 지금〉, 2012.03.01.

KNN, 창사13주년 특집 3부작 〈고인돌 루트: 1부 고인돌은 살아있다!〉, 2008.05.25.

KNN, 창사13주년 특집 3부작 〈고인돌 루트: 2부 해양민족의 비밀코드, 고인돌〉, 2008.06.01.

KNN, 창사13주년 특집 3부작 〈고인돌 루트: 3부 고인돌, 단일민족 신화를 깨다〉, 2008.06.08.

SBS, 그것이 알고 싶다(417회) 〈잊혀진 60년, 현해탄을 건너 온 아내들〉, 2007.03.03.

제1부 전근대

선사시대
손석영(장곡고등학교 교사)

삼국시대
박지숙(혜화여자고등학교 교사)

통일신라
김승연(용인중학교 교사)

발 해
임상선(동북아역사재단 연구관리처장)

고려시대
전영준(제주대학교 사학과 교수)·송치중(장위중학교 교사)

조선시대
강승호(동국대학교 역사교육과 겸임교수, 과천여고 교사)·홍진성(성포고등학교 교사)

제2부 근현대

개항기-대한제국기
송치중(장위중학교 교사)·한유섭(성서중학교 교사)

일제강점기
이충훈(진건고등학교 교사)

해방이후
강택구(동국대학교 역사교육과 교수, 전 역사와교육학회장)·길진봉(인천 효성고등학교 교사)

한국사회와 다문화
황인규(동국대학교 역사교과서연구소장, 역사교육과 교수)·박재영(중앙대학교 문화콘텐츠기술연구원 연구전담교수)

한국사회와 반다문화 담론
강진구(중앙대학교 문화콘텐츠기술연구원 교수)

제3부 보론

서울 속 지구촌, 이태원의 어제와 오늘
박경하(중앙대학교 교양학부 학장, 역사학과 교수)

한국의 귀화성씨와 다문화
이찬욱(중앙대학교 문화콘텐츠기술연구원장, 국문과 교수)·강명주(중앙대학교 강사)